ERI 독해가

문해력 이다

4단계 (심화)

초등 4 ~ 5학년 권장

교 재 교재 내용 문의는 EBS 초등사이트
내 용 (primary.ebs.co.kr)의 교재 Q&A 서비스를
문 의 활용하시기 바랍니다.

교 재 발행 이후 발견된 정오 사항을 EBS 초등사이트
정 오 표 정오표 코너에서 알려 드립니다.
공 지 교재 검색 → 교재 선택 → 정오표

교 재 공지된 정오 내용 외에 발견된 정오 사항이
정 정 있다면 EBS 초등사이트를 통해 알려 주세요.
신 청 교재 검색 → 교재 선택 → 교재 Q&A

당신의 문해력

평생을 살아가는 힘,
문해력을 키워 주세요!

문해력을 가장 잘 아는 EBS가 만든 문해력 시리즈

예비 초등 ~ 중학

문해력을 이루는 핵심 분야별 / 학습 단계별 교재

▼

| 어휘 | 쓰기 | ERI 독해 | 배경지식 | 디지털독해 |

우리 아이의 **문해력 수준은?**

더욱 효과적인 문해력 학습을 위한
EBS 문해력 진단 테스트

https://primary.ebs.co.kr/course/literacy

간단하게 문해력 수준을 확인하고
권장 단계에 맞추어 체계적 학습을 시작하세요!

등급으로 확인하는
문해력 수준

문해력
등급 평가

초1 - 중1

NEW

ERI 독해가
문해력이다

4단계 심화

초등 4 ~ 5학년 권장

교과서를 혼자 읽지 못하는 우리 아이?
평생을 살아가는 힘, '문해력'을 키워 주세요!

'ERI 독해가 문해력이다'
독해 학습으로 문해력 키우기

1 학습 수준에 따라 체계적인 독해 학습이 가능합니다.

단순히 많은 글을 읽고 문제를 푸는 것만으로는 문해력이 늘지 않습니다.
쉬운 글부터 어려운 글까지, 글의 난이도에 따라 체계적인 단계 학습이 가능하도록 구성하였습니다.

2 **특허받은** 독해 능력 수치 산출 프로그램(특허 번호 제10−2309633)을 통해 과학적으로 구성하였습니다.

EBS가 전국 문해력 전문가, 이화여대 산학협력단과 공동 개발한 ERI(EBS Reading Index) 지수에 따라 과학적인 독해 학습이 가능합니다.

3 다양한 교과의 핵심 개념과 소재를 반영한 학년별 2권×4주 학습으로 풍부한 독해 훈련이 가능합니다.

독해의 3대 요소인 '낱말', '문장', '배경지식'의 수준을 고려하여 기본, 심화 단계로 구성하였습니다.
인문, 사회, 과학, 예술 영역 교과의 핵심 개념과 소재를 다룬, 다양한 글을 골고루 수록하였습니다.

4 관용 표현, 교과서 한자어까지 문제를 통해 어휘력의 깊이와 넓이를 동시에 키워 줍니다.

독해 능력의 40% 이상을 차지하는 어휘력은 독해 학습에 필수적입니다.
다양한 어휘 관련 문제로 어휘 학습까지 놓치지 않도록 하였습니다.

5 '한눈에 보는 읽기 방법'과 'STEAM 독해'로 문해력을 UP!

읽기 방법을 그림으로 표현한 '한눈에 보는 읽기 방법'으로 독해의 기본 원리를 확실히 잡을 수 있도록 하였습니다. 또한 지문 하나로 여러 과목을 동시에 학습하는 'STEAM 독해'를 통해 융합 사고력을 키우고, 문해력과 함께 문제 해결 능력을 쭈욱 올릴 수 있도록 하였습니다.

ERI 지수가 무엇인가요?

ERI(EBS Reading Index) 지수는
아이들이 읽는 글의 난이도를 낱말, 문장, 배경지식에 따라 등급화하여 정량화하고, 독해 전문가들이 정성평가를 통해 최종 보정한 수치로서 EBS가 전국 문해력 전문가, 이화여대 산학협력단과 공동 개발하였습니다.

ERI 지수는 어떻게 산정되나요?

각 학년마다 꼭 알아야 하는 읽기 방법, 교과의 핵심 개념과 학습 요소들을 중심으로 체계적으로 지문을 구성합니다.
구성된 지문의 낱말 수준과 문장의 복잡도, 배경지식이 학년 수준에 적합한지 여부를 계산합니다. 전문가들의 최종 정성평가와 보정을 거쳐 최종 지수와 적정 학년 수준과 단계가 산정됩니다.

ERI 지수 범위와 학습 단계

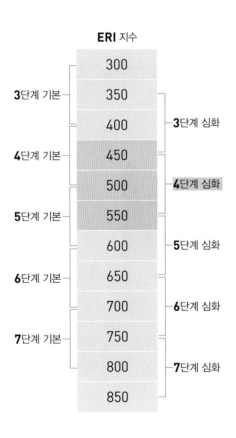

교재명	ERI 지수 범위	학년 수준
3단계 기본	300 이상~400 미만	초등 3~4학년
3단계 심화	350 이상~450 미만	초등 3~4학년
4단계 기본	400 이상~500 미만	초등 4~5학년
4단계 심화	450 이상~550 미만	초등 4~5학년
5단계 기본	500 이상~600 미만	초등 5~6학년
5단계 심화	550 이상~650 미만	초등 5~6학년
6단계 기본	600 이상~700 미만	초등 6학년 ~중학 1학년
6단계 심화	650 이상~750 미만	초등 6학년 ~중학 1학년
7단계 기본	700 이상~800 미만	중학 1~2학년
7단계 심화	750 이상~850 미만	중학 1~2학년

이 책의 구성과 특징

회차별 지문을 미리 확인하고 공부 계획을 짤 수 있도록 했어요.

낱말, 문장, 배경지식 각각의 수준이 학년 수준 내에서 어느 정도인지 막대그래프로 표현했어요.

막대그래프가 제일 높은 것을 어떻게 공부해야 할지 안내했어요.

이번 주 지문들의 수준이 어느 정도인지 한눈에 볼 수 있어요.

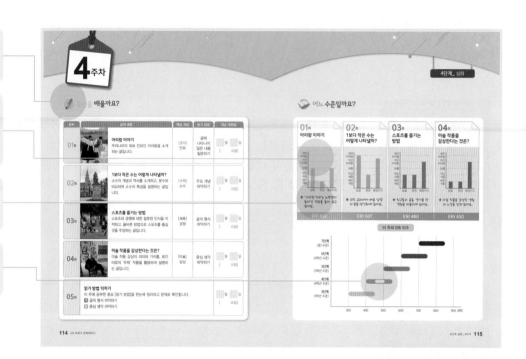

지문을 이해하는 데 도움을 주는 사진이나 그림을 넣었어요.

지문의 핵심 개념, 내용, 읽기 방법을 간단히 요약했어요.

지문의 핵심 개념을 미리 떠올리고 확인할 수 있도록 문제로 구성했어요.

간단한 문제로 핵심 읽기 방법을 확인할 수 있게 했어요.

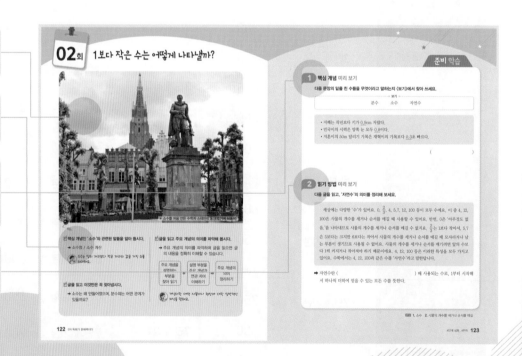

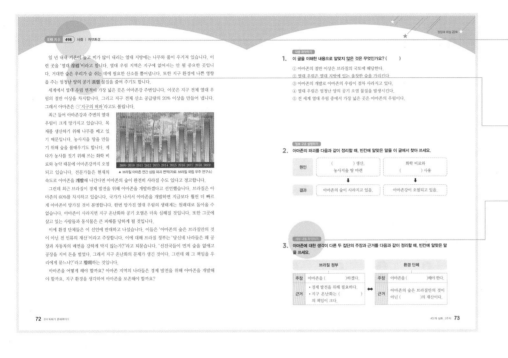

지문의 ERI 지수와 해당 영역, 교과를 표시하여 글의 난이도 수준과 교과서 학습 연계를 나타냈어요.

어려운 낱말에는 노란 형광색 표시를 했어요.

다양한 읽기 방법을 적용한 문제들로 지문을 꼼꼼히 이해하고 사고력을 확장할 수 있게 했어요.

핵심 읽기 방법을 적용한 문제를 제시했어요.

지문의 노란 형광색으로 표시한 어려운 낱말들을 공부하도록 했어요.

지문 내용과 관련된 속담, 관용어, 사자성어 등 관용 표현을 공부하도록 했어요.

지문과 관련된 한자어를 익히고 쓰는 연습을 하도록 했어요.

한 주를 정리하며 그동안 배웠던 핵심 읽기 방법 두 개를 심화하여 공부할 수 있도록 했어요.

읽기 방법과 관련된 개념과 과정을 간단히 요약하여 정리했어요.

읽기 방법을 적용한 문제로 문해력을 향상시킬 수 있도록 구성했어요.

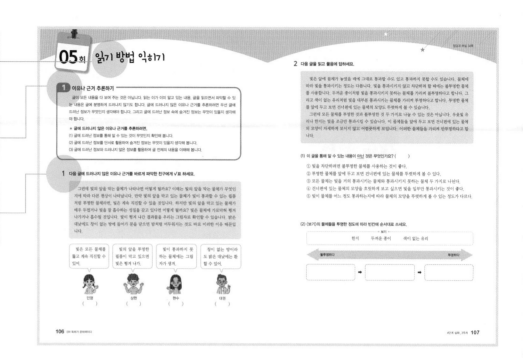

사회, 과학, 수학, 미술, 음악 등 다양한 교과의 내용을 융합한 지문과 문제들로 지식과 사고력을 확장할 수 있게 했어요.

쓰기, 그리기, 표시하기 등 다양한 유형의 문제를 제시하여 학교 수업과 연관될 수 있도록 구성했어요.

이 책의
차례

한눈에 보는 읽기 방법 ⋯⋯⋯⋯⋯⋯⋯⋯⋯⋯⋯⋯⋯⋯ 8

1 주차 ⋯⋯⋯⋯⋯⋯⋯⋯⋯⋯⋯⋯⋯⋯⋯⋯⋯⋯⋯ 16

01회 | 남을 돕는 것이 저에게 손해인가요? ⋯⋯⋯⋯ 18
02회 | 너는 어느 소학교에 다니니? ⋯⋯⋯⋯⋯⋯⋯ 24
03회 | 다른 문화를 이해하는 세 가지 자세 ⋯⋯⋯⋯ 30
04회 | 어떻게 하면 대화를 잘할 수 있을까? ⋯⋯⋯⋯ 36
05회 | 읽기 방법 익히기 ⋯⋯⋯⋯⋯⋯⋯⋯⋯⋯⋯⋯ 42

STEAM 독해 가우디가 숨겨 둔 코드 ⋯⋯⋯⋯ 46

2 주차 ⋯⋯⋯⋯⋯⋯⋯⋯⋯⋯⋯⋯⋯⋯⋯⋯⋯⋯⋯ 50

01회 | 키즈 산업 ⋯⋯⋯⋯⋯⋯⋯⋯⋯⋯⋯⋯⋯⋯⋯ 52
02회 | 민주주의의 꽃 ⋯⋯⋯⋯⋯⋯⋯⋯⋯⋯⋯⋯⋯ 58
03회 | 신문의 힘 ⋯⋯⋯⋯⋯⋯⋯⋯⋯⋯⋯⋯⋯⋯⋯ 64
04회 | 아마존을 어떡하지? ⋯⋯⋯⋯⋯⋯⋯⋯⋯⋯ 70
05회 | 읽기 방법 익히기 ⋯⋯⋯⋯⋯⋯⋯⋯⋯⋯⋯⋯ 76

3 주차 ⋯⋯⋯⋯⋯⋯⋯⋯⋯⋯⋯⋯⋯⋯⋯⋯⋯⋯⋯ 80

01회 | 빛은 직진한다 ⋯⋯⋯⋯⋯⋯⋯⋯⋯⋯⋯⋯⋯ 82
02회 | 냄비에 담긴 물을 없애려면? ⋯⋯⋯⋯⋯⋯⋯ 88
03회 | 나는야 자벌레, 나뭇가지처럼 생겼지 ⋯⋯⋯ 94
04회 | 지진이 발생했어요 ⋯⋯⋯⋯⋯⋯⋯⋯⋯⋯⋯ 100
05회 | 읽기 방법 익히기 ⋯⋯⋯⋯⋯⋯⋯⋯⋯⋯⋯⋯ 106

STEAM 독해 질병이 탄생시킨 명작 ⋯⋯⋯⋯ 110

4 주차 ⋯⋯⋯⋯⋯⋯⋯⋯⋯⋯⋯⋯⋯⋯⋯⋯⋯⋯ 114

01회 | 아리랑 이야기 ⋯⋯⋯⋯⋯⋯⋯⋯⋯⋯⋯⋯⋯ 116
02회 | 1보다 작은 수는 어떻게 나타낼까? ⋯⋯⋯⋯ 122
03회 | 스포츠를 즐기는 방법 ⋯⋯⋯⋯⋯⋯⋯⋯⋯⋯ 128
04회 | 미술 작품을 감상한다는 것은? ⋯⋯⋯⋯⋯⋯ 134
05회 | 읽기 방법 익히기 ⋯⋯⋯⋯⋯⋯⋯⋯⋯⋯⋯⋯ 140

문단으로 전체 내용 정리하기

★ 글의 전체 내용을 정리하려면 각 문단의 내용과 문단 간의 관계를 살펴봐야 합니다.

예시를 활용하여 읽기

★ 예시는 글쓴이가 말하려는 바를 구체적으로 설명해 독자가 글을 쉽게 이해하도록 도와줍니다.

그래프 이해하기

★ 그래프는 자료의 내용을 한눈에 파악할 수 있게 해 독자가 내용을 빠르고 쉽게 이해할 수 있습니다.

주제가 비슷한 글 더 찾아 읽기

★ 주제가 비슷한 글들을 비교하면서 읽으면 그 주제에 대해 보다 풍부한 정보를 얻을 수 있습니다.

이유나 근거 추론하기

★ 글에 드러나 있지 않은 이유나 근거는 글에 드러난 정보를 단서로 활용하여 파악해야 합니다.

표현의 적절성 평가하기

★ 글을 읽을 때에는 내용에 알맞은 표현을 사용했는지, 의미가 불분명한 표현은 없는지 살펴봐야 합니다.

글의 형식 파악하기

★ 글의 형식이란 글을 구성하는 내용들 간의 긴밀한 연결과 짜임을 말합니다.

중심 생각 파악하기

★ 글을 제대로 이해하기 위해서는 글의 중심 생각을 파악하는 것이 매우 중요합니다.

무엇을 배울까요?

회차	글의 내용	핵심 개념	읽기 방법	학습 계획일
01회	**남을 돕는 것이 저에게 손해인가요?** 친구를 돕는 것이 자신에게 손해일지도 모른다고 생각하는 학생의 상담에 답하는 글입니다.	[도덕] 이타적	문단으로 전체 내용 정리하기	월 일 (요일)
02회	**너는 어느 소학교에 다니니?** 남북한의 말이 어떻게 다른지 구체적인 예를 들어 설명하는 글입니다.	[도덕] 남북한	사실과 의견 구분하기	월 일 (요일)
03회	**다른 문화를 이해하는 세 가지 자세** 다른 문화를 이해하는 세 가지 자세를 소개하고, 무엇이 가장 바람직한 자세인지 설명하는 글입니다.	[도덕] 문화	예시를 활용하여 읽기	월 일 (요일)
04회	**어떻게 하면 대화를 잘할 수 있을까?** 다른 사람과 효과적으로 대화할 수 있는 방법에 대해 설명하는 글입니다.	[도덕] 대화	세부 내용 추론하기	월 일 (요일)
05회	**읽기 방법 익히기** 이 주에 공부한 중요 [읽기 방법]을 한눈에 정리하고 문제로 확인합니다. 1 문단으로 전체 내용 정리하기 2 예시를 활용하여 읽기			월 일 (요일)

어느 수준일까요?

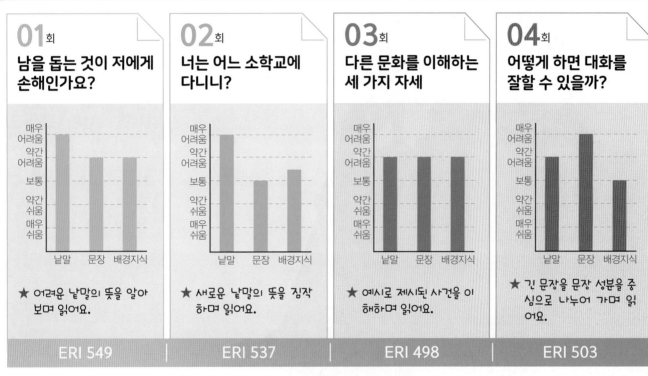

01회
남을 돕는 것이 저에게
손해인가요?

★ 어려운 낱말의 뜻을 알아
보며 읽어요.

ERI 549

02회
너는 어느 소학교에
다니니?

★ 새로운 낱말의 뜻을 짐작
하며 읽어요.

ERI 537

03회
다른 문화를 이해하는
세 가지 자세

★ 예시로 제시된 사건을 이
해하며 읽어요.

ERI 498

04회
어떻게 하면 대화를
잘할 수 있을까?

★ 긴 문장을 문장 성분을 중
심으로 나누어 가며 읽
어요.

ERI 503

이 주의 ERI 지수

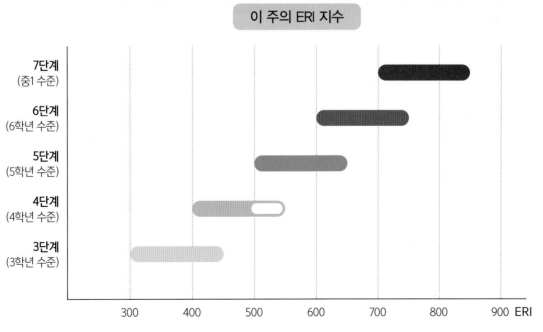

7단계
(중1 수준)

6단계
(6학년 수준)

5단계
(5학년 수준)

4단계
(4학년 수준)

3단계
(3학년 수준)

300   400   500   600   700   800   900 ERI

☑ 핵심 개념인 '이타적'과 관련된 말들을 알아 둡시다.

→ 이타적 행동 / 이타적 인간

 이타적이란 자신의 이익보다 다른 사람의 이익을 더 중요하게 생각하는 것을 말해요.

☑ 글을 읽고 이것만은 꼭 찾아냅시다.

→ 이타적 행동이 자신에게 손해가 아닌 이유는 무엇일까요?

☑ 문단으로 글의 전체 내용을 정리해 봅시다.

→ 각 문단의 중심 내용을 파악하고, 중심 내용이 비슷한 문단끼리 묶어 글의 전체 내용을 정리해 봅니다.

각 문단의 중심 내용 파악하기	→	중심 내용이 비슷한 문단 끼리 묶기	→	글의 전체 내용 정리하기

 글의 전체 내용을 정리하려면 비슷한 내용의 문단끼리 묶도록 해요.

1 핵심 개념 미리 보기

다음 대화를 읽고, (   ) 안에서 알맞은 낱말을 골라 ○표 하세요.

(1)

> 사막에 사는 미어캣은 돌아가면서 보초를 서서 독수리로부터 무리를 보호한대.

> 나는 미어캣이 참 (이기적, 이타적)이라고 생각해.

(2)
> 뻐꾸기는 다른 새의 둥지에 알을 낳는대. 그럼 다른 새들이 자기 새끼인 줄 알고 새끼 뻐꾸기를 키운대.

> 나는 뻐꾸기가 참 (이기적, 이타적)이라고 생각해.

2 읽기 방법 미리 보기

다음에 제시된 문단의 중심 문장을 읽고, 빈칸에 알맞은 문단 번호를 쓰세요.

문단	중심 문장
1문단	김치는 삼국 시대에 시작되어 오늘날까지 전해집니다.
2문단	김치의 종류는 200가지가 넘습니다.
3문단	김치는 특유의 맛과 향으로 식욕을 돋워 줍니다.
4문단	김치는 풍부한 유산균으로 변비를 예방해 줍니다.

➡ 김치의 효능을 설명하고 있다는 점에서 ☐문단과 ☐문단은 묶어서 내용을 정리해 볼 수 있다.

남을 돕는 것이 저에게 손해인가요?

미애   20○○-03-13 15:33

선생님, 저는 친구들이 청소할 때 도와주는 걸 좋아해요. ㉮도와주고 나면 기분이 좋아지더라고요. 그런데 어떤 친구가 다른 사람들을 도와주는 시간이 길어지면 저에게 손해가 아니냐고 묻더라고요. 정말 그런 걸까요?

선생님 답변   20○○-03-13 17:40

1 미애는 참 이타적인 어린이로군요. '이타적'이란 자기 이익보다 다른 사람의 ㉠이익을 더 중요하게 생각하는 것을 뜻해요. 그런데 이타적 행동이 정말 ㉡손해이기만 할까요?

2 선생님이 한 연구를 소개해 줄게요. 미국의 심리학자인 애덤 그랜트는 물건을 파는 **영업** 사원들을 대상으로 이타적인 사람들의 특징에 대해 연구했어요. 그는 영업 사원들을 세 **무리**로 나눴어요. 남에게 도움을 주려고 하는 이타적인 사람들, 남에게 도움을 받으려고만 하는 이기적인 사람들, 남이 도움을 줄 때에만 자신도 돕는 사람들로 말이에요. 그리고 그들의 **성과**가 어떤지 관찰했어요.

3 ㉢그 결과, 이타적인 사람들 중에는 제시간에 자신의 역할을 다하지 못한 이들도 있었어요. 심지어 가장 낮은 성과를 얻은 이들도 있었지요. 그러나 가장 높은 성과를 얻는 이들도 바로 이타적인 사람들이라는 것을 알게 되었어요. 이타적인 사람들은 시간이 지날수록 주변 사람들의 믿음을 얻고, 사회로부터 **인정**을 받아 더 높은 성과를 얻게 되는 것이지요.

4 한편, 하버드 대학교의 연구 팀은 두 가지 실험을 통해 이타적 행동이 몸과 마음을 건강하게 한다는 점을 밝혀냈어요. 첫 번째 실험에서 연구 팀은 한 무리의 학생들에게 돈을 받고 일을 하게 했어요. 그리고 다른 무리의 학생들에게는 돈을 받지 않고 봉사 활동을 하게 했어요. 그 후 두 집단의 면역* 기능을 검사했는데 봉사 활동을 한 학생들의 면역 기능이 크게 높아진 것을 확인했어요.

5 두 번째 실험은 한 봉사자가 사람들을 위해 봉사하는 영상을 학생들에게 보여 준 후 면역 기능을 검사하는 것이었어요. 놀랍게도 봉사하는 영상을 보기만 했는데도 학생들의 면역 기능은 높아지고 스트레스는 줄었어요. 두 실험에서 알 수 있듯이 남에게 직접 도움을 줄 때나 도움을 주는 것을 볼 때 모두 몸과 마음이 건강해진다고 해요. 이를 '테레사 효과'라고 부르기도 하지요. 어때요, 미애의 고민이 조금 해결되었나요? :)

---

* **면역**: 병을 일으키는 균 등을 죽여 병에 걸리지 않게 되는 것.

내용 파악하기

1. 이 글의 내용과 일치하면 ○표, 일치하지 않으면 ✕표 하세요.

(1) 애덤 그랜트는 이타적인 사람들에 대해 연구한 심리학자이다. (　　)

(2) 이타적 행동을 보는 것만으로도 몸과 마음이 건강해질 수 있다. (　　)

(3) 이타적인 사람들은 시간이 지남에 따라 사회로부터 인정을 받게 된다. (　　)

(4) 이타적인 사람들은 이기적인 사람들보다 항상 높은 성과를 얻게 된다. (　　)

낱말 관계 파악하기

2. 낱말 간의 관계가 ㉠, ㉡과 같지 <u>않은</u> 것은 무엇인가요? (　　)

① 소녀 – 소년

② 아이 – 어른

③ 야채 – 채소

④ 뜨겁다 – 차갑다

⑤ 불리하다 – 유리하다

문맥을 활용하여 추론하기

3. ㉢의 이유를 짐작한 내용으로 가장 알맞은 것은 무엇인가요? (　　)

① 자신이 해야 할 일을 게을리했을 것이다.

② 누군가가 도움을 줄 때까지 기다렸을 것이다.

③ 남이 자신을 도울 때만 남을 도와주었을 것이다.

④ 일을 시작하기 전에 준비하는 시간이 길었을 것이다.

⑤ 다른 사람의 일을 돕는 데 많은 시간을 사용했을 것이다.

문단으로 전체 내용 정리하기

4. 1~5 문단을 중심 내용이 서로 비슷한 것끼리 알맞게 묶은 것은 무엇인가요? (　　　　)

① 1 / 2 / 3, 4, 5

② 1 / 2, 3 / 4, 5

③ 1 / 2, 3, 4 / 5

④ 1, 2 / 3 / 4, 5

⑤ 1, 2 / 3, 4 / 5

중심 생각 파악하기

5. 미애는 선생님의 답변을 읽고 아래와 같이 생각하였습니다. 빈칸에 알맞은 말을 쓰세요.

선생님께서는 이타적인 사람들은 더 높은 성과를 얻게 될 수 있으며, 이타적 행동은 몸과 마음을 건강하게 해 준다고 말씀하셨다. 그러니까 결국 선생님께서는 내가 남을 도왔던 행동들이 (　　　　　　　　　　　　　　　)(이)라고 답해 주신 것이다.

이유나 근거 추론하기

6. 다음 글에서 ㉮의 원인을 찾아 밑줄을 그으세요.

남을 돕고 난 후 느끼는 만족감은 긴 시간 이어지는데, 이런 상태를 '헬퍼스 하이'라고 합니다. 뇌에서는 때때로 기분을 좋게 하는 물질이 나오는데, 남을 도울 때 이 물질이 평소보다 3배 이상 나옵니다. 이와 비슷한 현상으로 '러너스 하이'가 있는데, 30분 이상을 달릴 때에도 뇌에서 기분을 좋게 하는 물질이 나옵니다.

어휘 익히기

1 낱말 뜻 알기

다음 빈칸에 알맞은 낱말을 〈보기〉에서 찾아 쓰세요.

• 보기 •

영업   무리   성과   인정

1. 우리 동네 상점은 (   ) 시간이 정해져 있다.
   뜻 돈을 벌려고 회사나 가게를 꾸려 나가는 것.

2. 예상 밖의 (   )을/를 거두어서 모두가 기뻐하였다.
   뜻 일을 한 뒤에 얻는 결과.

3. 철새들은 해마다 겨울이 되기 전에 (   )을/를 지어 이동한다.
   뜻 여럿이 한데 모여서 떼를 이룬 것.

4. 그는 열쇠를 잃어버린 것이 자신의 잘못이라고 (   )을/를 하였다.
   뜻 어떤 점을 분명히 그렇다고 여기는 것.

2 관용 표현 알기

다음 빈칸에 알맞은 말을 쓰세요.

"□□□도 맞들면 낫다"

나 혼자서도 충분히 청소를 할 수 있지만, 친구가 도와주면 더욱 빠르게 청소를 마칠 수 있겠죠? 이 속담은 한 장의 종이를 드는 것처럼 아무리 쉬운 일이라도 서로 힘을 합하면 훨씬 쉬움을 이르는 말이에요.

3 한자어 익히기

다음 한자어를 소리 내어 읽고 빈칸에 따라 써 보세요.

奉	仕
받들 봉	섬길 사

봉사(奉仕): 남을 도우려고 애씀.
• 그는 아프리카로 의료 봉사를 떠났다.
• 나는 봉사 활동을 꾸준히 하려고 노력한다.
• 이웃을 위해 봉사하는 사람이 많아지고 있다.

奉	仕						
받들 봉	섬길 사						

02회 너는 어느 소학교에 다니니?

 핵심 개념인 '남북한'과 관련된 말들을 알아 둡시다.

→ 남북한의 분단 / 남북한의 통일

남북한은 남한과 북한을 아울러 이르는 말이에요. 남북한은 같은 민족이지만 지금은 둘로 나뉘어 있어요.

 글을 읽고 이것만은 꼭 찾아냅시다.

→ 남북한의 말은 어떻게 다를까요?

사실과 의견을 구분하며 글을 읽어 봅시다.

→ '사실'은 실제 있었던 일이나 현재 일어나고 있는 일을, '의견'은 사실에 대한 생각이나 견해를 말합니다.

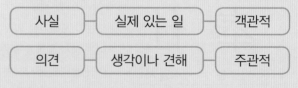

사실	실제 있는 일	객관적
의견	생각이나 견해	주관적

 글에서 사실은 실제를 있는 그대로 적은 것이고, 의견은 글쓴이의 생각을 나타낸 것이에요.

1 핵심 개념 미리 보기

사다리를 따라가서 남한과 북한에서 동물 울음소리를 표현한 말이 어떻게 다른지 비교해 보고, 동물의 이름을 〈보기〉에서 찾아 쓰세요.

보기

말   소   오리   호랑이

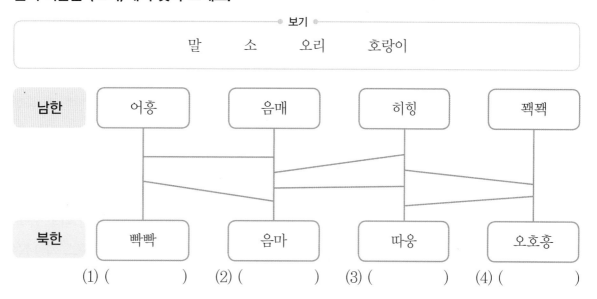

남한
| 어흥 | 음매 | 히힝 | 꽥꽥 |

북한
| 빡빡 | 음마 | 따웅 | 오호흥 |

(1) (   ) (2) (   ) (3) (   ) (4) (   )

2 읽기 방법 미리 보기

다음 글을 읽고, 의견에 해당하는 문장에 밑줄을 그으세요.

버스를 타면 다양한 색깔의 의자들을 볼 수 있습니다. 대개 노란색 의자는 노약자석, 분홍색 의자는 임산부 배려석입니다. 건강한 학생들은 이런 자리들이 비어 있어도 앉지 맙시다.

정답 1. (1) 오리, (2) 소, (3) 호랑이, (4) 말   2. 건강한 학생들은 이런 자리들이 비어 있어도 앉지 맙시다.

"너는 어느 소학교에 다니니?"라고 옆자리의 친구가 묻는다면 어떨까요? '소학교'가 무엇인지 몰라서 당황하고 깜짝 놀라겠지요? 여기서 '소학교'는 '초등학교'를 가리키는 북한 말이에요. 북한 말은 남한 말과 달라 이해하기 어려울 때가 많지요. 하지만 남한 말과 북한 말은 모두 우리 민족의 말이에요. 언젠가 함께 만날 날을 생각하며 남북한의 말에 대해 알아보아요.

남북한의 말은 왜 달라졌을까요? 한국 전쟁이 일어난 후 남한과 북한은 오랜 세월 동안 교류가 잘 이루어지지 못했어요. 그래서 서로의 말을 이해하고 함께 나눌 기회가 없었답니다. 그리고 남한은 서울말을, 북한은 평양말을 표준이 되는 말로 정했기 때문에 서로 다르게 변화했지요. 남북한이 함께 쓸 사전을 만들고 있는 겨레말 큰사전 편찬회에서 남한과 북한의 국어사전을 비교해 보았어요. 그런데 일상에서 사용하는 말에서 무려 38%나 차이가 있었다고 해요.

그럼 남북한의 말은 구체적으로 어떻게 다를까요? 남북한의 어린이가 함께 학교에서 생활한다고 생각해 보죠. 먼저 같은 사물을 서로 다른 낱말로 부르는 경우가 있어요. 과학 시간에 남한의 어린이가 '돌고래'에 대해 발표할 때, 북한의 어린이에게는 '물돼지'라고 부르는 동물에 대해 발표한다고 알려 줘야 해요. 또 북한의 어린이에게 점심시간에 '주스'가 나온다고 알려 주고 싶다면, '과일단물'이 나온다고 말해 주어야 해요.

㉠북한에는 남한에 비해 다른 나라에서 들어온 말을 우리말로 순화한 낱말들이 많아요. 다른 나라의 말을 이해하기 쉽도록 우리말로 고쳐 쓰는 것이지요. 체육 시간에 다른 사람에게 공을 보내는 동작인 '패스'는 '연락'이라고 해요. 골대를 지키는 사람은 '골키퍼'가 아니라 '문지기'라고 부르죠.

이처럼 남한과 북한은 서로 다른 말을 사용하고 있어요. 그런데 이 두 말이 외국어처럼 전혀 다른 말일까요? 그렇지 않아요. 남한 안에서도 지역마다 개성적인 사투리가 있어요. 그러나 우리는 이를 모두 우리말로 이해하죠. 통일에 한 걸음 더 나아가기 위해서는 북한 말도 다른 나라의 말이 아니라 우리말의 일부로 이해하려고 노력해야 해요.

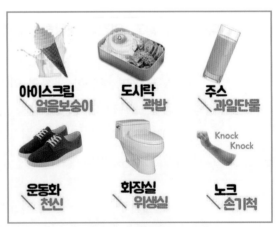

▲ 남북한의 언어 차이(자료: 통일부)

중심 생각 파악하기

1. 이 글의 중심 생각으로 알맞은 것은 무엇인가요? (　　　)

① 남북한의 말에는 많은 차이가 있다.

② 남북한은 통일을 위해 노력하고 있다.

③ 남북한의 통일은 곧 이루어질 예정이다.

④ 남북한은 교류가 이루어지지 않고 있다.

⑤ 남북한은 언어를 통일하기 위해 힘쓰고 있다.

글의 내용을 근거로 답하기

2. 이 글을 참고하여 다음 질문에 대한 답을 완성해 보세요.

(1) 남한과 북한에서 표준이 되는 말은 서로 다른가요?

➡ 네. 남한에서는 (　　　　　　　　　)을, 북한에서는 (　　　　　　　)을 표준으로 삼고 있어요.

(2) 남북한이 서로 다른 말을 쓴다고 해도, 외국에서 들어온 말까지 다르게 쓰지는 않겠죠?

➡ 아니요. 북한에서는 '골키퍼'를 '(　　　　　　　　　　)'라고 부르듯이, 남한에 비해 외국에서 들어온 말을 (　　　　　　　)로 순화한 낱말들을 많이 쓴다고 해요.

중심 문장과 뒷받침 문장 구분하기

3. 다음 문단의 내용을 대표하는 문장은 무엇인가요? (　　　)

①그럼 남북한의 말은 구체적으로 어떻게 다를까요? ②남북한의 어린이가 함께 학교에서 생활한다고 생각해 보죠. ③먼저 같은 사물을 서로 다른 낱말로 부르는 경우가 있어요. ④과학 시간에 남한의 어린이가 '돌고래'에 대해 발표할 때, 북한의 어린이에게는 '물돼지'라고 부르는 동물에 대해 발표한다고 알려 줘야 해요. ⑤또 북한의 어린이에게 점심시간에 '주스'가 나온다고 알려 주고 싶다면, '과일단물'이 나온다고 말해 주어야 해요.

사실과 의견 구분하기

4. 다음 문장들을 사실과 의견으로 나누어 선으로 알맞게 이으세요.

(1)   '소학교'는 '초등학교'를 가리키는 북한 말이에요. •

 • ㉮   사실

(2)   남북한이 함께 쓸 사전을 만들고 있는 겨레말 큰사전 편찬회에서 남한과 북한의 국어사전을 비교해 보았어요. •

 • ㉯   의견

(3)   통일에 한 걸음 더 나아가기 위해서는 북한 말도 다른 나라의 말이 아니라 우리말의 일부로 이해하려고 노력해야 해요. •

세부 내용 추론하기

5. ㉠의 예에 해당하면 ○표, 해당하지 않으면 ✕표 하세요.

(1) 북한에서는 '단짝 친구'라는 말을, 잘 맞는 친구라는 뜻으로 '딱친구'라고 부른다.

(   )

(2) 북한에서는 '도넛'이라는 말을, 반지를 뜻하는 우리말 '가락지'를 이용하여 '가락지빵'이라고 부른다.

(   )

자신의 생각 말하기

6. 이 글을 읽은 학생들의 반응으로 알맞지 <u>않은</u> 것은 무엇인가요? (   )

① 남북한은 교류가 잘 이루어지지 않는대. 왜 그런지에 대해 생각해봐야겠어.

② 북한에서는 다른 나라의 말을 순화해서 쓰는구나. 남한도 그런 노력이 필요하겠어.

③ 남북한이 일상에서 쓰는 말은 비슷하대. 그럼 어떤 분야의 말이 다른지 알아봐야겠어.

④ 북한에서는 '초등학교'를 '소학교'라고 부른다고? '중학교'는 뭐라고 부르는지 찾아봐야겠어.

⑤ 북한에서는 '패스'를 '연락'이라고 부른대. 운동할 때 쓰는 말조차 다르다는 것이 재미있었어.

어휘 익히기

1 낱말 뜻 알기

다음 빈칸에 알맞은 낱말을 〈보기〉에서 찾아 쓰세요.

┌─────────────── • 보기 • ───────────────┐

민족   교류   순화   개성

└────────────────────────────────────┘

1. 분단은 우리 (   )에게 큰 시련을 가져왔다.
   🔵 오랫동안 함께 살아와서 말, 역사, 문화, 풍습이 같은 사람의 무리.

2. 깨끗한 강물을 바라보고 있으면 마음이 (   )되는 기분이 든다.
   🔵 잡것을 털어 버리고 순수하게 함.

3. 가까운 나라 사이에는 문화, 기술 등의 (   )이/가 활발한 편이다.
   🔵 다른 곳에 사는 사람들이 서로 만나거나 연락하면서 물건이나 의견을 주고받는 것.

4. 그의 작품은 (   )이/가 있어서 많은 작품 가운데에서 눈에 띄었다.
   🔵 사람마다 고유하게 지닌 남다른 점.

2 관용 표현 알기

다음 빈칸에 알맞은 말을 쓰세요.

> ## "□□ 끝에 □이 온다"
>
> 남한과 북한은 오랜 세월 분단된 채로 지냈기에 북한 말을 이해하는 것이 결코 쉽지 않을 거예요. 하지만 언어를 비롯해 남북한이 서로를 이해하려고 노력한다면 통일이라는 큰일도 이룰 수 있을 것입니다. 이 속담은 어려운 일을 겪고 난 뒤에는 반드시 좋은 일이 생긴다는 말이에요.

3 한자어 익히기

다음 한자어를 소리 내어 읽고 빈칸에 따라 써 보세요.

統	一
합칠 **통**	하나 **일**

통일(統一): 갈라진 여럿을 다시 하나로 되게 함.

- 남한과 북한은 언젠가 통일이 될 것이다.
- 삼국 시대에 신라는 삼국을 통일하는 데 성공하였다.
- 짜장면이 좋을지, 짬뽕이 좋을지 의견이 잘 통일되지 않는다.

統	一				
합칠 통	하나 일				

03회 다른 문화를 이해하는 세 가지 자세

 핵심 개념인 '문화'와 관련된 말들을 알아 둡시다.

→ 문화생활 / 문화권 / 문화재

 문화란 한 사회나 집단이 가지고 있는 독특한 생활 방식을 말해요.

 글을 읽고 이것만은 꼭 찾아냅시다.

→ 다른 문화를 이해하는 자세에는 무엇이 있을까요?

 예시를 통해 글의 내용을 정확히 이해해 봅시다.

→ 구체적인 예와 연결하여 글에서 설명하고 있는 개념을 정확히 이해해 봅니다.

설명만으로 이해가 되지 않을 때 → 구체적인 예를 통해 이해!

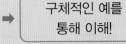 예시란 어떤 것을 설명할 때 구체적인 본보기를 통해 이해를 돕는 것을 말해요.

1 핵심 개념 미리 보기

빈칸에 알맞은 말을 〈보기〉에서 찾아 쓰세요.

● 보기 ●

닭튀김　　　삼겹살　　　소불고기

이슬람교를 믿는 사람들은 돼지고기를, 힌두교를 믿는 사람들은 소고기를 먹지 않아요.

이슬람교를 믿는 무아와 힌두교를 믿는 나진이를 우리 집에 초대하고 싶어. 그럼 모두 함께 먹을 음식은 ( )이/가 좋겠다!

2 읽기 방법 미리 보기

다음 글에서 예시에 해당하는 것을 모두 찾아 ○표 하고, 몇 개의 예시가 쓰였는지 세어 보세요.

　　이메일 주소에 쓰는 '@'는 나라마다 부르는 이름이 다르다. 우리나라에서는 '골뱅이', 중국에서는 '생쥐', 덴마크에서는 '코끼리 코', 네덜란드에서는 '원숭이 꼬리', 스웨덴에서 는 '고양이 발'이라고 부른다.

➡ 이 글에는 모두 [　] 개의 예시가 쓰였어요!

1 우리나라 사람들은 평소 돼지고기나 소고기를 즐겨 먹습니다. 그런데 외국인 중에는 돼지고기를 먹지 않거나, 소고기를 먹지 않는 사람들이 많이 있습니다. 이렇게 즐겨 먹는 음식이 다른 이유는 살아온 문화적 배경이 다르기 때문입니다. 우리 사회에는 이렇게 문화적 배경이 다른 사람들이 섞여 살아갑니다. 사람들은 자신과 다른 문화를 어떠한 자세로 이해하며 살아갈까요?

2 ㉠첫 번째 자세는 자기 문화를 기준으로 다른 문화를 낮추어 보는 것입니다. 콜럼버스는 아메리카 대륙에 처음 도착했을 때, 새로운 땅을 '발견'했다고 말했습니다. 이미 원주민들이 살고 있었는데도 말입니다. ㉠이 말을 보면 유럽 사람인 콜럼버스는 다른 문화를 낮추어 보았음을 알 수 있습니다. 이러한 자세는 유럽 문화에 대한 자부심을 보여 주지만, 오랫동안 그 땅에서 살아온 원주민들의 역사는 인정하지 않는 것입니다.

3 ㉡두 번째 자세는 다른 문화를 기준으로 자기 문화를 낮추어 보는 것입니다. 외국에서 새로 들어온 물건이 자기 나라에서 이전부터 사용하던 물건보다 무조건 더 좋다고 말하는 것이 이에 해당합니다. 이러한 자세는 다른 문화의 장점을 적극적으로 받아들이기에 좋습니다. 하지만 자기 문화의 고유한 특징을 잃어버리고 다른 문화를 수동적으로 따라 하게 될 수 있습니다.

4 ㉢세 번째 자세는 문화 사이의 높고 낮음을 판단하지 않고 서로 존중하는 것입니다. 영국 여왕인 엘리자베스 2세는 우리나라 안동을 방문하였습니다. ㉡여왕은 안동의 한 건물 안으로 들어가며 신발을 벗었습니다. ㉢우리나라에는 실내에서 신발을 벗는 문화가 있기 때문입니다. 실내에서 신발을 벗는 행동이 우리에게는 당연한 것으로 여겨집니다. 하지만 영국에서는 실내에서 신발을 신는다는 것을 고려한다면, 여왕의 행동은 우리 문화를 존중한 행동으로 이해할 수 있습니다. 이렇게 다른 문화를 존중하는 자세는 그 문화에 대한 편견을 줄여 줍니다. 하지만 이런 자세도 지나치면 생명을 경시하는 문화도 괜찮다고 주장할 수 있게 됩니다.

5 우리나라에는 다른 나라에서 온 사람들이 많이 살고 있습니다. 다양한 문화를 가진 사람들이 함께 살아가려면 문화의 차이를 인정하고 존중해야 합니다. 그 문화가 모든 사람에게 중요한 가치를 훼손하지 않는다면, 각각의 문화는 인정받을 만한 가치가 있기 때문입니다.

▲ 안동의 충효당을 방문한 영국 여왕 엘리자베스 2세

내용 파악하기

1. **이 글의 내용과 일치하면 ○표, 일치하지 않으면 ✕표 하세요.**

(1) 콜럼버스는 자기 문화를 다른 문화보다 낮추어 보았다. ( )

(2) 전 세계 사람들 중에는 특정한 고기를 먹지 않는 사람들이 있다. ( )

(3) 자기 문화를 낮추어 보면 다른 문화를 수동적으로 따라 하게 될 수 있다. ( )

(4) 문화 간 높고 낮음을 판단하지 않는 자세는 다른 문화에 대한 편견을 줄여 준다.

( )

글의 형식 파악하기

2. **이 글을 다음과 같이 정리할 때, 빈칸에 알맞은 말을 쓰세요.**

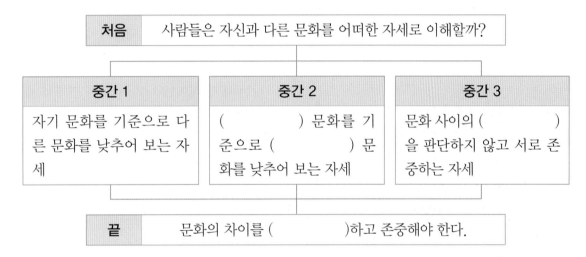

| 처음 | 사람들은 자신과 다른 문화를 어떠한 자세로 이해할까? |

중간 1	중간 2	중간 3
자기 문화를 기준으로 다른 문화를 낮추어 보는 자세	( ) 문화를 기준으로 ( ) 문화를 낮추어 보는 자세	문화 사이의 ( )을 판단하지 않고 서로 존중하는 자세

| 끝 | 문화의 차이를 ( )하고 존중해야 한다. |

문장의 의미 파악하기

3. **대권이는 ㉠의 내용이 잘 이해되지 않아, 국어사전에서 '발견'의 뜻을 찾아보았습니다. '발견'의 뜻을 바탕으로 빈칸에 알맞은 말을 쓰세요.**

발견: 아직 찾아내지 못했거나 세상에 알려지지 않은 것을 처음으로 찾아냄.

대권

아메리카 대륙에는 이미 ( )이 살고 있었으니 콜럼버스가 그 땅을 처음 찾아낸 것은 아니야. 그런데도 콜럼버스가 새로운 땅을 '발견'했다고 말한 것은 ( )의 시각에서 말한 거야!

문장 관계 파악하기

4. ⓛ, ⓒ의 관계를 다음과 같이 정리할 때, 빈칸에 알맞은 말을 〈보기〉에서 찾아 쓰세요.

● 보기 ●

뜻   예   원인   결과

ⓛ은 ⓒ의 (   ), ⓒ은 ⓛ의 (   )(으)로 볼 수 있다.

예시를 활용하여 읽기

5. ㉮~㉰를 뒷받침할 수 있는 사례를 각각 찾아 선으로 알맞게 이으세요.

(1) ㉮ •

• ⓐ 나라별로 인사하는 방법이 다른 것은 나라마다 독특한 문화가 있기 때문이야.

(2) ㉯ •

• ⓑ 나는 내가 태어난 나라가 모든 면에서 세계의 한가운데에 있다고 생각해.

(3) ㉰ •

• ⓒ (간판을 가리키며) 요즘에도 '미용실'이라고 써? '헤어숍'이 더 세련되지 않아?

글의 내용 적용하기

6. 5 문단의 내용을 바탕으로 다음 빈칸에 알맞은 말을 쓰세요.

어휘 익히기

1 낱말 뜻 알기

다음 빈칸에 알맞은 낱말을 〈보기〉에서 찾아 쓰세요.

● 보기 ●

| 자부심 | 편견 | 경시 | 훼손 |

1. 나는 우리 학교 학생으로서 (　　　　)을/를 느끼고 있다.
   뜻 스스로 자랑스럽게 여기는 마음.

2. 내 의견과 다르다고 해서 다른 사람의 의견을 (　　　　)하면 안 된다.
   뜻 중요한 것을 도리어 가볍고 하찮게 여김.

3. 친구의 체면이 (　　　　)되지 않도록 아무도 모르게 친구를 도와주었다.
   뜻 명예, 가치, 체면 등을 떨어뜨림.

4. 다른 나라 사람들에 대한 (　　　　)을/를 버려야 서로 존중하며 살아갈 수 있다.
   뜻 성질이나 형편 같은 것을 두루 살피지 않고 굳힌 잘못된 생각.

2 관용 표현 알기

다음 빈칸에 알맞은 말을 쓰세요.

"□의 손의 □은 커 보인다"

　이 속담은 자기의 것보다 남의 것이 더 많아 보이거나 좋아 보임을 비유적으로 이르는 말이에요. 실제로 남이 가진 것이 좋지 않더라도 자신의 것을 낮추어 보는 태도를 지닌 사람에게는 남의 것이 더 좋아 보일 수 있어요.

3 한자어 익히기

다음 한자어를 소리 내어 읽고 빈칸에 따라 써 보세요.

文	化
글월 **문**	될 **화**

문화(文化): 사람이 사회를 이루어 살면서 오랜 세월에 걸쳐 쌓아 온 풍부한 생활 바탕.

• 우리 민족은 찬란한 문화를 이룩해 왔다.
• 세계 여러 민족은 각기 다른 문화를 가지고 있다.
• 이번 축제는 각 나라의 음식 문화를 알 수 있는 기회가 되었다.

文	化						
글월 문	될 화						

어떻게 하면 대화를 잘할 수 있을까?

☑ 핵심 개념인 '대화'와 관련된 말들을 알아 둡시다.

→ 대화 예절 / 대화 방법

대화란 두 사람 이상이 모여 이야기를 주고받는 것을 말해요.

☑ 글을 읽고 이것만은 꼭 찾아냅시다.

→ 대화를 잘하는 방법은 무엇일까요?

☑ 글을 읽고 세부 내용을 추론해 봅시다.

→ 추론을 할 때에는 글에 제시된 내용을 바탕으로 제시되지 않은 내용을 파악합니다.

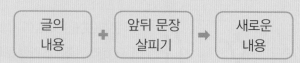

| 글의 내용 | + | 앞뒤 문장 살피기 | → | 새로운 내용 |

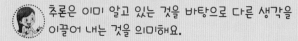

추론은 이미 알고 있는 것을 바탕으로 다른 생각을 이끌어 내는 것을 의미해요.

1 **핵심 개념** 미리 보기

빈칸에 공통으로 들어갈 낱말을 〈보기〉에서 찾아 쓰세요.

● 보기 ●

대화   식사   인사

□□ 예절

상대방을 바라보면서 □□합니다.
□□하는 상대방의 말에 귀를 기울입니다.
상대방의 말이 끝나기를 기다리며, 차례를 지켜 □□합니다.

2 **읽기 방법** 미리 보기

다음 글을 읽고 추론한 내용으로 알맞은 것을 모두 골라 ✓표 하세요.

길거리에 가득했던 하얀 눈이 어느샌가 모두 녹아 있었습니다. 단단하게 얼어붙었던 흙도 많이 말랑해졌는지 푸릇한 풀포기들이 눈길을 끕니다. 조만간 깨어날 개구리를 잡으러 갈 생각에 다인이는 가슴이 뜁니다.

(1) 겨울이 가고 봄이 왔다.   (   )
(2) 조만간 많은 비가 내릴 것 같다.   (   )
(3) 다인이는 개구리 잡기를 좋아한다.   (   )

정답 1. 대화   2. (1), (3)

■1 대화를 잘 나누면 낯선 사람들과도 금세 친구가 될 수 있습니다. 하지만 잘못된 방식으로 대화를 하면 친했던 친구와 다툼이 생기기도 합니다. 과연 어떻게 하면 대화를 잘할 수 있을까요?

■2 대화를 잘하는 방법은 캐치볼을 잘하는 방법과 비슷합니다. '캐치볼'은 야구에서 공을 서로 던지고 받는 연습을 말합니다. 캐치볼을 잘하려면 먼저 공을 부드럽게 잡고 던질 곳을 정확하게 봐야 합니다. (㉠) 주고받는 공의 방향과 속도를 이해해야 합니다. 갑자기 공을 엉뚱한 곳으로 던지면 캐치볼은 끝납니다. 혼자 너무 많은 공을 던져도 그렇습니다. 대화도 마찬가지입니다. 대화를 잘하기 위해서는 부드러운 태도로 상대에게 집중하며 상대의 말을 경청해야 합니다. 그리고 갑자기 주제를 바꾸어 엉뚱한 이야기를 하지 말아야 합니다. 또 혼자 너무 많은 말을 하지 않도록 주의해야 합니다.

■3 또한 대화에서는 시각적인 부분과 청각적인 부분을 잘 활용하는 것이 중요합니다. 여기서 시각적인 부분은 대화할 때의 몸짓, 손짓, 자세 등을 말합니다. 그리고 청각적인 부분은 목소리의 높낮이나 빠르기 등을 말합니다. 일반적으로 사람들은 대화에서 말하는 내용이 제일 중요할 것이라고 생각합니다. (㉡) 한 연구에 따르면 시각적, 청각적인 부분이 말하는 내용보다 대화에 더 큰 영향을 준다고 합니다. 특히 대화하는 사람의 인상에 매우 큰 영향을 미친다고 합니다. 같은 내용을 전달하더라도 이런 부분을 잘 활용하면 대화하는 상대에게 좋은 인상을 줄 수 있습니다. (㉢) 효과적인 대화를 위해서는 시각적인 부분과 청각적인 부분을 주의 깊게 고려하여 활용해야 합니다.

■4 요즘에는 직접 만나서 대화하는 것만큼 전화로 대화하는 일도 많습니다. 전화기만 있으면 멀리 떨어져 있는 사람과도 대화를 나눌 수 있습니다. 그러나 ㉮전화로 목소리만 전해 들을 때나 문자 메시지로 대화할 때는 시각적, 청각적인 부분을 고려해 자신의 생각을 더 정확하게 표현하여 대화가 잘 이루어지도록 유의해야 합니다.

핵심어 파악하기

1. 이 글의 핵심 내용이 잘 드러나도록 빈칸에 알맞은 낱말을 쓰세요.

> 이 글은 ( )을/를 잘하는 방법에 대해 알려 주는 글이다.

이어 주는 말 파악하기

2. 다음 이어 주는 말의 특징을 찾고, ㉠~㉢ 중 어느 곳에 들어가면 알맞을지 선으로 이으세요.

(1) 그러나 •   • ⓐ 서로 비슷한 내용의 문장을 이어 줄 때 쓰는 말   • ㉠

(2) 그러므로 •   • ⓑ 앞 문장이 뒤 문장의 근거가 될 때 쓰는 말   • ㉡

(3) 그리고 •   • ⓒ 서로 반대되는 내용의 문장을 이어 줄 때 쓰는 말   • ㉢

글의 내용을 근거로 답하기

3. ❷문단의 내용을 바탕으로, 다음 선영이의 고민에 대한 답변을 완성하세요.

> 며칠 전 민주가 "선영아, 나 고민이 있어. 어제 친구와 다퉜어."라고 말을 걸어왔어. 그런데 마침 나도 엄마와 다툰 참이라 "어, 나는 어제 엄마랑 다퉜는데 너무 화가 나."라고 하면서 엄마와 다툰 이야기를 한참 동안 민주에게 했어. 내 이야기를 다 마치고 헤어지려는데, 민주의 표정이 영 좋지 않았어. 민주의 표정이 왜 어두웠던 걸까?

➡ 그런 일이 있었구나. 민주는 자신의 고민을 이야기하고 싶어 너에게 말을 걸었을 거야. 그런데 갑자기 대화의 ( )가 바뀌어서 당황스럽고 속상했을 거야. 다음부터는 대화를 할 때 상대의 말을 ( )하도록 노력해 봐.

4. 다음 중 서로 관련 있는 것끼리 선으로 이으세요.

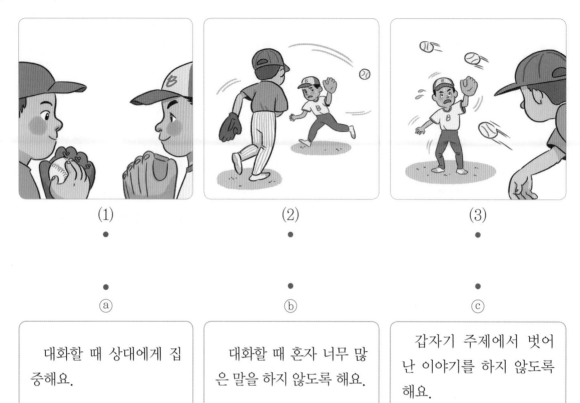

(1) (2) (3)

ⓐ ⓑ ⓒ

| 대화할 때 상대에게 집 중해요. | 대화할 때 혼자 너무 많 은 말을 하지 않도록 해요. | 갑자기 주제에서 벗어 난 이야기를 하지 않도록 해요. |

세부 내용 추론하기

5. 다음은 ㉮와 같은 대화 상황에서 더 유의해야 하는 이유를 정리한 것입니다. 빈칸에 알맞은 말을 이 글에서 찾아 쓰세요.

전화로 목소리만 전해 들을 때는 (   )인 부분을, 문자 메시지로 대화할 때는 (   )인 부분과 (   )인 부분을 확인할 수 없기 때문이다.

자신의 생각 말하기

6. 이 글을 읽은 학생들의 반응으로 알맞지 <u>않은</u> 것은 무엇인가요? (   )

① 앞으로 대화할 때는 상대의 이야기를 잘 들어야겠어.

② 대화하는 중에 갑자기 대화의 주제를 바꾸지 말아야겠어.

③ 어려운 부탁을 할 때는 상대의 기분이 좋을 때를 기다려야겠어.

④ 나는 대화할 때 혼자 너무 많은 말을 하지 않는가 생각해 봐야겠어.

⑤ 목소리의 높낮이를 조절하면 대화에 효과적이라는 사실을 알게 되었어.

어휘 익히기

1 낱말 뜻 알기

다음 빈칸에 알맞은 낱말을 〈보기〉에서 찾아 쓰세요.

• 보기 •

경청   시각   청각   인상

1. 인규는 항상 웃고 있어서 좋은 (   )을 준다.
   뜻 어떤 것을 보거나 어떤 일을 겪은 뒤에 마음에 새겨진 느낌.

2. 희원이는 (   )이 예민해서 작은 소리도 잘 듣는다.
   뜻 귀로 소리를 듣고 느끼는 감각.

3. 상대의 말을 (   )해야 상대의 마음을 얻을 수 있다.
   뜻 남의 말을 귀 기울여 열심히 들음.

4. 초식 동물은 주변을 넓게 살펴볼 수 있도록 (   )이 발달하였다.
   뜻 눈으로 물체의 모양이나 움직임, 빛깔 등을 보고 느끼는 감각.

2 관용 표현 알기

다음 빈칸에 알맞은 말을 쓰세요.

" ☐ 한마디에 천 냥 빚도 갚는다"

이 속담은 말만 잘하면 어려운 일이나 불가능해 보이는 일도 해결할 수 있음을 뜻하는 말이에요. 한마디의 말이 얼마나 큰 힘이 있는지 보여 주는 속담이지요.

3 한자어 익히기

다음 한자어를 소리 내어 읽고 빈칸에 따라 써 보세요.

對	話
대답할 대	말할 화

대화(對話): 마주 대하여 이야기를 주고받음. 또는 그 이야기.

• 그는 대화가 잘 통하는 친구이다.
• 부모님과 대화를 하는 시간은 매우 즐겁다.
• 나는 친구와 대화를 하면서 그간의 오해를 풀 수 있었다.

對	話						
대답할 대	말할 화						

05회 읽기 방법 익히기

1 문단으로 전체 내용 정리하기

한 편의 글을 제대로 이해하기 위해서는 각 문단의 내용을 파악하고, 문단 간의 관계를 이해하는 것이 중요합니다. 그리고 내용이 비슷한 문단끼리 묶어서 내용을 정리하면 글의 전체적인 흐름을 잘 이해할 수 있습니다.

★ 문단으로 전체 내용을 정리하려면,
(1) 각 문단의 중심 내용을 파악합니다.
(2) 앞뒤 문단 사이에 어떤 관련이 있는지 생각해 봅니다.
(3) 내용이 비슷한 문단끼리 묶어서 전체 내용을 정리합니다.

1 다음 두 문단을 읽고, 빈칸에 알맞은 말을 쓰세요.

> **1** 그럼 남북한의 말은 구체적으로 어떻게 다를까요? 남북한의 어린이가 함께 학교에서 생활한다고 생각해 보죠. 먼저 같은 사물을 서로 다른 낱말로 부르는 경우가 있어요. 과학 시간에 남한의 어린이가 '돌고래'에 대해 발표할 때, 북한의 어린이에게는 '물돼지'라고 부르는 동물에 대해 발표한다고 알려 줘야 해요. 또 북한의 어린이에게 점심시간에 '주스'가 나온다고 알려 주고 싶다면, '과일단물'이 나온다고 말해 주어야 해요.
>
> **2** 북한에는 남한에 비해 다른 나라에서 들어온 말을 우리말로 순화한 낱말들이 많아요. 다른 나라의 말을 이해하기 쉽도록 우리말로 고쳐 쓰는 것이지요. 체육 시간에 다른 사람에게 공을 보내는 동작인 '패스'는 '연락'이라고 해요. 골대를 지키는 사람은 '골키퍼'가 아니라 '문지기'라고 부르죠.

　1문단의 중심 내용은 남북한은 같은 (　　　　　)을 서로 다른 낱말로 부르는 경우가 있다는 것이고, **2**문단의 중심 내용은 북한에는 남한에 비해 다른 나라에서 들어온 말을 우리말로 (　　　　　)한 낱말들이 많다는 것이야.

　1문단과 **2**문단은 모두 남북한의 (　　　　　)이 어떻게 다른지 설명하고 있어.

42 ERI 독해가 문해력이다

2 다음 글을 읽고 물음에 답하세요.

❶ 인간은 사람들의 얼굴을 구분하는 능력이 발달되어 있습니다. 인간은 많은 사람과 관계를 맺으며 살아가기 때문입니다. 태어난 지 9분밖에 안 된 신생아도 무늬 없는 도형과 사람 얼굴 무늬의 도형을 함께 보여 주면, 얼굴 무늬의 도형에 반응합니다. 이는 얼굴을 구분하는 능력이 인간에게 얼마나 잘 발달되어 있는지를 보여 줍니다.

❷ 영국의 심리학자 로브 젠킨스는 얼굴을 구분하는 인간의 능력을 실험했는데, 일부 실험 참가자는 만 명의 얼굴을 서로 구분해 냈습니다. 그러나 이것이 얼굴을 구분하는 능력의 최대치는 아니라고 합니다. 인간의 뇌가 몇 명의 얼굴까지 구분하는지 한계를 정하기는 어렵기 때문입니다.

❸ 그런데 사람들은 자신과 다른 인종인 사람들의 얼굴은 잘 구분하지 못한다고 합니다. 이를 '타인종 효과'라고 합니다. 이러한 현상이 일어나는 이유는 뇌의 작용과 관련이 있습니다. 생후 3개월 된 아기에게 같은 인종과 다른 인종의 얼굴 사진을 바꿔 가며 보여 주자 인종과 관계없이 얼굴이 바뀐 것에 흥미를 보였습니다. 그러나 6개월 후 아기는 같은 인종의 얼굴 변화에만 반응을 보였습니다. 자주 접하는 얼굴을 중심으로 뇌가 발달하기 때문입니다.

(1) ❶~❸문단의 중심 내용을 다음과 같이 정리할 때, 빈칸에 알맞은 말을 각 문단에서 찾아 쓰세요.

문단	중심 내용
❶	인간은 사람들의 (　　　　)을 구분하는 능력이 발달되어 있다.
❷	얼굴을 구분하는 인간의 능력은 (　　　　)를 정하기 어렵다.
❸	사람들은 자신과 다른 (　　　　)의 얼굴은 잘 구분하지 못한다.

(2) 각 문단의 중심 내용을 바탕으로 이 글의 전체 내용을 정리해 보세요.

❶~❸문단의 중심 내용을 살펴보니, 이 글은 (　　　　)을 (　　　　)하는 능력에 관한 글임을 알 수 있어. ❶, ❷문단에서는 인간은 이 능력이 (뛰어나다, 뛰어나지 않다)는 것을 설명하고 있고, ❸문단에서는 그와 다른 경우도 있다는 것을 설명하고 있어.

어떤 글의 중심 내용이 무엇인지 전해 들었다고 해서, 그 글을 읽었다고 할 수 있을까요? 중심 내용은 글의 핵심을 요약한 것이기 때문에 이것만으로는 글의 내용을 이해하기가 어렵습니다. 예시는 글쓴이가 전달하려는 바를 구체적으로 설명해서, 읽는 이가 글을 쉽게 이해할 수 있도록 도와주는 역할을 합니다.

★ **예시를 활용하여 읽으려면,**

(1) 글에서 설명하고 있는 대상이 무엇인지 확인합니다.

(2) 예시를 통해 대상의 개념을 파악합니다.

　　– '예를 들어', '예컨대' 등은 예시가 나오는 것을 알려 주는 표지입니다.

(3) 대상의 개념과 구체적인 예를 연결하여 글의 내용을 이해합니다.

1 다음 글에서 예시가 활용된 부분을 찾아 아래의 빈칸을 채워 보세요.

> 또한 대화에서는 시각적인 부분과 청각적인 부분을 잘 활용하는 것이 중요합니다. 여기서 시각적인 부분은 대화할 때의 몸짓, 손짓, 자세 등을 말합니다. 그리고 청각적인 부분은 목소리의 높낮이나 빠르기 등을 말합니다. 일반적으로 사람들은 대화에서 말하는 내용이 제일 중요할 것이라고 생각합니다. 그러나 한 연구에 따르면 시각적, 청각적인 부분이 말하는 내용보다 대화에 더 큰 영향을 준다고 합니다. 특히 대화하는 사람의 인상에 매우 큰 영향을 미친다고 합니다. 같은 내용을 전달하더라도 이런 부분을 잘 활용하면 대화하는 상대에게 좋은 인상을 줄 수 있습니다. 그러므로 효과적인 대화를 위해서는 시각적인 부분과 청각적인 부분을 주의 깊게 고려하여 활용해야 합니다.

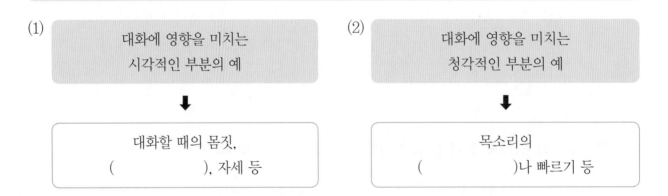

(1) 대화에 영향을 미치는 시각적인 부분의 예

↓

대화할 때의 몸짓, (　　　　　), 자세 등

(2) 대화에 영향을 미치는 청각적인 부분의 예

↓

목소리의 (　　　　　)나 빠르기 등

2 다음 글을 읽고 물음에 답하세요.

> ㉮ '부끄러움'은 실수를 하거나 양심에 거리끼는 행동을 했을 때 느끼는 감정이에요. ㉯ 많은 사람이 있는 곳에서 넘어지거나, 남모를 거짓말을 했을 때 사람들은 부끄러움을 느끼곤 하지요. ㉰ 부끄러움은 마음속에서 일어나는 일이지만, 겉으로 잘 드러나기도 한다는 특징이 있어요. ㉱ 부끄러움을 느낄 때면 얼굴이 빨개지고, 심장이 뛰기도 하고, 땀이 나기도 해요. ㉲ 이러한 현상 때문에 부끄러움은 숨기기가 어려워요.
>
> 이처럼 불편한 감정은 왜 생긴 것일까요? 사람들은 아주 먼 옛날부터 작은 집단끼리 모여 힘을 합쳐 살아왔어요. 모든 사람이 집단을 위해 자신의 일을 성실히 했다면 좋았겠지만, 그렇지 않은 사람들도 있었을 거예요. 예컨대 (㉠) 사람도 있었겠지요. 이렇게 집단을 위해 규칙을 잘 지키지 않는 사람들은 집단에서 따돌림을 당하는 일이 많았고, 그럴 때마다 부끄러움을 느꼈답니다. 그런 고통스러운 경험 때문에 규칙을 따르며 집단을 위해 함께 일할 수밖에 없었죠.
>
> 우리 몸이 고통을 느끼는 것은 몸이 다치는 것을 막기 위해서예요. 부끄러움도 고통처럼 불편한 일이지만, 사람들이 집단 안에서의 관계를 해치지 않고 안정된 사회를 유지하도록 만드는 수단이 된답니다.

(1) ㉮~㉲ 중 '예를 들면'이라는 말을 넣기에 알맞은 두 곳을 찾아 기호를 쓰세요.

( )

(2) ㉠에 들어가기에 알맞은 내용은 무엇인가요? ( )

① 남몰래 다른 사람을 돕는

② 정해진 몫만큼만 일을 하는

③ 아파서 사냥을 쉬어야 하는

④ 거짓말을 하고 혼자 쉬고 있는

⑤ 자신의 힘을 자랑하고 싶어 하는

가우디가 숨겨 둔 코드

이 글의 중심 화제는 **건축**입니다. 건축과 관련된 **수학, 역사, 미술, 과학**을 공부해요.
자연에서 많은 아이디어를 얻은 가우디 건축의 특징을 이해하고 가우디 코드를 찾아보세요.

20세기 최고의 천재 건축가로 불리는 스페인 ㉠카탈루냐 출신의 안토니오 가우디. 그가 남긴 건축물 중 무려 7개가 유네스코 세계 문화유산에 등재되어 있습니다. 그중에서도 최고의 걸작은 스페인 바르셀로나에 있는 '사그라다 파밀리아 성당'입니다.

이 성당은 1882년 첫 공사를 시작한 후 지금까지 130여 년째 건설 중입니다. 성당 건축 초기에는 공사비도 제대로 확보하지 못하여 가우디는 40여 년이나 사그라다 파밀리아 성당 건설에 노력을 기울였지만 완공조차 보지 못한 채 세상을 떠났습니다. 지금은 관광객들의 입장료 등으로 공사비를 대고 있으며, 가우디 사망 100주기인 2026년 완공을 계획했으나 실제로는 다소 늦어질 것으로 예상됩니다.

서서히 완성된 모습을 드러내고 있는 사그라다 파밀리아 성당에는 가우디 코드*가 있습니다. 바로 성당

▲ 사그라다 파밀리아 성당

서쪽 정면의 '유다의 키스'라는 조각상 옆에 있는 마방진*입니다. 이 마방진은 가로, 세로, 대각선 방향으로 숫자를 더하면 신기하게도 모두 33이 됩니다. 33이라는 숫자는 크리스트교에서 매우 신성한 숫자로 특별한 의미가 있습니다. 바로 예수가 십자가에 못 박혀 죽은 나이이며, 예수가 기적을 행한 횟수도 33회였다고 합니다. 또 중복된 숫자 10과 14를 두 번씩 더하면 48이 되는데, 48은 '9＋13＋17＋9'로도 나타낼 수 있습니다. 그런데 이 숫자를 라틴어 알파벳(라틴어 알파벳에는 J, U, W가 없습니다.)에 대입하면 'I(9), N(13), R(17), I(9)'가 만들어집니다. 'INRI'는 라틴어로 '나사렛 예수, 유다의 왕'이라는 뜻입니다. 이 밖에 예수의 12제자를 상징하는 12개 종탑과 예수를 상징하는 가장 높은 중앙탑 등 성당 곳곳에 가우디 코드가 숨겨져 있습니다.

성당 내부에도 가우디 코드가 가득합니다. 사그라다 파밀리아 성당의 내부를 보면 숲에 들어와 있는 듯한 착각이 듭니다. 성당의 기둥을 나무줄기처럼 표현했기 때문입니다. 이와 같이 가

▲ 사그라다 파밀리아 성당의 마방진과 성당 내부

우디가 그의 작품에 공통적으로 새겨 놓은 코드는 바로 '자연'입니다. 가우디는 '직선은 인간의 선이며, 곡선은 신의 선'이라 여겼습니다. 그래서 그의 건축물의 기둥은 나무줄기, 지붕은 산등성이와 산비탈의 곡선, 둥근 천장은 포물선* 모양의 동굴로 표현되어 있습니다. 가우디 건축을 제대로 이해하기 위해서는 그가 관심 있게 바라본 '자연'에 대한 이해가 꼭 필요합니다.

* **코드**: 정보를 나타내기 위한 기호 체계.
* **마방진**: 자연수를 정사각형 모양으로 나열하여 가로, 세로, 대각선으로 배열된 각각의 수의 합이 전부 같아지게 만든 것.
* **포물선**: 물체가 반원 모양을 그리며 날아가는 선.

---

1 이 글의 내용으로 알맞지 <u>않은</u> 것은 무엇인가요? (   )

① 가우디는 스페인에서 태어났다.

② 사그라다 파밀리아 성당에는 마방진이 있다.

③ 가우디는 자연으로부터 많은 아이디어를 얻었다.

④ 가우디는 '직선은 인간의 선이며, 곡선은 신의 선'이라 여겼다.

⑤ 사그라다 파밀리아 성당은 가우디가 사망한 바로 그해에 완성되었다.

가우디가 숨겨 둔 코드

2 다음 빈칸에 1부터 9까지의 숫자를 겹치지 않게 넣어 가로, 세로, 대각선의 합이 모두 같도록 만들려고 합니다. 빈칸에 알맞은 숫자를 쓰세요.

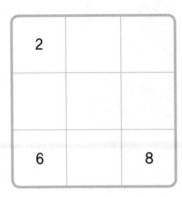

3 다음 글과 그림을 보고, 아래의 빈칸에 알맞은 숫자를 쓰세요.

김홍도는 서민들의 생활 모습을 익살스럽게 그린 조선 시대 대표 화가이다. 김홍도의 풍속화를 보면 뛰어난 화면 구도와 구성력을 엿볼 수 있다. 특히 유명한 「씨름도」를 중앙의 두 사람을 기준으로 그림을 분할하고 각 부분에 자리하고 있는 사람의 수를 적어 보면 왼쪽 위에서 대각선의 합이 '8+2+2=12'이고, 오른쪽 위에서 대각선의 합도 '5+2+5=12'로, 두 대각선의 합이 같다. 이 같은 신기한 수의 배열을 X자형 마방진이라고 할 수 있다. 마방진까지 응용하며 그림의 균형과 조화를 추구한 김홍도는 한국 미술 역사상 가장 위대한 풍속화가로 평가받고 있다.

▲ 김홍도, 「씨름도」

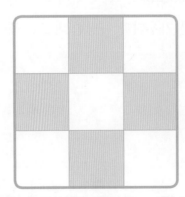

4 다음은 가우디가 설계한 건축물들입니다. 유네스코 세계 문화유산에 등록되어 있는 건축물의 이름을 조사하여 쓰세요.

(1)

(　　　　　　　　　　)

(2)

(　　　　　　　　　　)

(3)

(　　　　　　　　　　)

(4)

(　　　　　　　　　　)

5 가우디가 태어나고 주로 활동한 ㉠에 대해 알아보고, 해당 지역을 조사하여 지도에 표시해 보세요.

　　카탈루냐는 오랜 기간 동안 스페인의 중심지이자 수도인 마드리드가 위치한 카스티야 지역과는 다른 문화와 가치관 등으로 갈등을 겪어 왔다. 이로 인해 20세기 초부터 카탈루냐 독립운동이 진행되고 있다. 그래서 마드리드와 바르셀로나를 연고지로 하는 유명 축구 대표 팀의 경기인 엘 클라시코는 최고의 축구 라이벌전으로 유명하다.

▲ 스페인 지도

2 주차

무엇을 배울까요?

회차	글의 내용	핵심 개념	읽기 방법	학습 계획일
01회	**키즈 산업** 키즈 산업의 규모가 커지는 이유를 밝히고, 소비자로서 가져야 할 바람직한 태도에 대해 설명하는 발표문입니다.	[경제] 소비	그래프 이해하기	월 일 (요일)
02회	**민주주의의 꽃** 민주주의를 실현하는 수단으로서 선거의 가치와 선거 참여의 중요성을 설명하는 글입니다.	[정치] 민주주의	핵심 내용 요약하기	월 일 (요일)
03회	**신문의 힘** 신문이 어떤 기능을 하는지, 신문을 읽을 때 주의할 점은 무엇인지를 설명하는 글입니다.	[사회 문화] 신문	공감하거나 비판할 부분 찾기	월 일 (요일)
04회	**아마존을 어떡하지?** 아마존 열대 우림의 중요성을 설명하고, 개발로 인해 파괴되고 있는 아마존의 현실을 알려 주는 글입니다.	[자연환경] 환경	주제가 비슷한 글 더 찾아 읽기	월 일 (요일)
05회	**읽기 방법 익히기** 이 주에 공부한 중요 [읽기 방법]을 한눈에 정리하고 문제로 확인합니다. **1** 그래프 이해하기 **2** 주제가 비슷한 글 더 찾아 읽기			월 일 (요일)

어느 **수준**일까요?

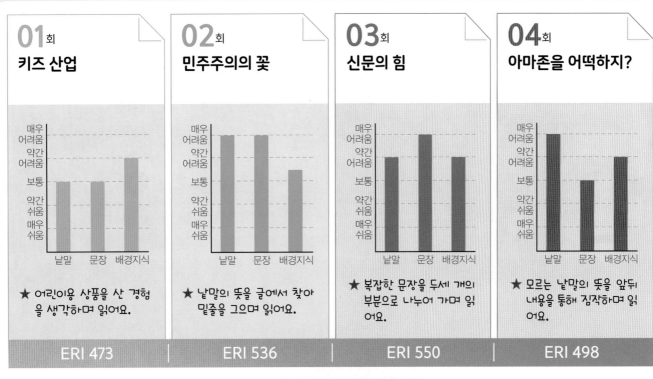

01회	**02**회	**03**회	**04**회
키즈 산업	민주주의의 꽃	신문의 힘	아마존을 어떡하지?

★ 어린이용 상품을 산 경험을 생각하며 읽어요.

★ 낱말의 뜻을 글에서 찾아 밑줄을 그으며 읽어요.

★ 복잡한 문장을 두세 개의 부분으로 나누어 가며 읽어요.

★ 모르는 낱말의 뜻을 앞뒤 내용을 통해 짐작하며 읽어요.

| ERI 473 | ERI 536 | ERI 550 | ERI 498 |

이 주의 ERI 지수

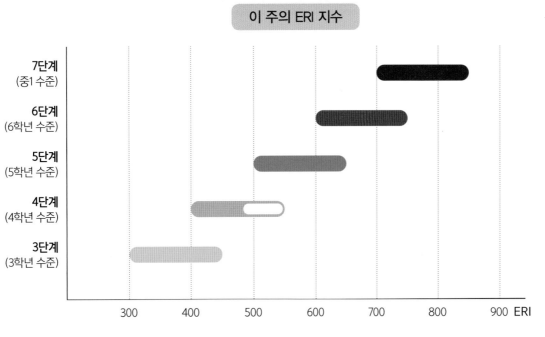

 ☑ 핵심 개념인 '소비'와 관련된 말들을 알아 둡시다.

→ 소비자 / 소비 심리 / 에너지 소비

소비란 생활에 필요한 물건이나 서비스를 구입하기 위해 돈을 쓰는 것을 말해요.

☑ 글을 읽고 이것만은 꼭 찾아냅시다.

→ 키즈 산업의 규모가 커지고 있는 이유는 무엇일까요?

☑ 글에 있는 그래프가 뜻하는 것을 이해해 봅시다.

→ 글에 있는 그래프의 가로줄과 세로줄이 각각 무엇을 나타내는지, 그래프 모양이 말하는 내용이 무엇인지 이해해 봅니다.

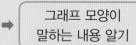

| 그래프의 가로줄과 세로줄의 뜻 알기 | → | 그래프 모양이 말하는 내용 알기 |

그래프를 이해하면 글의 내용을 한눈에 쉽게 파악할 수 있어요.

1 핵심 개념 미리 보기

㉠~㉢에 들어갈 말을 〈보기〉에서 찾아 쓰세요.

● 보기 ●

생산   소비   아이들   어른들

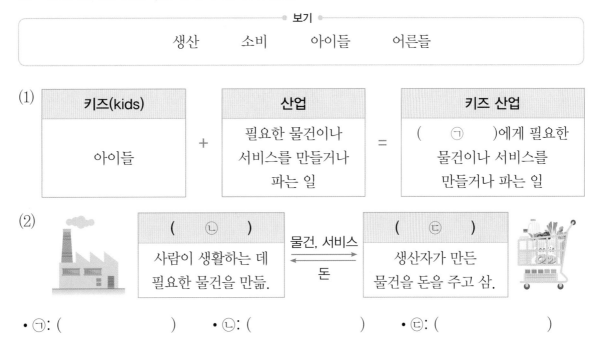

(1)

키즈(kids)		산업		키즈 산업
아이들	+	필요한 물건이나 서비스를 만들거나 파는 일	=	(㉠)에게 필요한 물건이나 서비스를 만들거나 파는 일

(2)

(㉡) 사람이 생활하는 데 필요한 물건을 만듦. ←물건, 서비스 / 돈→ (㉢) 생산자가 만든 물건을 돈을 주고 삼.

• ㉠: (   )   • ㉡: (   )   • ㉢: (   )

2 읽기 방법 미리 보기

다음 그래프를 보고 (   ) 안에서 알맞은 말을 골라 ○표 하세요.

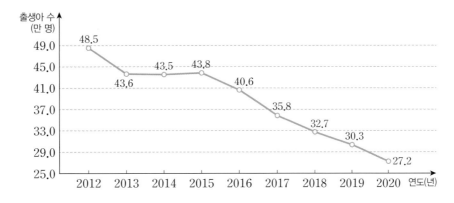

(1) 그래프에서 가로줄은 (출생아 수, 연도)를, 세로줄은 (출생아 수, 연도)를 가리킨다.

(2) 2020년에는 2012년에 비해 출생아 수가 20만 명 넘게 (줄어들었다, 늘어났다).

정답 1. ㉠ 아이들, ㉡ 생산, ㉢ 소비 2. (1) 연도, 출생아 수 (2) 줄어들었다제가 발표할 주제는 '키즈 산업'입니다. 혹시 '키즈 산업'이 무엇인지 아시나요? '키즈 산업'은 어린이들을 뜻하는 영어 '키즈(kids)'와 물건이나 서비스를 생산하는 일을 뜻하는 '산업'이 합쳐진 말입니다. 그러니까 '키즈 산업'이란 어린이를 대상으로 하는 산업을 뜻한다고 보시면 됩니다. 어린이 장난감을 만드는 것, 어린이를 돌보는 서비스가 여기에 해당합니다. 놀이 시설을 만들어 어린이를 고객으로 삼는 것도 키즈 산업입니다.

태어나는 아이들 수는 해마다 줄어들고 있는데, 키즈 산업 규모는 반대로 커지고 있습니다. 2002년도에 우리나라에서는 50만 명 정도의 아이가 태어났습니다. 그런데 2019년도에는 30만 명 정도의 아이가 태어났습니다. 출생아 수가 10명에서 6명으로 적어진 셈이죠. 그렇다면 키즈 산업 규모는 어떨까요? 제가 준비한 그래프를 보시죠. 2002년도 키즈 산업 규모는 8조 원이었습니다. 그런데 2019년도에는 50조 원으로 커졌습니다.

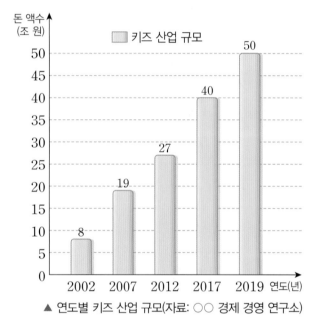

▲ 연도별 키즈 산업 규모(자료: ○○ 경제 경영 연구소)

키즈 산업의 규모가 이렇게 커진 이유는 무엇일까요? 우선, 우리나라 소비자들의 구매력이 높아졌기 때문입니다. 예전보다 더 많은 돈을 벌게 되면서 더 많이 소비할 수 있게 된 것이죠. 또 자녀 수가 적어져서 자녀를 위해 아끼지 않고 돈을 쓰는 가정이 늘었기 때문입니다. 그리고 맞벌이 가정이 늘어나면서 부모를 대신하여 돌봄이 필요한 아이들이 많아졌기 때문이기도 합니다. 예전에는 장난감, 학용품, 과자 등이 키즈 산업의 중심이었습니다. 하지만 지금은 학습 도우미, 놀이 시설과 방송 프로그램 등으로 키즈 산업의 범위가 넓어지고 있습니다. 이처럼 키즈 산업의 범위가 넓어진 것도 키즈 산업의 규모가 커진 이유 중 하나입니다.

키즈 산업은 관련 사업을 하는 사람에게는 돈을 벌 수 있게 해 주고, 어린이와 부모에게는 필요한 것을 얻을 수 있게 해 줍니다. 그런 점에서 생산자와 소비자 모두에게 도움이 됩니다. 그러나 어린이의 마음을 이용해 필요하지 않은 것을 사게 하거나 더 비싼 것을 사도록 만들기도 합니다. 따라서 키즈 산업을 이용하는 어른과 어린이는 소비자로서 올바른 소비 태도를 가져야 합니다. 제 발표를 들어 주셔서 감사합니다.

세부 내용 파악하기

1. 다음 중 키즈 산업에 해당하지 <u>않는</u> 것을 두 개 고르세요. (   )

① 어린이가 가지고 노는 장난감을 만드는 것

② 어린이 놀이 시설을 만들어 입장료를 받는 것

③ 동네 주민들을 위해 공공 도서관을 만드는 것

④ 어린이의 안전한 통학을 위해 자동차 속도를 제한하는 것

⑤ 방과 후에 어린이를 돌보고 공부시키는 일을 직업으로 하는 것

그래프 이해하기

2. 이 글에 있는 그래프를 보고 다음 물음에 답하세요.

(1) 그래프의 내용을 바탕으로 다음 표를 완성해 보세요.

연도	2002년	2007년	( )년	2017년	2019년
키즈 산업 규모	8조 원	( )조 원	27조 원	40조 원	( )조 원

(2) 그래프를 통해 알 수 있는 사실을 다음과 같이 정리할 때, 빈칸에 알맞은 말을 쓰세요.

시간이 지날수록 키즈 산업의 규모가 (   ) 있다.

정보 구조 설명하기

3. 키즈 산업의 규모가 커지게 된 원인과 결과를 선으로 알맞게 이으세요.

(1) 과거에 비해 버는 돈이 많아졌다. •

⑦ 어린이를 돌보는 일자리가 많아졌다.

(2) 자녀 수가 적어졌다. •

⑭ 어린이를 위해 쓸 수 있는 돈이 많아졌다.

(3) 맞벌이 가정 수가 늘어났다. •

⑮ 자녀를 위해 아끼지 않고 돈을 쓴다.

배경지식을 활용하여 추론하기

4. 키즈 산업이 어린이의 그릇된 소비를 부추기는 사례로 알맞지 <u>않은</u> 것에 ✓표 하세요.

(1) 몽당연필을 끝까지 다 쓸 수 있도록, 연필 끝에 끼워 쓰는 막대가 문구점에 진열되어
있다. ( )

(2) 책가방에 어린이들이 좋아하는 캐릭터 그림을 넣어, 가방이 있더라도 더 사고 싶게
하는 상품이 나왔다. ( )

(3) 내가 좋아하는 인형은 하나인데 다른 인형과 묶어서 팔고 있어서, 내가 좋아하는 것
을 사려면 전부를 다 사야 한다. ( )

시사점 추론하기

5. 키즈 산업에 대해 어린이들이 가져야 할 올바른 소비 태도를 표어로 표현하려고 합니다. 빈칸
에 알맞은 말을 〈보기〉에서 찾아 기호를 쓰세요.

보기
㉠ 꼭   ㉡ 비싼   ㉢ 필요한   ㉣ 필요 없이

( ) ( ) 물건을 삽니다.
( ) ( ) 물건은 사지 않습니다.

글의 내용 적용하기

6. 내가 사고 싶은 물건 세 개와 그 이유를 쓰고, 그 물건이 꼭 필요한지 표시해 보세요.

	사고 싶은 물건	사고 싶은 이유	꼭 필요한가?		
			불필요	보통	필요
예	인형	심심할 때 함께 놀 수 있어서		✓	
1					
2					
3					

어휘 익히기

1 낱말 뜻 알기

다음 빈칸에 알맞은 낱말을 〈보기〉에서 찾아 쓰세요.

• 보기 •

서비스   고객   규모   구매력

1. 소득 수준이 낮은 지역은 (   )이/가 크지 않다.
   뜻 상품을 살 수 있는 경제적인 능력.

2. 상품을 보기 좋게 진열해야 (   )의 시선을 끌 수 있다.
   뜻 가게나 식당 같은 데에 오는 손님. 또는 은행이나 회사와 거래하는 손님.

3. (   ) 산업에서 일하는 사람들의 수가 점차 늘어나고 있다.
   뜻 생활에 도움을 주는 일을 돈을 받고 해 주는 것.

4. 어려운 이웃을 돕기 위한 모금 운동이 전국적인 (   )(으)로 커졌다.
   뜻 사물의 크기나 짜임새. 또는 일의 테두리.

2 관용 표현 알기

다음 빈칸에 알맞은 말을 쓰세요.

"같은 ☐이면 다홍치마"

이 속담은 값이 같거나 같은 노력을 한다면 품질이 좋은 것을 택한다는 말이에요. 같은 가격이라면 품질이 좋고 예쁜 물건을 사는 것이 합리적인 소비라고 할 수 있겠죠?

3 한자어 익히기

다음 한자어를 소리 내어 읽고 빈칸에 따라 써 보세요.

消	費
사라질 소	쓸 비

소비(消費): 돈, 물건, 시간, 노력, 힘 등을 써서 없앰.
• 경제 상황이 좋아져서 소비가 증가하였다.
• 정부는 에너지 소비 절약 운동을 펴고 있다.
• 운동하느라 체력을 너무 소비해서 피곤하다.

消	費						
사라질 소	쓸 비						

02회 민주주의의 꽃

☑ **핵심 개념인 '민주주의'와 관련된 말들을 알아 둡시다.**

→ 민주주의 국가 / 민주주의 제도 / 자유 민주주의

 민주주의란 국민이 나라의 주인이 되어 국민의 뜻에 따라 정치가 이루어지는 것을 말해요.

☑ **글을 읽고 이것만은 꼭 찾아냅시다.**

→ 민주주의 국가에서 가장 중요한 정치 참여 방법은 무엇일까요?

☑ **글의 핵심 내용을 요약하며 읽어 봅시다.**

→ 전체 글의 핵심 내용을 요약하여 글의 내용을 정확하게 이해하고 체계적으로 정리해 봅니다.

각 문단의 중심 문장 찾기	➡	각 문단의 중심 문장을 연결하기	➡	글의 핵심 내용 요약하기

 글의 핵심 내용을 요약하면 글의 내용을 쉽게 파악할 수 있고, 더 오랫동안 기억할 수 있어요.

1 핵심 개념 미리 보기

낱말과 그 뜻을 사다리로 연결할 때, 빈칸에 알맞은 말을 〈보기〉에서 찾아 기호를 쓰세요.

● 보기 ●

㉠ 나라의 주인으로서 가지는 권리.

㉡ 모임이나 단체에서 우두머리나 일을 맡아 할 사람을 뽑는 일.

㉢ 국민이 나라의 주인이 되고, 국민의 뜻에 따라 나라를 다스리는 정치 제도나 사상.

㉣ 대표를 뽑거나 어떤 일을 결정할 때 자기 생각을 쪽지에 표시하거나 적어 내는 일.

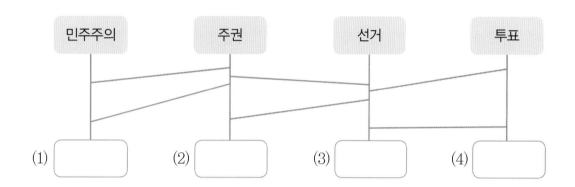

| 민주주의 | 주권 | 선거 | 투표 |

(1) ☐　　(2) ☐　　(3) ☐　　(4) ☐

2 읽기 방법 미리 보기

다음 글을 읽고 핵심 내용을 요약하려고 합니다. 빈칸에 공통으로 들어갈 말을 쓰세요.

　　어떤 나라에서는 수저를 사용하지 않고 맨손으로 밥을 먹는다. 또 어떤 나라에서는 인사를 할 때 상대방과 코를 맞대거나 상대방의 어깨에 한 손을 댄다. 이렇게 나라마다 다양한 문화를 가지고 있는 이유는 서로 다른 환경에 적응하면서 문화를 만들어 왔기 때문이다. 따라서 어떤 문화가 더 낫고 어떤 문화가 못하다고 판단하는 것은 잘못이다. 우리는 문화의 다양성을 인정하고 존중하는 자세를 가져야 한다.

➡ ☐☐는 어느 것이 더 낫고 못하다고 판단할 수 없다. 따라서 다른 나라의 ☐☐를 존중해야 한다.

정답 1. (1) ㉡, (2) ㉣, (3) ㉢, (4) ㉠　2. 문화

민주주의 국가는 국민이 국가의 주인인 나라를 말합니다. 우리나라의 헌법 제1조를 보면 '대한민국의 주권은 국민에게 있고, 모든 권력은 국민으로부터 나온다.'라고 쓰여 있습니다. 이 조항을 통해 우리나라가 민주주의 국가라는 것을 확인할 수 있습니다. 민주주의 국가의 국민들은 국가의 주인으로서 나라의 정책을 결정하는 데 참여할 수 있는 권리를 갖습니다.

대한민국 헌법 제1조

1. 대한민국은 민주 공화국이다.

2. 대한민국의 주권은 국민에게 있고, 모든 권력은 국민으로부터 나온다.

나라의 정책을 결정하는 일에 국민이 직접 참여하는 민주주의를 '직접 민주주의'라고 합니다. 하지만 대개의 국가들은 영토가 넓고 인구가 많아서 모든 국민이 직접 참여하여 나라의 정책을 결정하는 것은 어렵습니다. 그래서 국민들이 뽑은 대표자가 나라의 중요한 일을 결정하도록 합니다. 이를 '간접 민주주의'라고 합니다. 간접 민주주의에서 투표를 통해 국민을 대표할 사람을 뽑는 과정을 '선거'라고 합니다. 우리나라에서는 선거를 통해 대통령과 국회 의원, 시장, 교육감 등을 뽑습니다.

투표를 통해 선거에 참여하는 것은 국민이 국가의 주인으로서 권리를 행사할 수 있는 대표적인 방법입니다. 선거할 권리를 가진 사람을 '유권자'라고 합니다. 유권자는 자신을 대신하여 국가의 중요한 일을 결정할 대표자를 뽑습니다. 그리고 자신이 선거에 직접 후보자로 나가서 국민의 선택을 받을 수도 있습니다.

민주주의 국가에서 정치는 국민의 삶을 더 낫게 만드는 것을 목표로 합니다. 국민은 선거를 통해 ㉠이러한 목표를 이룰 수 있습니다. 이런 점에서 선거는 민주주의에서 가장 중요한 부분이라고 할 수 있습니다. 그래서 선거를 ㉡'민주주의의 꽃'이라고 부릅니다.

하지만 투표에 참여하는 사람들이 적으면 민주주의의 꽃은 제대로 필 수 없습니다. 유권자가 바쁘다는 이유로, 정치에 관심이 없다는 이유로 투표를 포기하면 능력이 없는 사람이 대표자로 뽑힐 수도 있습니다. 그리고 그 사람이 국민이 아니라 자신을 위한 정치를 한다면 국민 대다수가 피해를 볼 수 있습니다.

투표에 참여하는 사람들이 많을수록 선거는 국민의 뜻을 더욱 잘 반영할 수 있게 됩니다. 따라서 국가의 주인으로서 선거에 참여하는 것은 권리이면서 동시에 의무라고 할 수 있습니다. 민주주의에 대한 국민의 이해와 참여가 높아질수록 국민들은 더 나은 삶을 누리게 될 것입니다.

주요 개념 파악하기

1. 다음은 이 글에 나오는 주요 개념을 정리한 것입니다. 빈칸에 알맞은 말을 쓰세요.

> • 민주주의 국가: ☐☐이 국가의 주인인 나라
> • ☐☐: 투표를 통해 국민을 대표할 사람을 뽑는 과정

세부 내용 파악하기

2. 우리나라에서 선거를 통해 뽑는 사람에 해당하지 <u>않는</u> 것은 무엇인가요? (   )

① 시장　　　　　　② 판사　　　　　　③ 교육감
④ 대통령　　　　　⑤ 국회 의원

핵심 내용 요약하기

3. 이 글의 핵심 내용을 다음과 같이 요약할 때, 빈칸에 알맞은 말을 〈보기〉에서 찾아 쓰세요.

┤ 보기 ├

권리　　　　　의무　　　　　많을수록　　　　　적을수록

　　민주주의 국가의 국민은 국가의 주인으로서 나라의 정책을 결정하는 데 참여할 수 있는 (　　　　　　　　)을/를 갖는다. 대부분의 민주주의 국가에서는 국민이 자신을 대신해 줄 사람을 선거로 뽑는다. 선거는 민주주의에서 가장 중요한 부분이다. 투표에 참여하는 사람이 (　　　　　　　　) 자격이 없는 사람이 대표자로 뽑힐 가능성이 커진다. 반면 투표에 참여하는 사람이 (　　　　　　　　) 선거는 국민의 뜻을 더욱 잘 반영할 수 있게 된다.

가리키는 말의 의미 파악하기

4. ㉠이 가리키는 것으로 가장 알맞은 것은 무엇인가요? (　　　)

① 국민이 국가의 주인이 되는 것
② 국민의 삶을 더 낫게 만드는 것
③ 국민의 투표 참여율을 높이는 것
④ 국민이 선거할 권리를 가지는 것
⑤ 국민이 선거로 대표자를 뽑는 것

비유적 의미 파악하기

5. 다음은 국어사전에서 '꽃'의 의미를 찾은 것입니다. ㉡에 쓰인 '꽃'의 의미로 가장 알맞은 것은 무엇인가요? (　　　)

> **꽃**
> 1. 특유의 모양과 빛깔, 향기가 있으며 줄기 끝에 달려 있는 식물의 한 부분. 또는 그것이 피는 식물. ·········· ①
> 2. (비유적으로) 예쁘고 인기가 많은 여자. ·········· ②
> 3. (비유적으로) 가장 화려하게 번성하는 일. ·········· ③
> 4. (비유적으로) 어떤 일에서 가장 중요한 부분이나 역할. ·········· ④
> 5. (비유적으로) 열이 올라 피부에 빨갛고 동그랗게 돋아난 것. ·········· ⑤

글의 내용 적용하기

6. 다음은 이 글을 읽고 친구들이 나눈 대화입니다. 알맞게 말하지 <u>못한</u> 친구는 누구인지 쓰세요.

> 민희: 우리 반에서 투표로 반장을 뽑는 것도 선거에 해당해.
> 지연: 그럼 반장은 우리 반 친구들을 대표하는 사람이라고 할 수 있겠네?
> 경서: 우리가 직접 반장을 뽑는 거니까 직접 민주주의라고 할 수 있어.
> 승호: 우리 반 친구들 모두 유권자이면서 자신이 반장 후보자로 나갈 수도 있어.
> 현수: 좋은 반장을 뽑으려면 선거에 관심을 갖고 적극적으로 참여해야 해.

(　　　　　　)

어휘 익히기

1 낱말 뜻 알기

다음 빈칸에 알맞은 낱말을 〈보기〉에서 찾아 쓰세요.

─────── • 보기 • ───────

권력   정책   간접   행사

1. 국민은 투표를 통해 (   )(으)로 정치에 참여할 수 있다.
   뜻 어떤 일이 바로 되지 않고 사이에 낀 다른 것을 거쳐서 일어남.

2. 그는 회사 안에서 사장보다 더 큰 권력을 (   )하고 있다.
   뜻 힘이나 권리 같은 것을 행동으로 나타냄.

3. 왕은 자신의 (   )을/를 이용하여 백성들을 보살피는 데 힘썼다.
   뜻 나라를 다스리거나 남을 부릴 수 있는 힘.

4. 시민 단체들은 정부가 (   )을/를 제대로 집행하는지 감시하는 역할을 한다.
   뜻 정치를 잘하거나 사회 문제를 해결하려고 내놓는 방법.

2 관용 표현 알기

다음 빈칸에 알맞은 말을 쓰세요.

"□□은 천심"

이 속담은 백성의 마음이 곧 하늘의 마음과 같다는 뜻으로, 백성의 마음을 저버릴 수 없음을 비유적으로 이르는 말이에요. '민심'은 '백성의 마음'을, '천심'은 '하늘의 마음'을 뜻한답니다.

백성이 원하는 것을 잘 헤아려야 올바른 정치를 할 수 있지!

3 한자어 익히기

다음 한자어를 소리 내어 읽고 빈칸에 따라 써 보세요.

民	主
백성 **민**	주인 **주**

민주(民主): 주권이 국민에게 있음.

• 대한민국은 민주 공화국이다.
• 그는 오랫동안 민주화 운동을 한 투사이다.
• 민주주의에서 가장 중요한 가치는 인간 존엄성이다.

民	主						
백성 민	주인 주						

 핵심 개념인 '신문'과 관련된 말들을 알아 둡시다.

→ 신문 기자 / 신문 기사 / 신문 구독

신문이란 그때그때 여러 가지 일을 때맞추어 담아서 알리는 소식지를 말해요.

글을 읽고 이것만은 꼭 찾아냅시다.

→ 신문을 읽을 때 주의해야 할 점은 무엇일까요?

글을 읽으며 공감하거나 비판할 부분을 찾아봅시다.

→ 글쓴이의 의견에 대해 공감할 수 있는 부분과 그렇지 않은 부분을 찾으며 글을 읽어 봅니다.

공감	비판
어떤 것을 보고 서로 똑같이 생각하거나 느낌.	잘못을 고쳐 주려고 꼬집어 말함.

 공감하거나 비판할 부분을 찾으며 글을 읽으면 생각하는 힘을 기를 수 있어요.

1 핵심 개념 미리 보기

다음 퀴즈의 정답을 〈보기〉에서 찾아 쓰세요.

보기

신문　　　만화책　　　텔레비전　　　휴대 전화

나는 누구일까요?

• 들고 다닐 수 있나요? → 네.

• 반드시 전기가 있어야 볼 수 있나요? → 아니요.

• 종이로 되어 있나요? → 네.

• 새로운 소식을 빠르게 전달해 주나요? → 네.

➡ 정답은 (　　　　　　　　　)입니다.

2 읽기 방법 미리 보기

다음 글을 읽은 친구들의 반응 중, 글의 내용에 공감하는 의견에 √표 하세요.

> 저는 ○○댐을 건설하는 것에 반대합니다. ○○댐을 건설하면 마을이 물에 잠기게 되어 많은 사람이 고향을 잃게 됩니다. 보상비를 받는다고 하더라도 예전과 같은 생활로 돌아가기 어렵습니다. 또한 댐 건설은 환경에 피해를 줍니다. ○○천 상류는 다양한 희귀 동식물이 살고 있어 보존 가치가 매우 높은 곳입니다. 댐이 건설되면 생태계가 파괴되어 많은 동식물이 사라질 수 있습니다.

○○댐은 홍수 피해를 막아 주고, 관광 자원도 될 수 있으니 건설하는 게 좋겠어.

현수

(　　　)

○○댐을 건설하면 마을뿐만 아니라 많은 면적의 논과 밭도 물에 잠기게 돼.

대권

(　　　)

정답 1. 신문　2. 대권

1 오늘날과 비슷한 모습의 신문은 약 400년 전인 1600년대 초반에 유럽에서 만들어졌습니다. 당시 네덜란드는 **무역**을 활발하게 했는데, 무역을 하는 지역에서 일어난 일을 신문에 적어 알렸습니다. 신문에 실린 소식은 무역을 해서 이익을 챙기는 사람들에게 큰 도움이 되었습니다. 예를 들어, 어떤 나라에서 세금을 올린다는 소식이 신문에 실리면 그것을 읽고 ㉠세금이 낮은 다른 나라로 무역의 상대를 바꾸었습니다.

2 이렇게 시작된 신문은 세상의 크고 작은 온갖 소식을 전하기 시작했습니다. 신문은 사람들에게 ㉡세상을 보는 창이 되어 주었습니다. 사람들은 신문에 실린 기사를 보고 멀리 떨어진 곳의 소식도 알 수 있게 되었습니다. 신문은 사람들에게 정치, 경제, 사회, 문화 등과 관련한 소식을 알려 줍니다. 그리고 날씨처럼 일상생활에 도움이 되는 **정보**들도 알려 줍니다.

3 그런데 사람들은 단순히 신문에 실린 기사를 읽고 이해하는 데 그치지 않습니다. 신문에 실린 사건이나 새로운 정책 등을 읽고 그것을 이야깃거리로 삼아 다른 사람들과 대화를 나누기도 하고 토론을 하기도 합니다. 이러한 과정을 거치면서 어떤 일에 대한 사람들의 공통된 의견이 만들어집니다. 이것을 '**여론**'이라고 합니다. 신문이 형성하는 여론은 우리 사회와 세상을 바꾸는 힘을 가지고 있습니다.

4 그래서 신문은 어떤 사건과 정책들을 독자가 쉽게 이해할 수 있도록 자세하게 설명해 주기도 합니다. 어떤 중요한 일에 대해서는 옳고 그름을 밝히거나 잘못된 점을 지적하기도 합니다. 사실뿐만 아니라 기자나 전문가 등의 의견도 함께 실리는 것입니다. 그리고 인터넷에 실리는 신문 기사에는 독자들도 자신들의 의견을 댓글로 남길 수 있습니다.

5 이처럼 신문은 새로운 소식과 정보를 전달해 주고, 중요한 일에 대해서는 자세한 설명까지 해 줍니다. 따라서 우리는 신문을 읽을 때 있는 그대로의 사실을 전하는 내용과 그 사실에 대한 의견을 **구별**해서 읽어야 합니다. 사실 부분을 읽을 때는 내용이 정확한지, 사실을 지나치게 부풀려 말하는 내용은 없는지를 따져 가며 읽어야 합니다. 그리고 의견 부분을 읽을 때는 기사를 쓴 목적은 무엇인지, 어느 한쪽으로만 치우친 생각을 말하는 내용은 없는지를 따져 가며 읽어야 합니다.

내용 파악하기

1. 이 글의 각 문단을 통해 대답할 수 있는 질문이 <u>아닌</u> 것은 무엇인가요? (   )

① **1** 문단: 오늘날과 비슷한 모습의 신문은 언제 만들어졌나요?

② **2** 문단: 신문에는 어떤 내용들이 실리나요?

③ **3** 문단: 신문은 어떻게 여론 형성에 영향을 미치나요?

④ **4** 문단: 신문에 가장 많이 실리는 기사는 무엇인가요?

⑤ **5** 문단: 신문을 읽을 때 어떤 점에 주의해야 하나요?

핵심 내용 요약하기

2. 신문의 중요한 기능을 정리하려고 합니다. 빈칸에 알맞은 말을 쓰세요.

새로운 소식과 ☐☐를 전함.   **+**   사건과 정책들을 자세하게 ☐☐하거나 비판함.

이유나 근거 추론하기

3. 다음은 상인들이 ㉠과 같이 행동하는 이유를 추측한 것입니다. 빈칸에 알맞은 말을 〈보기〉에서 찾아 쓰세요.

보기

세금   벌금   이익   손해

☐☐을/를 올리면 ☐☐이/가 줄어들기 때문이다.

표현의 의도 파악하기

4. 신문을 ⓛ과 같이 빗대어 표현한 이유로 가장 알맞은 것은 무엇인가요? (   )

① 신문이 세상에 나온 지 오래되었기 때문에

② 신문에 날씨와 생활 정보가 실려 있기 때문에

③ 신문의 형태가 네모난 창문과 비슷하기 때문에

④ 신문이 세상에서 가장 큰 영향력을 갖고 있기 때문에

⑤ 신문을 통해 세상에서 일어나는 일을 알 수 있기 때문에

글의 내용을 근거로 답하기

5. 이 글의 내용을 바탕으로 다음 선생님의 질문에 가장 알맞게 답한 친구에게 √표 하세요.

> 신문을 읽을 때는 있는 그대로의 사실을 전하는 내용과 그 사실에 대한 의견을 구별해서 읽어야 해요. 왜 그래야 할까요?

(1) 태형: 신문은 있는 그대로의 새 소식만 전하기 때문이에요.   (   )

(2) 지혜: 신문에는 독자들에게 재미를 주는 내용들이 많기 때문이에요.   (   )

(3) 민성: 신문에는 새 소식만이 아니라, 그것에 대해 설명하는 내용도 있기 때문이에요.

(   )

공감하거나 비판할 부분 찾기

6. 다음은 이 글을 읽고 친구들이 보인 반응입니다. 글의 내용에 공감하는 의견과 비판하는 의견으로 나누어 기호를 쓰세요.

> ㉮ 신문을 많이 읽으면 생활에 필요한 정보들을 많이 알게 될 거야.
>
> ㉯ 신문은 기사를 통해 여론을 형성하는 데 큰 힘을 발휘할 수 있어.
>
> ㉰ 전문가의 의견이라고 해서 무조건 그 내용을 있는 그대로 받아들여서는 안 돼.
>
> ㉱ 최근에는 종이 신문을 읽는 사람들이 많지 않아서 신문의 영향력도 줄어들고 있어.

공감하는 의견	비판하는 의견

어휘 익히기

1 낱말 뜻 알기

다음 빈칸에 알맞은 낱말을 〈보기〉에서 찾아 쓰세요.

● 보기 ●

무역   정보   여론   구별

1. 요즘 옷은 남녀의 (   )이/가 없는 경우가 많다.
   뜻 성질이나 종류에 따라 나눔.

2. 우리나라는 (   )을/를 통해 많은 외화를 벌어들이고 있다.
   뜻 다른 나라와 물건을 사고파는 일.

3. 정치인은 항상 (   )에 귀를 기울여야 좋은 정치를 할 수 있다.
   뜻 어떤 일에 관하여 세상 사람들이 두루 지닌 생각이나 의견.

4. 보고서를 써야 하는데, 주제와 관련한 (   )이/가 아직 많이 부족해.
   뜻 어떤 일에 관한 지식이나 자료.

2 관용 표현 알기

다음 빈칸에 알맞은 말을 쓰세요.

"☐ 없는 말이 천 리 간다"

이 속담은 말은 비록 발이 없지만 천 리 밖까지도 순식간에 퍼진다는 뜻으로, 말을 조심해서 해야 함을 비유적으로 이르는 말이에요. 말을 하거나 글을 쓸 때 내용에 대해 책임감을 가져야 함을 강조하는 말이지요.

내가 쓴 기사가 순식간에 퍼질 수 있으니, 신중하게 써야겠어.

3 한자어 익히기

다음 한자어를 소리 내어 읽고 빈칸에 따라 써 보세요.

新	聞
새 신	들을 문

신문(新聞): 그때그때 여러 가지 일을 때맞추어 담아서 알리는 소식지.

• 신문에 감동적인 기사가 많이 실렸으면 좋겠어.
• 예전에는 지하철에서 신문을 보는 사람이 매우 많았다.
• 부모님께서는 아침마다 신문을 읽으시며 하루를 시작하신다.

新	聞						
새 신	들을 문						

☑ **핵심 개념인 '환경'과 관련된 말들을 알아 둡시다.**

→ 환경 보호 / 자연환경 / 환경 오염

 환경이란 사람이나 생물이 살아가는 데 영향을 끼치는 자연 상태나 조건을 말해요.

☑ **글을 읽고 이것만은 꼭 찾아냅시다.**

→ 아마존의 열대 우림이 파괴되면 어떤 문제가 생길까요?

☑ **주제가 비슷한 글을 더 찾아 읽어 봅시다.**

→ 글을 읽고 주제를 파악했다면, 이와 비슷한 주제를 다룬 글을 더 찾아 읽어 봅니다.

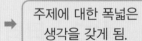

주제가 비슷한 글 더 찾아 읽기	→	주제에 대한 폭넓은 생각을 갖게 됨.

주제가 비슷한 글을 더 찾아 읽으면 주제에 대해 보다 폭넓게 생각하는 힘을 기를 수 있어요.

1 핵심 개념 미리 보기

다음 빈칸에 알맞은 낱말을 〈보기〉에서 찾아 쓰세요.

───── 보기 ─────

동물   인간   환경   문화재

➡ 이 공익 광고들은 모두 (   ) 보호의 중요성을 강조하고 있다.

2 읽기 방법 미리 보기

다음 두 글의 공통된 주제는 무엇일지 빈칸에 알맞은 말을 쓰세요.

가 온라인 공간에서 장난으로 쓴 글이라고 해도 상대방이 기분 나쁘게 받아들였다면 언어폭력에 해당하므로 이런 행동은 하지 않도록 해야 합니다. '가는 말이 고와야 오는 말이 곱다'라는 속담을 떠올리면서 내가 먼저 언어 예절을 갖춘 말을 사용하도록 노력합시다.

나 지난해 학교 폭력 실태 조사 결과를 보면 언어폭력이 가장 높게 나왔는데요, 언어폭력은 청소년들의 정서에 나쁜 영향을 준다는 점에서 신체 폭력과 다를 바 없습니다. 온라인 공간에서 건전한 소통을 위해서는 언어 예절을 지키려는 노력이 필요합니다.

➡ 주제: 온라인 공간에서도 (   )을 지켜야 한다.

정답 1. 환경 2. 언어 예절

일 년 내내 기온이 높고 비가 많이 내리는 열대 지방에는 나무와 풀이 우거져 있습니다. 이런 곳을 '열대 우림'이라고 합니다. 열대 우림 지역은 지구에 없어서는 안 될 중요한 곳입니다. 거대한 숲은 우리가 숨 쉬는 데에 필요한 산소를 뿜어냅니다. 또한 지구 환경에 나쁜 영향을 주는 엄청난 양의 공기 오염 물질을 줄여 주기도 합니다.

세계에서 열대 우림 면적이 가장 넓은 곳은 아마존강 주변입니다. 이곳은 지구 전체 열대 우림의 절반 이상을 차지합니다. 그리고 지구 전체 산소 공급량의 20% 이상을 만들어 냅니다. 그래서 아마존은 ㉠'지구의 허파'라고도 불립니다.

최근 들어 아마존강과 주변의 열대 우림이 크게 망가지고 있습니다. 목재를 생산하기 위해 나무를 베고 있기 때문입니다. 농사지을 땅을 만들기 위해 숲을 불태우기도 합니다. 게다가 농사를 짓기 위해 쓰는 화학 비료와 농약 때문에 아마존강까지 오염되고 있습니다. 전문가들은 현재의

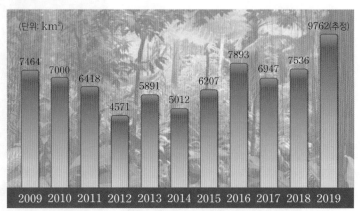

▲ 브라질 아마존 연간 삼림 파괴 면적(자료: 브라질 국립 우주 연구소)

속도로 아마존을 개발해 나간다면 아마존의 숲이 완전히 사라질 수도 있다고 경고합니다.

그런데 최근 브라질이 경제 발전을 위해 아마존을 개발하겠다고 선언했습니다. 브라질은 아마존의 60%를 차지하고 있습니다. 국가가 나서서 아마존을 개발하면 지금보다 훨씬 더 빠르게 아마존이 망가질 것이 분명합니다. 한번 망가진 열대 우림의 생태계는 원래대로 돌아올 수 없습니다. 아마존이 사라지면 지구 온난화와 공기 오염은 더욱 심해질 것입니다. 또한 그곳에 살고 있는 사람들과 동식물은 큰 피해를 당하게 될 것입니다.

이에 환경 단체들은 이 선언에 반대하고 나섰습니다. 이들은 '아마존의 숲은 브라질만의 것이 아닌 전 인류의 재산'이라고 주장합니다. 이에 대해 브라질 정부는 '당신네 나라들은 왜 공장과 자동차의 매연을 강하게 막지 않는가?'라고 되묻습니다. '선진국들이 먼저 숲을 없애고 공장을 지어 돈을 벌었다. 그래서 지구 온난화의 문제가 생긴 것이다. 그런데 왜 그 책임을 우리에게 묻느냐?'라고 항의하는 것입니다.

아마존을 어떻게 해야 할까요? 아마존 지역의 나라들은 경제 발전을 위해 아마존을 개발해야 할까요, 지구 환경을 생각하여 아마존을 보존해야 할까요?

내용 파악하기

1. 이 글을 이해한 내용으로 알맞지 <u>않은</u> 것은 무엇인가요? (   )

① 아마존의 절반 이상은 브라질의 국토에 해당한다.

② 열대 우림은 열대 지방에 있는 울창한 숲을 가리킨다.

③ 아마존의 개발로 아마존의 우림이 점차 사라지고 있다.

④ 열대 우림은 엄청난 양의 공기 오염 물질을 발생시킨다.

⑤ 전 세계 열대 우림 중에서 가장 넓은 곳은 아마존의 우림이다.

정보 구조 설명하기

2. 아마존의 파괴를 다음과 같이 정리할 때, 빈칸에 알맞은 말을 이 글에서 찾아 쓰세요.

원인	( ) 생산, 농사지을 땅 마련	화학 비료와 ( ) 사용
결과	아마존의 숲이 사라지고 있음.	아마존강이 오염되고 있음.

세부 내용 파악하기

3. 아마존에 대한 생각이 다른 두 집단의 주장과 근거를 다음과 같이 정리할 때, 빈칸에 알맞은 말을 쓰세요.

브라질 정부		환경 단체	
주장	아마존을 ( )하겠다.	주장	아마존을 ( )해야 한다.
근거	• 경제 발전을 위해 필요하다. • 지구 온난화는 ( )의 책임이 크다.	근거	아마존의 숲은 브라질만의 것이 아닌 ( )의 재산이다.

비유적 의미 파악하기

4. 아마존이 ㉠과 같이 불리는 이유로 가장 알맞은 것은 무엇인가요? (　　　)

① 지구의 중심인 적도 부근에 있기 때문에
② 인간에게 많은 양의 목재를 제공하기 때문에
③ 일 년 내내 기온이 높고 비가 많이 내리기 때문에
④ 인간이 숨 쉬는 데 필요한 산소를 만들어 내기 때문에
⑤ 지구의 열대 우림 중 가장 넓은 면적을 차지하기 때문에

주제가 비슷한 글 더 찾아 읽기

5. 이 글과 비슷한 주제를 다루고 있는 〈보기〉의 글을 읽고 물음에 답하세요.

보기

열대 우림은 지구 전체 면적의 7%에 불과하지만, 열대 우림에는 지구 전체 생물 종류의 50%에 가까운 동식물들이 살고 있습니다. 충분한 햇빛과 물이 있어 식물에 더할 수 없이 좋은 환경이고, 식물이 많아 동물에게도 최고의 삶의 터전이 됩니다. 열대 우림은 동식물의 낙원이며 다양한 생물 자원이 있는 보물 창고입니다.

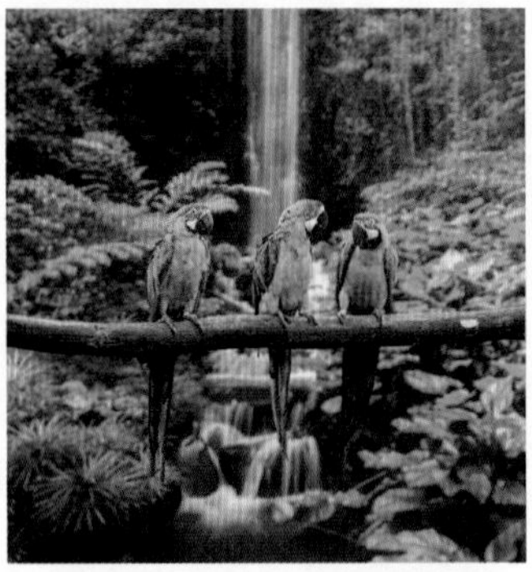
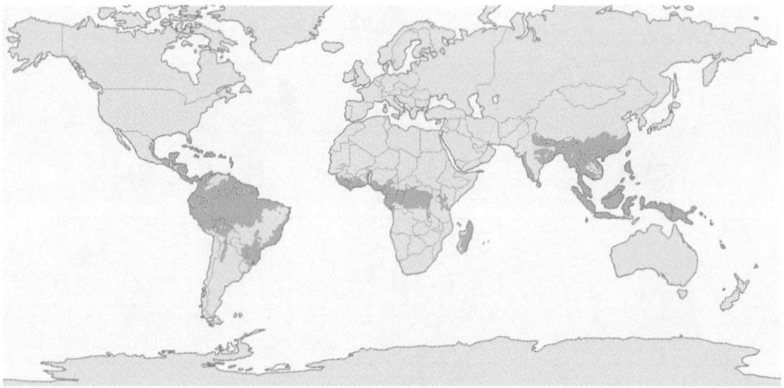

(1) 〈보기〉의 글에서 열대 우림의 가치를 강조하기 위해 열대 우림을 빗대어 표현한 말을 모두 찾아 쓰세요.

(　　　　　　　　　　　　　　　　　　)

(2) 우리가 아마존을 보존하기 위해 노력해야 하는 이유는 무엇인지 이 글과 〈보기〉의 글을 비교하여 쓰세요.

이 글	〈보기〉의 글

어휘 익히기

1 낱말 뜻 알기

다음 빈칸에 알맞은 낱말을 〈보기〉에서 찾아 쓰세요.

● 보기 ●

우림   오염   개발   항의

1. 정부는 버려져 있던 땅을 공원으로 (   )하였다.
   뜻 땅이나 자원 등에 힘을 들여 쓸모 있게 만듦.

2. 공기의 (   )을/를 막기 위해 대중교통을 이용해야 한다.
   뜻 공기나 물 같은 것이 더러워짐.

3. 감독은 심판의 이해할 수 없는 판정에 강하게 (   )하였다.
   뜻 의견에 맞서거나 옳지 않다고 여겨 따짐.

4. 열대 (   )은/는 세계에서 나무의 종류가 가장 다양하고 많은 지역이다.
   뜻 비가 많이 내리는 숲.

2 관용 표현 알기

다음 빈칸에 알맞은 말을 쓰세요.

"누워서 ☐ 뱉기"

이 속담은 하늘을 향하여 침을 뱉어 보아야 자기 얼굴에 떨어진다는 뜻으로, 자기에게 해가 돌아올 짓을 함을 비유적으로 이르는 말이에요. 자신이 한 나쁜 행동의 결과가 자신에게 나쁘게 돌아오는 것을 뜻하는 말이지요.

쓰레기를 함부로 버리면 결국 자신에게 피해가 돌아올 거야.

3 한자어 익히기

다음 한자어를 소리 내어 읽고 빈칸에 따라 써 보세요.

保	存
보존할 보	있을 존

보존(保存): 망가지거나 없어지지 않게 보살핌.

• 자연의 개발보다 보존에 힘써야 한다.
• 이 건물은 백 년이 되었는데도 보존이 잘 되어 튼튼하다.
• 이 수목원은 자연 그대로 보존되고 있는 천연 자연림이다.

保	存						
보존할 보	있을 존						

1 그래프 이해하기

여러 가지 자료를 분석하여 그 변화를 한눈에 알아볼 수 있도록 막대나 선, 원 등을 사용하여 나타낸 것을 '그래프'라고 합니다. 그래프는 수량의 크기를 비교하거나 수량이 변화하는 것을 알아보기 쉽게 전달할 때 사용합니다.

★ 그래프의 종류

막대그래프	항목 간의 수량을 비교할 수 있도록 막대의 길이로 표현한 것
선그래프	시간에 따라 변화하는 양을 쉽게 파악할 수 있도록 선으로 표현한 것
원그래프	개별 항목이 전체에서 차지하는 비율을 부채꼴 모양으로 표현한 것

★ 그래프가 하는 일

자료의 내용을 한눈에 파악할 수 있도록 표현하여 읽는 이가 빨리 이해하도록 도울 수 있습니다.

1 가의 그래프를 보고, 나의 빈칸에 알맞은 숫자를 쓰세요.

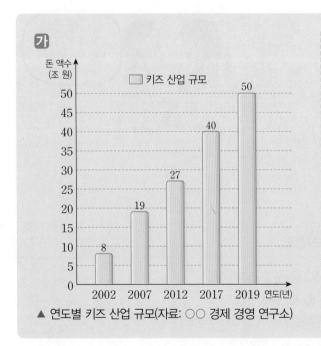

가

▲ 연도별 키즈 산업 규모(자료: ○○ 경제 경영 연구소)

나

태어나는 아이들 수는 해마다 줄어들고 있는데, 키즈 산업 규모는 반대로 커지고 있습니다. 2002년도에 우리나라에서는 50만 명 정도의 아이가 태어났습니다. 그런데 2019년도에는 30만 명 정도의 아이가 태어났습니다. 출생아 수가 10명에서 6명으로 적어진 셈이죠. 그렇다면 키즈 산업 규모는 어떨까요? 제가 준비한 그래프를 보시죠. 2002년도 키즈 산업 규모는 (   )조 원이었습니다. 그런데 2019년도에는 (   )조 원으로 커졌습니다.

2 다음 그래프의 내용을 알맞게 설명한 것에 모두 √표 하세요.

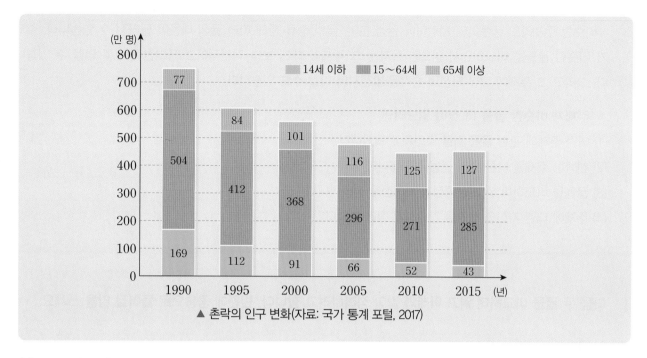

▲ 촌락의 인구 변화(자료: 국가 통계 포털, 2017)

(1) 1990년부터 2010년까지 촌락의 전체 인구가 꾸준히 줄어들고 있다.　　　　（　　　）

(2) 14세 이하 인구와 반대로 65세 이상 인구는 점차 늘어나고 있다.　　　　（　　　）

3 원그래프를 보고, 다음 글의 빈칸에 알맞은 숫자를 쓰세요.

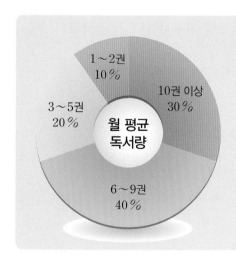

　　독서의 계절을 맞아 우리 학교 학생들을 대상으로 독서 실태 설문 조사를 하였다. '한 달에 평균 몇 권의 책을 읽나요?'라는 질문에 대한 학생들의 응답은 제시된 그래프와 같이 나타났다. （　　　　）~（　　　　）권을 읽는다는 학생들이 가장 많았으며, 한 권도 읽지 않는다는 학생은 없었다. 앞으로도 책과 더욱 친해져서 독서를 생활화했으면 한다.

2 주제가 비슷한 글 더 찾아 읽기

비슷한 주제라도 글쓴이의 시각이나 관심 분야, 글의 종류 등에 따라 글의 내용이 달라질 수 있습니다. 주제가 비슷한 글들을 비교하면서 읽으면 독자는 그 주제에 대해 보다 객관적이고 풍부한 정보를 얻을 수 있습니다. 그리고 그 주제에 대한 자신의 생각을 발전시켜 나갈 수도 있습니다.

★ **주제가 비슷한 글을 더 찾아 읽으려면,**

(1) 어떤 주제에 관한 글을 읽을 것인지 선택합니다.

(2) 선택한 주제를 다룬 여러 글을 찾아봅니다.

(3) 글들을 비교하며 읽고 공통점과 차이점을 정리합니다.

(4) 주제에 대한 자신의 생각을 간단하게 적어 봅니다.

---

1 다음 두 글을 비교하며 읽고 아래와 같이 정리하려고 합니다. 빈칸에 공통으로 들어갈 말을 쓰세요.

> **가** 최근 브라질이 경제 발전을 위해 아마존을 개발하겠다고 선언했습니다. 브라질은 아마존의 60%를 차지하고 있습니다. 국가가 나서서 아마존을 개발하면 지금보다 훨씬 더 빠르게 아마존이 망가질 것이 분명합니다. 한번 망가진 열대 우림의 생태계는 원래대로 돌아올 수 없습니다. 아마존이 사라지면 지구 온난화와 공기 오염은 더욱 심해질 것입니다. 또한 그곳에 살고 있는 사람들과 동식물은 큰 피해를 당하게 될 것입니다.
>
> **나** 지구 온난화는 북극의 두꺼운 얼음덩어리를 점점 얇아지게 합니다. 북극곰은 먹이를 찾아 이동할 때 바다에 떠 있는 크고 두꺼운 얼음덩어리를 이용합니다. 그런데 작고 얇아진 얼음덩어리가 많아지면 북극곰이 헤엄쳐야 하는 시간이 늘어납니다. 긴 시간 동안 수영을 하느라 힘이 빠진 북극곰은 먹이를 구하지 못해 굶어 죽기도 합니다. 인간이 일으킨 지구 온난화가 북극해의 얼음을 녹게 해 북극곰을 죽음으로 내몰고 있는 것입니다.

> 아마존을 파괴하면 (   )가 더욱 심해질 것이다. (   )는 아마존에 살고 있는 사람들과 동식물에만 피해를 주는 것이 아니라, 멀리 떨어진 북극곰의 생존까지도 위협하게 될 것이다.

2 다음 두 글을 비교하며 읽고 물음에 답하세요.

> 가 오늘날 도시에서 별을 보기는 쉽지 않다. 도시의 밤이 너무 밝기 때문이다. 오죽하면 '빛 공해'라는 말이 생겨났을까? 빛 공해란 도시의 조명이 필요 이상으로 밝고 많아서 사람과 자연환경에 주는 피해를 말한다.
>
> 인공 불빛은 동식물에 피해를 준다. 예를 들어 매미는 가로등 불빛 때문에 밤을 낮으로 착각하여 잠을 못 자고 온종일 운다. 그리고 가로등과 가까운 곳에 있는 논과 밭에서 자라는 농작물은 그렇지 않은 곳에 비해 수확량이 훨씬 떨어진다고 한다.
>
> 인공 불빛은 사람에게도 피해를 준다. 밤에는 멜라토닌이라는 호르몬이 분비되어 잠을 유도하는데, 불빛 때문에 이 호르몬의 분비가 줄어들어 깊은 잠을 잘 수 없게 된다. 면역력도 약해져서 암에 걸릴 가능성도 커진다.
>
> 나 지난 6월 1일부터 ○○ 놀이공원이 야간 개장을 시작했는데, 이로 인해 인근 주민들과 ○○ 놀이공원 사이에 갈등이 빚어지고 있다. 주민들은 늦은 밤까지 공원을 찾아온 방문객들로 인한 소음과 낮처럼 환하게 밝은 조명들 때문에 잠을 제대로 잘 수 없다고 한다. 마을 이장인 A 씨는 "우리 집은 공원과 불과 20m도 떨어지지 않은 곳에 있는데, ㉠공원의 밝은 조명이 밤늦도록 켜져 있어 잠을 제대로 못 잡니다. 그래서 스트레스도 쌓이고, 피곤해서 일이 손에 잘 안 잡힙니다."라고 말하였다. 이에 대해 ○○ 놀이공원 관계자는 "조명은 규정에 맞게 밝기를 조정하고 있습니다. 하지만 주민들이 피해를 겪고 있다고 하니 개선책을 찾아보겠습니다."라고 말하였다.
>
> ○○ 놀이공원의 영업권을 지켜 주고 방문객들의 여가를 보장하는 것 못지않게, 주민들의 휴식권을 보장하는 것도 중요하다. 주민들의 피해를 최소화할 수 있는 방안을 조속히 마련하길 바란다.
>
> — △△ 신문

(1) 가, 나에 대한 설명으로 알맞지 <u>않은</u> 것은 무엇인가요? (   )

① 가와 나는 글의 갈래가 서로 다르다.
② 가에서는 야간의 인공 불빛을 공해로 보고 있다.
③ 가와 나는 모두 야간 조명의 문제점을 주제로 다루고 있다.
④ 나는 가와 달리 글 속에 주제가 직접적으로 드러나 있지 않다.
⑤ 나에서는 야간 조명으로 인한 피해자의 말을 직접 인용하고 있다.

(2) 가의 글쓴이가 ㉠의 원인을 다음과 같이 설명한다고 할 때, 빈칸에 알맞은 말을 가에서 찾아 쓰세요.

> 밤에는 (   )이라는 호르몬이 분비되어야 잠을 푹 잘 수 있어요. 그런데 밝은 조명 때문에 이 호르몬이 잘 분비되지 않아 잠을 제대로 잘 수 없는 거예요.

무엇을 배울까요?

회차	글의 내용	핵심 개념	읽기 방법	학습 계획일
01회	**빛은 직진한다** 빛은 어떻게 움직일까요? 빛은 구불구불 움직이지 않고 똑바로 움직입니다. 앞으로 똑바로 가는 빛의 성질을 설명하는 글입니다.	[물리] 빛	이유나 근거 추론하기	월 일 (요일)
02회	**냄비에 담긴 물을 없애려면?** 냄비에 담긴 물을 없애려면 물을 끓이는 방법도 있지만 그냥 그대로 놓아두어도 된답니다. 물의 증발 현상을 설명하는 글입니다.	[화학] 증발	글의 내용 적용하기	월 일 (요일)
03회	**나는야 자벌레, 나뭇가지처럼 생겼지** 자신을 보호하기 위해 모습을 변화하는 생물인 자벌레가 자신을 소개하는 글입니다.	[생물] 진화	두 글의 정보 통합하기	월 일 (요일)
04회	**지진이 발생했어요** 인도네시아 지역에서 발생한 지진에 대해 다룬 뉴스 보도입니다.	[지구 과학] 지진	표현의 적절성 평가하기	월 일 (요일)
05회	**읽기 방법 익히기** 이 주에 공부한 중요 [읽기 방법]을 한눈에 정리하고 문제로 확인합니다. 1 이유나 근거 추론하기 2 표현의 적절성 평가하기			월 일 (요일)

어느 수준일까요?

01회
빛은 직진한다

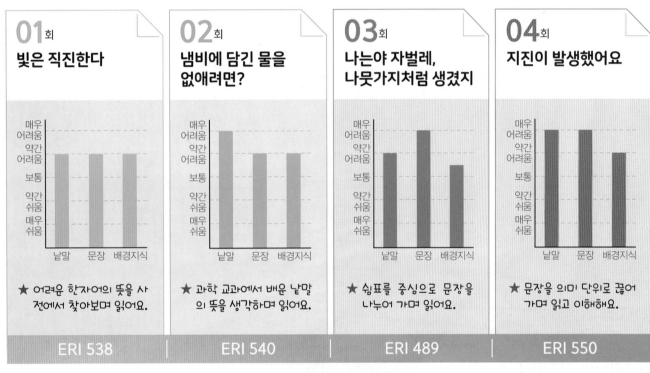

★ 어려운 한자어의 뜻을 사전에서 찾아보며 읽어요.

ERI 538

02회
냄비에 담긴 물을 없애려면?

★ 과학 교과에서 배운 낱말의 뜻을 생각하며 읽어요.

ERI 540

03회
나는야 자벌레, 나뭇가지처럼 생겼지

★ 쉼표를 중심으로 문장을 나누어 가며 읽어요.

ERI 489

04회
지진이 발생했어요

★ 문장을 의미 단위로 끊어 가며 읽고 이해해요.

ERI 550

이 주의 ERI 지수

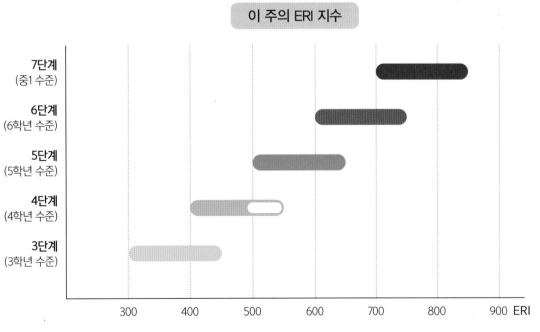

빛은 직진한다

☑ **핵심 개념인 '빛'과 관련된 말들을 알아 둡시다.**

→ 빛의 직진 / 빛과 그림자

> 빛이란 태양, 전등 등에서 나오는 밝고 환한 것을 말해요. 빛이 없으면 우리는 물체를 볼 수 없어요.

☑ **글을 읽고 이것만은 꼭 찾아냅시다.**

→ 빛은 어떤 모습으로 움직일까요?

☑ **글에 드러나지 않은 이유나 근거를 추론해 봅시다.**

→ 글에는 내용이 분명히 드러나 있는 경우도 있지만, 그렇지 않은 경우도 있습니다. 글에 드러나지 않은 이유나 근거를 생각하며 글을 읽으면 글의 내용을 더 잘 이해할 수 있습니다.

글에 드러난 내용 → 글의 의미 ← 글에 숨겨진 내용

> 글에 드러난 내용을 토대로 숨겨진 이유나 근거를 생각해 보아야 해요.

1 핵심 개념 미리 보기

빈칸에 공통으로 들어갈 낱말을 〈보기〉에서 찾아 쓰세요.

● 보기 ●
> 빛   물체   수면   에너지

구름 사이로 밝은 (   )이/가 보인다.

지하실은 (   )이/가 없어 깜깜하다.

2 읽기 방법 미리 보기

다음 글을 읽고, 우리가 사물을 볼 수 있는 이유에 해당하는 내용이면 ○표, 그렇지 않은 내용이면 X표 하세요.

> 캄캄한 밤, 어둠을 밝혀 주는 전등이나 촛불 같은 것이 주변에 없다면 우리는 아무것도 볼 수 없습니다. 스스로 빛을 내는 해가 뜨는 아침이 되어야 비로소 주변에 어떤 것이 있는지 볼 수 있습니다.

(1) 우리가 낮에 사물을 볼 수 있는 것은 태양 빛이 있기 때문이다.   (   )

(2) 우리가 밤에도 사물을 볼 수 있는 것은 빛을 내는 물건을 만들었기 때문이다.   (   )

우리는 빛의 존재를 어떻게 알 수 있을까요? 캄캄한 밤, 어둠을 밝혀 주는 전등이나 촛불 같은 것이 주변에 없다면 우리는 아무것도 볼 수 없습니다. 스스로 빛을 내는 해가 뜨는 아침이 되어야 비로소 주변에 어떤 것이 있는지 볼 수 있습니다. 우리가 사물을 볼 수 있는 것은 빛이 어떤 물체에 부딪혀서 반사되어 우리의 눈에 닿기 때문입니다. 무언가를 ㉠'본다'라는 말 속에는 빛의 이러한 성질이 숨겨져 있습니다.

빛은 직진합니다. 주변에 방해하는 것이 없으면 빛은 올곧게 앞으로 나아가는 성질이 있습니다. 빛은 자기 에너지를 다할 때까지 직진합니다.

그런데 빛의 앞을 막는 물체가 나타나면 어떻게 될까요? 이때는 빛의 앞을 막는 물체가 무엇인지에 따라 다른 현상이 나타납니다. 만약 빛의 앞을 막고 있는 물체가 빛이 통과할 수 있는 필름처럼 투명한 물체라면, 빛은 계속 직진할 수 있을 것입니다. 하지만 빛의 앞을 막고 있는 물체가 매우 두껍거나 빛을 잘 흡수하는 성질을 갖고 있다면 어떻게 될까요? 빛은 물체에 가로막혀 튕겨 나가거나 흡수될 것입니다. 빛이 튕겨 나간 결과물을 우리는 그림자로 확인할 수 있습니다. ㉡밝은 대낮에도 창이 없는 방에 들어가 문을 닫으면 밤처럼 어두워지는 것도 바로 이러한 이유 때문입니다.

그런데 우리는 빛이 꺾이는 것도 볼 수 있습니다. ㉢수조*에 물을 담고 레이저 포인터*를 활용해 수조에 비스듬하게 빛을 비추면 수면에서 빛이 꺾이는 것을 볼 수 있습니다. 이러한 현상을 빛의 굴절이라고 합니다. 빛은 수면에 닿는 순간 속도가 느려집니다. 그리고 물속에 들어가면 나아가는 속도가 느려집니다. 그래서 물에 닿은 부분에서 빛이 꺾이는 것처럼 보입니다. 빛은 속도가 느려지고 꺾이더라도 똑바로 가고자 하는 성질을 유지합니다. 그래서 빛의 굴절도 직진하고자 하는 빛의 성질과 관련이 있답니다.

* 수조: 물을 담아 두는 큰 통.
* 레이저 포인터: 레이저를 이용하여 어떤 것을 가리키는 데 쓰는 도구.

내용 파악하기

1. 이 글의 내용으로 알맞지 <u>않은</u> 것은 무엇인가요? (   )

① 빛은 앞으로 나아가는 성질이 있다.

② 빛은 물속에서보다 물 밖에서 더 빨리 움직이게 된다.

③ 빛은 아무리 두꺼운 물체가 앞에 있어도 통과할 수 있다.

④ 빛이 물건에 부딪혀서 반사되면 사람들은 사물을 볼 수 있다.

⑤ 빛이 꺾이는 현상은 앞으로 나아가려는 빛의 성질과 관련이 있다.

주요 개념 파악하기

2. 이 글에서 설명하는 내용을 다음과 같이 정리할 때, 빈칸에 알맞은 말을 쓰세요.

> • 빛의 [ ][ ]: 빛이 자기 에너지를 다할 때까지 올곧게 앞으로 나아가는 성질
> • 빛의 굴절: 빛이 물속으로 들어갈 때에 진행 방향이 꺾이게 되는 현상

낱말 뜻 짐작하기

3. ㉠과 같은 뜻으로 사용된 낱말은 무엇인가요? (   )

① 그렇게 싸게 팔면 손해를 <u>본다</u>.

② 찌개가 싱겁지 않은지 간을 <u>본다</u>.

③ 주말에는 온 가족이 함께 시장을 <u>본다</u>.

④ 동생은 길을 건널 때에 신호등을 잘 <u>본다</u>.

⑤ 사건이 발생했을 때는 앞뒤 상황을 따져 <u>본다</u>.

글의 유형 파악하기

4. 이 글을 읽는 방법으로 가장 알맞은 것은 무엇인가요? (　　)

① 글에서 설명하는 과학적 정보가 객관적인 사실인지 생각하며 읽는다.

② 글에서 설명하는 사건이 어떤 역사적 의미를 담고 있는지 생각하며 읽는다.

③ 글에서 설명하는 문화가 우리가 받아들일 만한 가치가 있는지 생각하며 읽는다.

④ 글에서 설명하는 사회 현상이 우리 생활에 어떻게 나타나는지 생각하며 읽는다.

⑤ 글에서 설명하는 내용이 시대의 모습을 정확하게 보여 주는지 생각하며 읽는다.

이유나 근거 추론하기

5. ⓛ과 같은 현상이 생기는 이유로 가장 알맞은 것은 무엇인가요? (　　)

① 태양이 구름에 가려져 날씨가 흐리기 때문에

② 검은색은 태양 빛을 막아 주는 역할을 하기 때문에

③ 태양 빛이 벽과 지붕에 가로막혀 들어오지 못하기 때문에

④ 태양 빛이 에너지를 잃어 나아가는 속도가 느려지기 때문에

⑤ 태양 빛이 물체에 부딪혀서 반사되어 우리 눈에 닿기 때문에

배경지식을 활용하여 추론하기

6. ⓒ과 같은 현상을 보여 주는 사례로 알맞은 것에 ∨표 하세요.

(1)

(　　)

(2)

(　　)

(3)
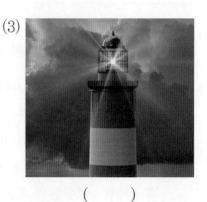
(　　)

1 낱말 뜻 알기

다음 빈칸에 알맞은 낱말을 〈보기〉에서 찾아 쓰세요.

• 보기 •

반사　　　다할　　　가로막혀　　　관련

1. 수면에 (　　　　)된 불빛이 아름답다.
   뜻 빛이나 소리 같은 것이 물체에 부딪혀서 방향을 바꾸어 나가는 것.

2. 많은 사람이 이번 사건과 (　　　　)되어 있다.
   뜻 여러 일, 사람, 물건 등이 관계를 맺고 서로 이어져 있음.

3. 나는 사람들에게 (　　　　) 더 이상 앞으로 가지 못했다.
   뜻 앞이 가로질러 막혀.

4. 장군은 적군의 식량이 (　　　　) 때까지 기다리기로 했다.
   뜻 있던 것이 다 없어지거나 이어져 오던 것이 다 끝날.

2 관용 표현 알기

다음 빈칸에 알맞은 말을 쓰세요.

"□□ 밑이 어둡다"

등잔은 전기가 없던 옛날에 기름을 담아 등불을 켜는 데에 쓰인 그릇입니다. 등잔불을 켜면 어두운 방이 밝아집니다. 그런데 등잔 바로 아래는 빛이 잘 비치지 않습니다. 등잔불이 등잔대에 가로막혀서 빛이 도달할 수 없기 때문이지요. 이 속담은 가까이에 있는 것을 도리어 알아보지 못함을 이르는 말이에요.

3 한자어 익히기

다음 한자어를 소리 내어 읽고 빈칸에 따라 써 보세요.

直	進
곧을 **직**	나아갈 **진**

직진(直進): 곧게 나아감.

• 빛은 직진하는 성질을 가졌다.
• 사거리에서 직진 신호를 받았다.
• 직진하려는 차량이 줄을 서 있다.

直	進				
곧을 직	나아갈 진				

☑ **핵심 개념인 '증발'과 관련된 말들을 알아 둡시다.**

→ 액체의 증발 / 증발 현상

 증발이란 물이 자연 상태에서 수증기로 변하는 현상을 말해요.

☑ **글을 읽고 이것만은 꼭 찾아냅시다.**

→ 냄비에 담긴 물을 손대지 않고 없애려면 어떻게 해야 할까요?

☑ **글의 내용을 적용하여 새로운 내용을 만들어 봅시다.**

→ 글을 읽고 알게 된 내용을 적용하여 글에 나타나지 않은 새로운 내용을 만들어 봅니다.

글을 읽고 알게 된 내용	→ 적용 →	새로운 내용

 글을 읽고 글에 나타난 내용을 바탕으로 새로운 내용을 생각해 낼 수 있어요.

1 핵심 개념 미리 보기

다음 글 속의 '나'는 무엇일지 〈보기〉에서 찾아 쓰세요.

보기

물   불   공기   햇빛

난 햇빛을 받아.
물기가 날아가고,
내 몸은 마를 거야.
난 다른 모습으로 떠나겠지.

(   )

2 읽기 방법 미리 보기

다음 글에서 설명하는 현상과 동일한 현상이면 ○표, 동일한 현상이 아니면 ✕표 하세요.

냄비에 있는 물을 손을 대지 않고 없애려면 어떻게 해야 할까요? 보통의 경우 냄비를 불에 올려 물을 끓여 수증기로 날리려고 할 것입니다. 하지만 의외로 가장 간단한 방법이 있습니다. 그냥 냄비를 그 자리에 그대로 놓아두는 것입니다. 신기하게도 냄비에 있는 물은 시간이 지날수록 조금씩 줄어들 것입니다. 아무도 건드리지 않았는데도 말입니다.

(1) 젖은 우산을 펼쳐서 햇빛이 드는 쪽에 두었더니 우산의 물기가 없어졌다.   (   )
(2) 차가운 주스가 든 유리컵을 식탁 위에 두었더니 컵 주변에 작은 물방울이 맺혔다.
(   )

정답 1. 물 2. (1) ○, (2) ✕

　냄비에 있는 물을 손을 대지 않고 없애려면 어떻게 해야 할까요? 보통의 경우 냄비를 불에 올려 물을 끓여 수증기로 날리려고 할 것입니다. 하지만 의외로 가장 간단한 방법이 있습니다. 그냥 냄비를 그 자리에 그대로 놓아두는 것입니다. 신기하게도 냄비에 있는 물은 시간이 지날수록 조금씩 줄어들 것입니다. 아무도 건드리지 않았는데도 말입니다. 이렇게 자연 상태에서 물의 표면이 수증기로 변하는 현상을 '증발'이라고 합니다.

　일반적으로 액체 상태인 물을 기체 상태인 수증기로 변화시키려면 열을 가해야 합니다. 열을 가하면 물에 에너지가 전달됩니다. 그리고 일정 기준 이상의 에너지를 얻은 물은 기체 상태가 되어 날아갑니다. 물을 끓이면 처음에는 표면에 있는 물이 서서히 증발합니다. 그러나 물에 열을 계속 가하면 물의 표면과 물속에서 물방울이 생기면서 물이 기체 상태로 변하기 시

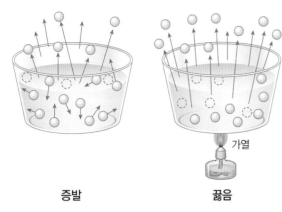

증발　　　　　　**끓음**

작합니다. 이것을 '끓음'이라고 합니다. 물이 끓을 때에는 증발할 때보다 빠르게 물이 수증기로 변하여 공기 중으로 날아갑니다. '증발'과 '끓음'은 물이 수증기로 변한다는 공통점이 있습니다. 그러나 증발은 물의 표면에서만 일어나는 데에 비해, 끓음은 물의 표면과 물속 모두에서 일어난다는 차이점도 있습니다.

　증발은 액체와 공기가 맞닿는 표면에서만 일어납니다. 그러므로 증발은 액체와 공기가 닿는 면적이 넓을수록 더욱 빠르게 진행됩니다. 같은 양의 물을 넓은 그릇에 담아 뒀을 때와 좁은 꽃병에 담아 뒀을 때를 비교해 봅시다. 그러면 넓은 그릇에 있는 물이 더욱 빠르게 증발하는 것을 확인할 수 있습니다. 또한 온도가 같다면 공기가 건조할수록 더욱 증발이 잘 일어납니다. 그렇기 때문에 ㉠습한 날보다 ㉡건조한 날에 바깥에 널어 둔 빨래가 더 잘 마르는 것입니다. 햇빛이 강한 맑은 날, 과일이나 나물, 오징어 같은 음식 재료를 말리는 것도 증발이 잘 일어나는 현상을 이용한 것입니다.

　우리 생활 주변에서 찾아볼 수 있는 증발 현상에는 어떤 것들이 있을까요? 가깝게는 아침에 비가 와서 젖은 운동장이 비가 그치고 난 오후에는 말라 있는 모습을 찾아볼 수 있습니다. 또한 (　　　㉢　　　)도 액체가 증발한 경우라고 볼 수 있습니다.

주요 개념 파악하기

1. 이 글에 나타난 개념과 그에 대한 설명을 선으로 알맞게 이으세요.

(1) 증발 •

• ㉮ 물의 표면과 물속에서 물이 수증기로 변하는 것

(2) 끓음 •

• ㉯ 물의 표면에서 물이 수증기로 변하는 것

세부 내용 추론하기

2. '증발'이 잘 일어나게 하는 행동으로 알맞으면 ○표, 알맞지 않으면 ✕표 하세요.

(1) 방 안의 공기를 건조하게 만든다.   (   )

(2) 폭이 넓은 냄비에 물을 붓고 천천히 물을 끓인다.   (   )

(3) 액체와 공기가 닿는 면적이 넓은 그릇을 사용한다.   (   )

이유나 근거 추론하기

3. 이 글의 내용으로 보아, 물을 끓였을 때 물의 변화로 알맞은 것은 무엇인가요? (   )

① 물이 끓으면 물의 양이 줄어든다.

② 물이 끓으면 물속에서부터 수증기가 생긴다.

③ 물이 끓기 시작하면 수증기가 작은 물방울로 변한다.

④ 물이 끓기 시작하면 끓기 전보다 천천히 물이 줄어든다.

⑤ 물이 끓기 전에 물 표면과 물속에는 크고 작은 물방울이 있다.

글의 내용을 근거로 답하기

4. 이 글의 내용으로 보아, 젖은 빨래를 널어 두면 마르는 이유는 무엇인가요? (   )

① 액체 상태의 물이 기체 상태의 수증기로 변하여 날아가기 때문에

② 액체 상태의 물이 열을 빼앗기면 고체 상태의 얼음이 되기 때문에

③ 기체 상태의 수증기에 열을 가하면 액체 상태의 물로 변하기 때문에

④ 액체 상태의 물과 기체 상태의 공기가 맞닿아 있는 표면이 없기 때문에

⑤ 기체 상태의 수증기는 액체 상태의 물보다 더 활발하게 움직이기 때문에

낱말 관계 파악하기

5. 낱말 간의 관계가 ㉠, ㉡의 관계와 다른 것은 무엇인가요? (   )

① 날다 – 걷다

② 늙다 – 젊다

③ 길다 – 짧다

④ 높다 – 낮다

⑤ 뜨겁다 – 차갑다

글의 내용 적용하기

6. ㉢에 들어갈 내용으로 알맞은 것에 모두 √표 하세요.

(1)

바닷물에서 소금을
얻는 것
(   )

(2)

햇빛이 강한 날에
고추를 말리는 것
(   )

(3)
고깃국이 식으면 굳어서
기름이 생기는 것
(   )

어휘 익히기

1 낱말 뜻 알기

다음 빈칸에 알맞은 낱말을 〈보기〉에서 찾아 쓰세요.

• 보기 •

의외로   표면   서서히   면적

1. 이곳은 (   )이/가 얼마나 되나요?
   뜻 면이 공간을 차지하는 넓이의 크기.

2. 이삿짐은 크기에 비해 (   ) 가벼웠다.
   뜻 생각이나 기대 또는 예상과 달리.

3. 그 상자는 (   )이/가 매우 매끄러웠다.
   뜻 사물의 가장 바깥쪽. 또는 가장 윗부분.

4. 공연장 입구로 사람들이 (   ) 모여들었다.
   뜻 느리고 더디게.

2 관용 표현 알기

다음 빈칸에 알맞은 말을 쓰세요.

"한번 엎지른 〔 〕은 다시 주워 담지 못한다"

땅에 물을 엎지르면 물은 땅에 스며들거나 증발하여 사라집니다. 그래서 물을 엎지르면 다시 그릇에 담기 어렵지요. 이 속담은 일단 저지른 잘못은 회복하기가 어렵다는 뜻으로, 일을 조심해서 해야 함을 이르는 말이에요.

3 한자어 익히기

다음 한자어를 소리 내어 읽고 빈칸에 따라 써 보세요.

變	化
변할 **변**	될 **화**

변화(變化): 사물의 성질, 모양, 상태 등이 바뀌어 달라짐.

• 환경의 **변화**에 적응해야 한다.
• 물을 끓이면 물이 수증기로 **변화**한다.
• 요즘에는 아침저녁으로 기온의 **변화**가 심하다.

變	化						
변할 변	될 화						

나는야 자벌레, 나뭇가지처럼 생겼지

☑ 핵심 개념인 '진화'와 관련된 말들을 알아 둡시다.

→ 진화의 다양성 / 생물의 진화

생물은 살아남기 위해서 다양한 방식으로 진화했어요.

☑ 글을 읽고 이것만은 꼭 찾아냅시다.

→ 자신을 보호하기 위해서 또는 사냥을 잘하기 위해서 생물의 모습이 점진적으로 변하는 현상을 무엇이라고 할까요?

☑ 두 글에 나타난 정보를 통합해 봅시다.

→ 동일한 대상을 다룬 두 글을 읽고, 대상을 어떻게 설명하고 있는지, 대상에 대한 입장은 어떠한지를 살펴봅니다.

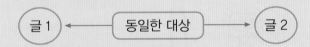

글1 ← 동일한 대상 → 글2

두 글에서 동일한 대상을 어떻게 다루고 있는지 살펴봐요.

1 **핵심 개념** 미리 보기

다음 그림에서 알 수 있는 내용으로 알맞은 것에 ∨표 하세요.

(1) 목이 짧은 기린은 낮은 곳에 있는 풀을 먹는 동물로 변하여 살아남게 되었다. (   )

(2) 기린은 원래 목이 짧았지만 높은 곳에 매달린 잎을 먹기 위해 목이 점점 길어졌다.

(   )

2 **읽기 방법** 미리 보기

가와 **나**에서 곤충들이 자신을 보호하기 위해 사용하는 방법은 무엇인지 빈칸에 알맞은 말을 쓰세요.

> **가** 나를 잡아먹으려는 천적들이 공격해 오면, 나는 다리로 나무를 꽉 붙잡고 몸을 뻣뻣하게 일으켜 세워. 그럼 내 몸의 갈색과 나무의 갈색이 비슷해서 내가 나뭇가지처럼 보이거든. 그러면 천적들이 나를 공격하지 않고 지나가서 나는 안전하게 성장할 수 있는 거야.
>
> **나** 나와 비슷하게 나뭇가지처럼 보이는 대벌레도 있고, 큰 나뭇잎처럼 보이는 잎사귀벌레도 있어. 대벌레나 잎사귀벌레는 바람이 불면 흔들리는 모습까지 완벽하게 따라 할 수 있어서 천적들이 쉽게 발견하기 어렵지.

➡ 자신의 모습을 □□□□□ 나 □□□ 처럼 보이도록 한다.

1 친구들, 안녕? 나는 자벌레야. 나를 잘 모르는 친구들이 있어서 내 소개를 좀 하려고 해. 가끔 나를 나뭇가지로 착각하는 친구들이 있는데, 그러면 곤란하지. 워낙에 지금의 모습이 유명해서 이 모습을 다 자란 어른의 모습이라고 생각하는데, 나는 사실 애벌레야. 지금의 모습에서 변태를 거쳐 멋진 나방이 될 거야.

2 근데 내가 왜 나뭇가지를 닮은 모습으로 살고 있냐고? 그건 바로 무서운 천적*들로부터 몸을 숨기기 위해서야. 아직 애벌레인 나는 나를 잡아먹을 수 있는 천적들로부터 내 몸을 보호해야 하거든. 그런데 난 딱딱한 갑옷이 있는 것도 아니고, 날카로운 이빨이나 튼튼한 발톱이 있는 것도 아니야. 연약한 내가 천적들에게 공격을 받지 않기 위해 할 수 있는 것은 그냥 나무에 숨는 방법밖에 없거든. 평소에는 다른 애벌레들처럼 나무 위를 돌아다니면서 음식을 먹고 다녀. 나는 마치 길이를 ㉠재는 것처럼 몸 양 끝에 있는 발들을 이용해서 한 뼘 한 뼘 움직이거든. 그래서 사람들이 나를 자벌레라고 불러.

3 그러다 어느 순간 나를 잡아먹으려는 천적들이 공격해 오면, 나는 다리로 나무를 꽉 붙잡고 몸을 뻣뻣하게 일으켜 세워. 그럼 내 몸의 갈색과 나무의 갈색이 비슷해서 내가 나뭇가지처럼 보이거든. 그러면 천적들이 나를 공격하지 않고 지나가서 나는 안전하게 성장할 수 있는 거야. 동물이 모양이나 색깔을 주위와 비슷하게 만드는 것을 사람들은 '의태'라고 부른대. 나는 살아남기 위해서 나뭇가지처럼 의태를 할 수 있도록 진화된 것이지!

4 나 말고도 의태 능력을 가진 곤충들은 많아. 주로 나랑 비슷하게 천적들의 위협에서 자기 몸을 지키기 위해 나뭇가지나 나뭇잎처럼 보이도록 의태 능력이 진화된 곤충들이지. 나와 비슷하게 나뭇가지처럼 보이는 대벌레도 있고, 큰 나뭇잎처럼 보이는 잎사귀벌레도 있어. 대벌레나 잎사귀벌레는 바람이 불면 흔들리는 모습까지 완벽하게 따라 할 수

▲ 난초사마귀

있어서 천적들이 쉽게 발견하기 어렵지. 반면에 우리와는 정반대로 사냥을 하기 위해 모습을 숨기는 곤충들도 있어. 난초사마귀나 낙엽사마귀 같은 곤충들이지. 이 곤충들은 꽃이나 나뭇잎인 것처럼 모습을 숨기고 있다가, 먹잇감이 다가오면 바로 사냥을 하는 무서운 곤충들이야.

5 우리같이 천적들을 회피하기 위해 의태를 하는 벌레들이나 숨어서 사냥을 하기 위해 의태를 하는 곤충들이나 다 같은 이유로 진화를 한 거야. 살아남기 위해서는 적을 피하거나 더욱 효율적으로 사냥을 해야 하니까, 오랜 시간을 거쳐 이러한 모습으로 진화를 한 것이지. 그러니 앞으로 나무 위에서 나와 같은 벌레들을 발견하면 모른 척 그냥 지나가 줘!

* 천적: 잡아먹는 동물을 잡아먹히는 동물에 맞대어 이르는 말.

내용 파악하기

1. 이 글에 나타난 '자벌레'에 대한 설명으로 알맞지 <u>않은</u> 것은 무엇인가요? (   )

① 어른이 되기 전의 애벌레이다.

② 사냥을 하기 위해 모습을 바꾼다.

③ 나뭇가지를 닮은 모습으로 살고 있다.

④ 천적들이 공격해 오면 몸을 일으켜 세운다.

⑤ 생김새가 비슷하게 보이는 곤충으로는 대벌레가 있다.

세부 내용 파악하기

2. 이 글에서 자벌레가 친구들에게 부탁하고 싶은 말이 나타난 문단은 무엇인가요? (   )

① **1** 문단   ② **2** 문단   ③ **3** 문단

④ **4** 문단   ⑤ **5** 문단

두 글의 정보 통합하기

3. 이 글과 〈보기〉의 글에서 공통적으로 설명하고 있는 것은 무엇인지 빈칸에 알맞은 말을 쓰세요.

─● 보기 ●─

사진 속의 나비 두 마리는 꼭 닮은 모습입니다. 그러나 이 두 나비는 서로 다른 종입니다. 최근 과학 잡지에 서로 다른 나비 두 종이 어떻게 비슷한 색깔과 모양을 갖게 되었는지를 분석한 결과가 실렸습니다. '의태'는 서로 다른 종류의 생물이 필요에 의해 서로를 닮으면서 일어나기도 합니다. 두 종류의 나비는 서로 관계가 없지만, 이들을 잡아먹는 동물에게 독이 있어 보이게 하거나 맛이 없어 보이게 하면서 무늬의 색깔과 모양이 비슷해진 것이지요. 생물의 이러한 능력은 생물의 진화와 관련이 있습니다.

➡ 동물이 다른 생물이나 물체인 것처럼 꾸미는 의태 능력은 생물의 [ ][ ]와 관련이 있다.

중심 내용 추론하기

4. 이 글에 나타난 자벌레의 특징을 이해한 내용으로 가장 알맞은 것은 무엇인가요? (　　　)

① 자벌레는 날카로운 이빨과 튼튼한 발톱으로 자신을 보호하는구나.
② 자벌레는 딱딱한 껍질로 몸을 보호하면서 나뭇가지에 붙어 있구나.
③ 자벌레가 사냥을 할 때에는 흔들리는 잎사귀의 모습을 따라 하는구나.
④ 자벌레가 나뭇가지와 닮은 것은 천적들로부터 몸을 숨기기 위해서구나.
⑤ 자벌레가 먹잇감을 공격할 때에는 꽃이나 잎인 것처럼 모습을 숨기고 있구나.

낱말 뜻 짐작하기

5. ㉠과 다음 문장의 밑줄 친 말의 뜻을 알맞게 설명한 것에 √표 하세요.

> 민수는 작대기로 물의 깊이를 침착하게 재 가며 강을 건넜다.

(1) '재다'라는 말이 길이나 무게, 온도 등을 알아본다는 뜻으로 쓰였다. (　　)
(2) '재다'라는 말이 일을 여러모로 따져 보고 헤아린다는 뜻으로 쓰였다. (　　)

의성어, 의태어 파악하기

6. 이 글에 나타난 곤충의 모습이나 행동을 바탕으로 지은 별명을 선으로 알맞게 이으세요.

(1) 대벌레	•	•㉮	바람에 흔들리는 나뭇잎 같다.	•	•ⓐ	딱딱이
(2) 잎사귀벌레	•	•㉯	먹잇감이 다가오면 바로 사냥한다.	•	•ⓑ	날쌘이
(3) 난초사마귀	•	•㉰	나뭇가지처럼 보인다.	•	•ⓒ	흔들이

어휘 익히기

1 낱말 뜻 알기

다음 빈칸에 알맞은 낱말을 〈보기〉에서 찾아 쓰세요.

● 보기 ●

착각   연약한   뼘   회피

---

1. 형은 나보다 두 (   ) 정도 키가 크다.
   뜻 엄지손가락과 다른 손가락을 한껏 벌린 길이.

2. 꿈에 본 사람을 실제로 만난 것 같은 (   )이/가 든다.
   뜻 어떤 사물이나 사실을 실제와 다르게 알거나 잘못 생각함.

3. 저렇게 무거운 걸 너처럼 (   ) 아이가 어떻게 들겠니?
   뜻 무르고 약한.

4. 그는 다른 사람과의 만남을 (   )하고 방에만 틀어박혀 있었다.
   뜻 몸을 숨기고 만나지 아니함.

2 관용 표현 알기

다음 빈칸에 알맞은 말을 쓰세요.

" ☐ 가리고 아웅"

의태 능력을 가진 곤충들은 모양이나 색깔을 주위와 비슷하게 바꾸어 다른 생물을 감쪽같이 속입니다. 자세히 보면 구별이 되지만 언뜻 보면 구별할 수 없는 상황을 이용한 것이지요. 이 속담은 얕은꾀로 남을 속이려 한다는 뜻으로 쓰여요.

3 한자어 익히기

다음 한자어를 소리 내어 읽고 빈칸에 따라 써 보세요.

成	長
이룰 성	길 장

성장(成長): 사람이나 동식물 등이 자라서 점점 커짐.
• 청소년기는 성장이 빠른 시기이다.
• 우리 몸의 성장 속도는 부위별로 다르다.
• 튼튼하게 성장하려면 필요한 영양 성분들을 충분히 섭취해야 한다.

成	長						
이룰 성	길 장						

인도네시아 술라웨시 강진 발생

1월 15일 오전 2시 18분(현지 시간)

말레이시아

보루네오

인도네시아

자카르타

자바해

자바

발리

규모 6.2

술라웨시

〈자료: 미국 지질 조사국〉

 핵심 개념인 '지진'과 관련된 말들을 알아 둡시다.

→ 지진 피해 / 지진 대피 요령

땅이 갈라지면서 흔들릴 때 우리는 지진이 발생했다고 말해요.

 글을 읽고 이것만은 꼭 찾아냅시다.

→ 지진이 발생하면 어떤 일이 일어날까요?

 글에 나타난 표현이 적절한지 평가해 봅시다.

→ 글에 나타난 표현이 내용을 알맞게 표현하고 있는지 생각하면서 글을 읽어 봅니다.

표현 1

내용

표현 2

표현 3

표현 4

표현은 글의 내용을 담아내는 그릇이에요. 담긴 그릇에 따라 물의 형태가 달라지듯이, 같은 내용이라도 표현에 따라 달라질 수 있어요.

1 핵심 개념 미리 보기

다섯 고개 놀이를 읽고, 무엇에 대해 묻고 답하는지 쓰세요.

고개	질문	대답
☝	어떤 일이 발생하나요?	땅이 흔들립니다.
✌	이 일을 어떻게 알 수 있나요?	사람이 흔들림을 느낄 수도 있고, 선반 위 물건이 떨어질 수도 있습니다.
🤟	왜 이런 일이 발생하나요?	땅속의 판이 움직이기 때문입니다.
🖖	집 안에 있을 때 이 일이 발생하면 어떻게 해야 하나요?	탁자 아래로 들어가 몸을 보호하고 탁자 다리를 꼭 잡아야 합니다.
🖐	집 밖으로 나올 때 엘리베이터를 이용해도 괜찮나요?	계단을 이용하여 건물 밖으로 대피해야 합니다.

➡ 정답은 [ ][ ] 입니다.

2 읽기 방법 미리 보기

다음 글에 대한 설명으로 알맞으면 ○표, 알맞지 않으면 ✕표 하세요.

> 최근 인도네시아 전역에서 크고 작은 지진이 연이어 발생하고 있습니다. 1월 15일에는 인도네시아 중부 술라웨시에서 규모 6.2의 지진이, 4월 4일에는 인도네시아 동부 말루쿠에서 규모 5.9의 지진이 발생했습니다.

(1) 첫 번째 문장은 알려진 사실을 전하는 데에 알맞은 표현이야.　　　　　　(　　)
(2) 두 번째 문장은 자신의 생각을 명확하게 보여 주지 못하므로 알맞지 않은 표현이야.

　　　　　　　　　　　　　　　　　　　　　　　　　　　　　　(　　)

정답 1. 지진　2. (1) ○, (2) ✕

앵커: 다음은 인도네시아 지진 소식을 전해 드립니다.

기자: 최근 인도네시아 전역에서 크고 작은 지진이 연이어 발생하고 있습니다. 1월 15일에는 인도네시아 중부 술라웨시에서 규모 6.2의 지진이, 4월 4일에는 인도네시아 동부 말루쿠 에서 규모 5.9의 지진이 발생했습니다. 지진으로 인한 피해 또한 끊임없이 발생하고 있습니다.

지진은 지구 내부의 '판'이 움직여 서로 충돌하면서 발생합니다. 판이 움직이면 땅이 흔들리거나 갈라지기도 하고, 위로 솟아오르거나 아래로 꺼지기도 합니다. 태평양 부근은 전 세계적으로 판의 움직임이 가장 활발한 곳인데요, 인도네시아는 전역이 바로 이곳에 위치해 있습니다. 태평양 부근에 있는 지구 내부의 판이 활발하게 움직이기 때문에 인도네시아에는 크고 작은 지진이 연이어 발생하는 것입니다.

지구 내부의 판에 커다란 균열이 발생한 것도 인도네시아의 지진이 격렬해진 원인 중 하나입니다. 원래 하나로 되어 있던 판이 약 300만 년 전에 두 개 이상의 조각으로 나누어졌습니다. 판이 나누어지면서 커다란 균열이 발생한 곳이 바로 인도

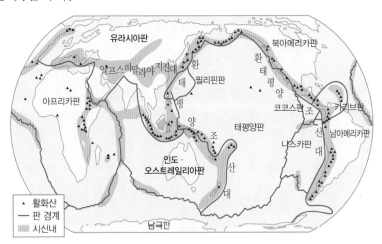

네시아 부근입니다. 이러한 균열로 인해 인도네시아 전역에 잦은 지진이 발생하게 된 것입니다.

앵커: 지진으로 인한 우리 교민*들의 피해는 없나요?

기자: ㉠현재까지 이번 지진들로 인한 교민들의 피해는 없는 것 같습니다. 그러나 언제 다시 지진이 발생할지 모른다는 공포가 교민 사회 전반에 확산되고 있습니다. 외교부는 인도네시아 교민들에게 인도네시아 지진에 대한 주의를 부탁하였습니다. 특히 지진으로 인한 피해가 발생했을 경우 외교부로 직접 연락하거나 혹은 대사관*을 통해 신속하게 연락을 줄 것을 요청하였습니다. 아울러 지진이 발생했을 시 인도네시아에 있는 우리 국민들에게 ㉡재난 문자를 보내는 등 피해를 최소화하기 위한 노력을 기울일 것이라고 전했습니다. 인도네시아에서 김○○ 기자였습니다.

* 교민: 다른 나라에서 사는 자기 나라 사람.
* 대사관: 다른 나라에 나가 있는 대사와 관리들이 일을 보는 곳.

내용 파악하기

1. 이 글의 내용으로 알맞으면 ○표, 알맞지 않으면 ✕표 하세요.

(1) 지진은 지구 내부의 판이 움직여 서로 충돌하면서 발생한다. ( )

(2) 인도네시아 중부와 동부 지역에서 규모 7이 넘는 지진이 발생하였다. ( )

(3) 인도네시아는 태평양 부근의 지진이 자주 일어나는 지역에 위치해 있다. ( )

⚠ 표현의 적절성 평가하기

2. ㉠을 다음과 같이 고쳤을 때, 그 이유로 알맞은 것은 무엇인가요? ( )

> 현재까지 이번 지진들로 인한 교민들의 피해는 없는 것으로 전해집니다.

① 사실을 전달할 때에는 숫자를 사용하여 정확히 표현해야 하기 때문에

② 사실을 전달할 때에는 추측을 나타내는 표현을 사용하지 않아야 하기 때문에

③ 의견을 나타낼 때에는 자신의 생각이나 주장을 분명하게 드러내야 하기 때문에

④ 의견을 나타낼 때에는 자신의 주장을 뒷받침하는 근거를 제시해야 하기 때문에

⑤ 사실과 의견을 함께 나타낼 때에는 사실과 의견을 구분하여 보여 줘야 하기 때문에

중심 생각 파악하기

3. 이 글의 내용을 대표하는 제목으로 가장 알맞은 것은 무엇인가요? ( )

① 제발 도와주세요

② 인도네시아 전역에 지진 발생

③ 대형 지진, 우리도 안심 못 한다

④ 인도네시아 지진, 우리나라에서도 진동 느껴

⑤ 인도네시아 지진 발생, 인도 앞바다에 쓰나미

글의 유형 파악하기

4. 이 글의 특징으로 가장 알맞은 것은 무엇인가요? (　　　)

① 이야기를 통해 얻을 수 있는 삶의 교훈을 전해 준다.

② 어떤 일에 대한 사람들의 의견이나 주장을 전해 준다.

③ 고마움과 미안함 등 다양한 감정을 상대방에게 전해 준다.

④ 상상의 이야기를 제시하여 재미와 흥미, 감동을 전해 준다.

⑤ 어떤 일이 언제, 어디서, 왜 일어났는지 등에 대한 정보를 전해 준다.

세부 내용 추론하기

5. 외교부에서 지진 발생 지역의 인도네시아 교민들에게 ㉡을 보낼 때 포함해야 할 내용으로 알맞은 것에 모두 ∨표 하세요.

(1) 지진 규모 　　　　　　　　　　　　　　　　　　　　　　　　(　　)

(2) 지진 발생 지역 　　　　　　　　　　　　　　　　　　　　　　(　　)

(3) 우리나라 기상청 연락처 　　　　　　　　　　　　　　　　　　(　　)

두 글의 정보 통합하기

6. 〈보기〉의 글을 참고할 때, 이 글의 말루쿠 지역의 건물들은 어떤 피해를 입게 되었을지 빈칸에 알맞은 말을 쓰세요.

> ●─── 보기 ───●
>
> '지진 규모'는 지진의 절대적인 크기를 표시하는 체계입니다. 지진 규모에 따라 피해 정도는 달라집니다. 지진 규모가 4.0∼4.9이면 건물이 크게 흔들리고 창문이 깨집니다. 방 안에 있는 작은 물건들이 흔들리거나 바닥으로 떨어지기도 합니다. 지진 규모가 5.0∼5.9이면 방 안에 있는 큰 가구들이 움직일 만큼 건물이 흔들립니다. 건물의 벽에 금이 가기도 합니다. 지진 규모가 6.0∼6.9이면 제대로 지어진 건물이라도 크게 흔들립니다. 약하게 지어진 건물은 무너지는 등 큰 피해를 입기도 합니다.

➡ 말루쿠의 지진 규모는 (　　　　　　)이므로 그 지역의 건물들은 (　　　　　　　　　　) 피해를 입었을 것이다.

어휘 익히기

1 낱말 뜻 알기

다음 빈칸에 알맞은 낱말을 〈보기〉에서 찾아 쓰세요.

● 보기 ●

전역　　　격렬해진　　　잦은　　　확산되고

1. 감기에 걸려 (　　　　) 기침으로 힘들다.
   뜻 어떤 일이 일어나는 횟수가 많은.

2. 가뭄 피해가 전국적으로 급속히 (　　　　) 있다.
   뜻 흩어져 널리 퍼지게 되고.

3. 이 영화는 세계 (　　　　)에서 큰 인기를 끌고 있다.
   뜻 어느 지역의 전체.

4. 권투 경기가 점차 (　　　　) 탓에 조금 쉬었다 하기로 하였다.
   뜻 말이나 행동이 세차고 사나워진.

2 관용 표현 알기

다음 빈칸에 알맞은 사자성어를 쓰세요.

"☐☐☐☐"

　평상시에 지진 대처 요령을 익혀 둔다면 지진이 발생해도 피해를 최소화할 수 있습니다. 이 사자성어는 편안할 때에 위태로움을 생각하라는 뜻으로, 근심이나 걱정거리가 없을 때 앞으로 있을지 모를 위험에 미리 준비하고 대비해야 함을 이르는 말이에요.

한자	뜻	음
居	살	
安	편안할	
思	생각	
危	위태로울	

3 한자어 익히기

다음 한자어를 소리 내어 읽고 빈칸에 따라 써 보세요.

發	生
필 **발**	날 **생**

발생(發生): 어떤 일이나 사물이 생겨남.

• 큰 지진이 발생하여 많은 사람이 다쳤다.
• 이곳은 지진이 잘 발생하지 않는 지역이다.
• 지진이 발생하면 침착하게 안전한 곳으로 대피해야 한다.

發	生						
필 발	날 생						

05회 읽기 방법 익히기

1 이유나 근거 추론하기

글이 모든 내용을 다 보여 주는 것은 아닙니다. 읽는 이가 이미 알고 있는 내용, 글을 읽으면서 파악할 수 있는 내용은 글에 분명하게 드러나지 않기도 합니다. 글에 드러나지 않은 이유나 근거를 추론하려면 우선 글에 드러난 정보가 무엇인지 생각해야 합니다. 그리고 글에 드러난 정보 속에 숨겨진 정보는 무엇이 있을지 생각해야 합니다.

★ **글에 드러나지 않은 이유나 근거를 추론하려면,**

(1) 글에 드러난 정보를 통해 알 수 있는 것이 무엇인지 확인해 봅니다.

(2) 글에 드러난 정보를 단서로 활용하여 숨겨진 정보는 무엇이 있을지 생각해 봅니다.

(3) 글에 드러난 정보와 드러나지 않은 정보를 활용하여 글 전체의 내용을 이해해 봅니다.

1 다음 글에 드러나지 않은 이유나 근거를 바르게 파악한 친구에게 √표 하세요.

> 그런데 빛의 앞을 막는 물체가 나타나면 어떻게 될까요? 이때는 빛의 앞을 막는 물체가 무엇인지에 따라 다른 현상이 나타납니다. 만약 빛의 앞을 막고 있는 물체가 빛이 통과할 수 있는 필름처럼 투명한 물체라면, 빛은 계속 직진할 수 있을 것입니다. 하지만 빛의 앞을 막고 있는 물체가 매우 두껍거나 빛을 잘 흡수하는 성질을 갖고 있다면 어떻게 될까요? 빛은 물체에 가로막혀 튕겨 나가거나 흡수될 것입니다. 빛이 튕겨 나간 결과물을 우리는 그림자로 확인할 수 있습니다. 밝은 대낮에도 창이 없는 방에 들어가 문을 닫으면 밤처럼 어두워지는 것도 바로 이러한 이유 때문입니다.

빛은 모든 물체를 뚫고 계속 직진할 수 있어.	빛의 앞을 투명한 필름이 막고 있으면 빛은 튕겨 나가.	빛이 통과하지 못하는 물체에는 그림자가 생겨.	창이 없는 방이라도 밝은 대낮에는 환할 수 있어.
민영	상현	현수	대권
( )	( )	( )	( )

2 다음 글을 읽고 물음에 답하세요.

> 빛은 앞에 물체가 놓였을 때에 그대로 통과할 수도 있고 통과하지 못할 수도 있습니다. 물체에 따라 빛을 통과시키는 정도는 다릅니다. 빛을 통과시키지 않고 차단하려 할 때에는 불투명한 물체를 사용합니다. 두꺼운 종이처럼 빛을 통과시키지 못하는 물체를 가리켜 불투명하다고 합니다. 그리고 색이 없는 유리처럼 빛을 대부분 통과시키는 물체를 가리켜 투명하다고 합니다. 투명한 물체를 앞에 두고 보면 건너편에 있는 물체의 모양도 뚜렷하게 볼 수 있습니다.
>
> 그런데 모든 물체를 투명한 것과 불투명한 것 두 가지로 나눌 수 있는 것은 아닙니다. 우윳빛 유리나 한지는 빛을 조금만 통과시킬 수 있습니다. 이 물체들을 앞에 두고 보면 건너편에 있는 물체의 모양이 자세하게 보이지 않고 어렴풋하게 보입니다. 이러한 물체들을 가리켜 반투명하다고 합니다.

(1) 이 글을 통해 알 수 있는 내용이 <u>아닌</u> 것은 무엇인가요? (　　　)

① 빛을 차단하려면 불투명한 물체를 사용하는 것이 좋다.

② 투명한 물체를 앞에 두고 보면 건너편에 있는 물체를 뚜렷하게 볼 수 있다.

③ 모든 물체는 빛을 거의 통과시키는 물체와 통과시키지 못하는 물체 두 가지로 나뉜다.

④ 건너편에 있는 물체의 모양을 흐릿하게 보고 싶으면 빛을 일부만 통과시키는 것이 좋다.

⑤ 빛이 물체를 어느 정도 통과하는지에 따라 물체의 모양을 뚜렷하게 볼 수 있는 정도가 다르다.

(2) 〈보기〉의 물체들을 투명한 정도에 따라 빈칸에 순서대로 쓰세요.

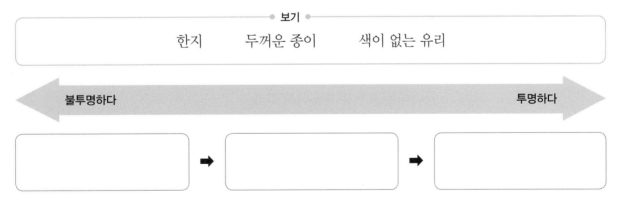

───● 보기 ●───
한지　　　두꺼운 종이　　　색이 없는 유리

불투명하다 ←――――――――――――――――――――→ 투명하다

[　　　　] ➡ [　　　　] ➡ [　　　　]

2 표현의 적절성 평가하기

글을 읽을 때에는 글의 내용을 나타내는 표현에 주의를 기울여야 합니다. 글의 내용을 나타내기에 알맞은 표현을 사용하였는지, 여러 가지 의미로 해석될 수 있는 표현은 없는지, 의미가 불분명한 표현은 없는지 등을 생각해야 합니다. 그래야 글에 사용된 표현이 적절한지 평가할 수 있습니다.

★ **표현의 적절성을 평가하려면,**

(1) 글의 내용에 알맞은 표현인지 확인해 봅니다. 예를 들어, 사실을 나타낼 때에는 사실에 알맞은 정확한 표현을 사용하였는지, 의견을 나타낼 때에는 자신의 생각을 분명하게 드러내고 있는지 살펴봅니다.

(2) 글의 내용을 정확하게 표현하고 있는지 점검해 봅니다. 문장이 말하고자 하는 바가 무엇인지, 한 문장이 하나의 의미로만 해석되는지 등을 따져 봅니다.

1 다음 글을 읽고 서연이의 질문에 대한 상현이의 대답을 완성해 보세요.

> 현재까지 이번 지진들로 인한 교민들의 피해는 없는 것 같습니다. 그러나 언제 다시 지진이 발생할지 모른다는 공포가 교민 사회 전반에 확산되고 있습니다. 외교부는 인도네시아 교민들에게 인도네시아 지진에 대한 주의를 부탁하였습니다. 특히 지진으로 인한 피해가 발생했을 경우 외교부로 직접 연락하거나 혹은 대사관을 통해 신속하게 연락을 줄 것을 요청하였습니다. 아울러 지진이 발생했을 시 인도네시아에 있는 우리 국민들에게 재난 문자를 보내는 등 피해를 최소화하기 위한 노력을 기울일 것이라고 전했습니다. 인도네시아에서 김○○ 기자였습니다.

나는 이 글에서 '없는 것 같습니다.'라는 표현이 어색하다고 생각해. 왜 그럴까?

서연

사실을 나타내야 하는 글에 '~한 것 같다.'라는 ☐☐을 나타내는 표현을 사용해서 그래.

상현

2 다음 글을 읽고 물음에 답하세요.

> 화산은 땅속 깊은 곳에서 암석이 높은 열에 의해 녹아서 만들어진 마그마가 분출하여 생긴 지형입니다.
>
> ㉠화산은 꼭대기가 뾰족하기도 하고 움푹하기도 하고, 꼭대기의 모양도 제각각입니다. 꼭대기에 분화구가 있는 화산도 있습니다. 이 분화구에 물이 고여 호수나 물웅덩이가 생기기도 합니다.
>
> 화산이 분출할 때 나오는 물질을 '화산 분출물'이라고 합니다. 화산 분출물은 기체, 액체, 고체의 상태로 나옵니다. 화산이 분출할 때 나오는 기체 상태의 분출물을 '화산 가스'라고 합니다. ㉡화산 가스는 수증기로 이루어져 있습니다. 액체 상태의 분출물에는 용암이 있습니다. 용암은 마그마가 지표면을 뚫고 나온 것입니다. 고체 상태의 분출물에는 화산재, 화산 암석 조각 등이 있습니다.

(1) 다음 선생님의 말씀에 따라 ㉠을 고쳐 쓴 것으로 알맞은 것은 무엇인가요? (   )

> 선생님: 문장의 내용을 간단하고 명확하게 표현하면 좋겠구나.

① 화산은 꼭대기의 생김새가 다양합니다.
② 화산은 대부분 꼭대기에 물웅덩이가 있습니다.
③ 화산은 높은 열이 분출하여 만들어진 지형입니다.
④ 화산은 기체, 액체, 고체로 된 분출물을 내뿜습니다.
⑤ 화산은 꼭대기가 뾰족하기도 하고 뭉뚝하기도 합니다.

(2) 다음 자료를 참고하여 ㉡을 고쳐 쓴 것으로 가장 알맞은 것은 무엇인가요? (   )

> 화산이 활동할 때에는 화산 가스를 뿜어낸다. 화산 가스는 60～90%가 수증기이고, 그 밖에 이산화 탄소, 이산화 황, 수소, 질소, 황화 수소 등으로 이루어져 있다.

① 화산 가스는 화산이 활동할 때에 뿜는 가스입니다.
② 화산 가스는 90% 이상이 수증기로 이루어져 있습니다.
③ 화산 가스에는 이산화 탄소, 이산화 황이 많이 포함되어 있습니다.
④ 화산 가스는 매우 위험한 물질로 이루어져 있으며 냄새가 좋지 않습니다.
⑤ 화산 가스는 대부분 수증기이며 여러 가지 기체가 약간 포함되어 있습니다.

질병이 탄생시킨 명작

이 글의 중심 화제는 **빛**입니다. 빛과 관련된 **과학, 미술, 사회**를 공부해요.
빛으로 인해 화가가 앓았던 질병이 작품에 미친 영향을 알아보고 작품을 더 잘 이해해 보세요.

▲ 클로드 모네(1840~1926)

프랑스의 대표적인 인상파 화가인 클로드 모네는 철저하게 야외에서 그림을 그렸습니다. '빛의 화가'라고도 불리는 모네는 자연이야말로 빛과 색채의 변화를 표현하는 최상의 소재라고 생각했습니다. 수시로 변화하는 빛을 화폭*에 담기 위해 매우 빠른 붓놀림으로 그림을 그렸다고 합니다.

또 모네는 동일한 장소나 소재를 다양한 시간대, 계절에 따라 다르게 표현하여 여러 장의 그림을 그리는 연작을 많이 남겼습니다. 특히 '수련*'은 1899년에서 1926년 그가 세상을 떠날 때까지 끊임없이 그렸던 가장 유명한 작품 주제입니다. 모네는 시간의 흐름과 함께 변화하는 빛과 색채를 그대로 그리고 싶었습니다. 그래서 프랑스 근교*에 위치한 지베르니에 직접 수련이 있는 정원을 가꾸어 오랜 시간 수련을 관찰하며 연작을 그렸습니다.

다양한 시간대에 따라 사물을 관찰하며 그린 모네의 연작들은 당시 유럽인들에게 큰 인기를 얻었습니다. 모네는 살아 있는 동안에도 큰 명성을 얻은 화가로서, 높은 가격으로 판매된 작품들로 인해 풍족한 삶을 살 수 있었습니다. 하지만 종일 빛을 보며 그림을 그리는 그의 작업 방식은 그의 눈에 치명적이었습니다. 오랜 시간 빛에 노출된 그의 시력은 점점 나빠졌습니다. 사실 모네는 젊었을 때부터 이미 앞이 뿌옇게 보이는 증상이 나타났습니다. 이후 60대가 되자 본격적으로 백내장* 증세가 나타났습니다. 백내장 환자는 정상인들에 비해 붉은빛을 강렬하게 인식하는 특징이 있습니다.

모네도 자신의 눈이 정상이 아님을 잘 알았습니

▲ 「수련」(1907)

다. 그럼에도 불구하고 고장 난 자신의 눈에 비친 세상을 보이는 대로 정직하게 그렸습니다. 안타깝게도 시간이 지날수록 병은 심해졌습니다. 오른쪽 눈은 실명 상태에 가까웠고, 왼쪽 눈으로도 제대로 세상을 바라볼 수 없었습니다.

우리는 「수련」을 통해 모네의 그림 기법*을 엿볼 수 있음과 동시에 그가 앓았던 병의 진행 정도를 알 수 있습니다. 백내장을 앓은 모네가 말년에 그린 「수련」은 붉은색으로 가득합니다. 심지어 그림 소재의 형체는 알아보기 어려울 정도입니다. 그림만 놓고 보면 같은 연못과 수련을 그렸다고 추측하기 어려울 정도입니다. 이와 같은 현실은 모네에게도 큰 절망이었지만, 포기하지 않았기에 우리는 그의 많은 작품을 만나고 있습니다.

▲ 모네가 같은 풍경을 백내장을 앓기 전(왼쪽)과 앓을 때(오른쪽) 그린 그림

* **화폭**: 그림을 그려 놓은 천이나 종이의 조각.
* **수련**: 여러해살이 수초. 주로 연못 조경용으로 심음.
* **근교**: 도시의 가까운 변두리에 있는 마을이나 들.
* **백내장**: 수정체가 회백색으로 흐려져서 시력이 떨어지는 질병.
* **기법**: 기교와 방법을 아울러 이르는 말.

---

1 다음 빈칸에 들어갈 말을 이 글에서 찾아 쓰세요.

> 클로드 모네는 프랑스를 대표하는 인상파 화가로, '☐의 화가'라고도 불린다.

2 이 글의 내용으로 알맞지 <u>않은</u> 것은 무엇인가요? (　　　)

① 모네는 백내장을 앓았다.

② 모네는 프랑스에서 태어나고 활동하였다.

③ 모네는 지베르니에서 「수련」 연작을 그렸다.

④ 모네의 작품은 모네가 죽은 뒤에야 가치를 인정받았다.

⑤ 모네는 같은 소재를 여러 장 그리는 연작 활동을 하였다.

3 다음 글의 내용으로 알맞지 <u>않은</u> 것은 무엇인가요? (　　　)

> 　태양 광선 중 눈으로 볼 수 있는 광선은 가시광선이다. 가시광선은 무지개색으로 구성되어 있어서 빨주노초파남보의 색깔로 대표된다. 빨간색 쪽이 파장이 길고, 보라색 쪽이 파장이 짧다. 빨간색보다 파장이 긴 광선이 적외선이고, 보라색보다 파장이 짧은 광선이 자외선이다. 적외선과 자외선은 눈에 보이지 않는다. 자외선은 일기 예보의 자외선 지수, 화장품의 자외선 차단 지수 등의 용어에서 쓰이기 때문에 잘 알려져 있다. 자외선은 높은 에너지를 가지고 있어서 강한 자외선은 피부에 화상을 일으킬 수 있고 눈에는 노화를 촉진시켜 백내장 등의 질병을 일으킬 수 있다.

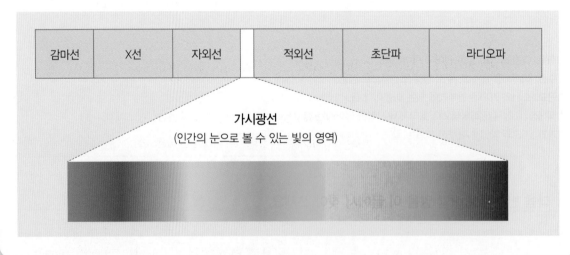

① 자외선은 눈으로 볼 수 있다.

② 눈에 보이는 빛은 가시광선이다.

③ 무지개의 일곱 색깔은 가시광선이다.

④ 자외선은 백내장의 원인이 될 수 있다.

⑤ 적외선은 빨간색보다 파장이 긴 광선이다.

4 다음 글을 읽고 아래의 그림을 색칠하여 완성해 보세요.

> 빈센트 반 고흐는 자신의 작품에 강렬한 노란색을 자주 사용하였다. 사람들은 그 이유를 고흐가 앓았던 병인 황시증 때문으로 본다. 황시증은 독한 술에 중독될 때 나타날 수 있는 병으로, 사물이 노랗게 보이는 증상이다. 황시증을 앓았던 고흐가 그린 「해바라기」에도 온통 노란색이 깔려 있다.

5 자외선은 우리 몸에 안 좋은 영향을 많이 끼칩니다. 평소 자외선으로부터 우리 몸을 보호할 수 있는 방법에는 어떤 것들이 있는지 조사하여 써 보세요.

_____

_____

4주차

무엇을 배울까요?

회차		글의 내용	핵심 개념	읽기 방법	학습 계획일
01회		**아리랑 이야기** 우리나라의 대표 민요인 아리랑을 소개하는 글입니다.	[음악] 민요	글에 나타나지 않은 내용 질문하기	월 일 (요일)
02회		**1보다 작은 수는 어떻게 나타낼까?** 소수의 개념과 역사를 소개하고, 분수와 비교하여 소수의 특성을 설명하는 글입니다.	[수학] 소수	주요 개념 파악하기	월 일 (요일)
03회		**스포츠를 즐기는 방법** 스포츠와 경쟁에 대한 잘못된 인식을 지적하고, 올바른 방법으로 스포츠를 즐길 것을 주장하는 글입니다.	[체육] 경쟁	글의 형식 파악하기	월 일 (요일)
04회		**미술 작품을 감상한다는 것은?** 미술 작품 감상의 의미와 가치를, 호안 미로의 '무제' 작품을 활용하여 설명하는 글입니다.	[미술] 감상	중심 생각 파악하기	월 일 (요일)
05회		**읽기 방법 익히기** 이 주에 공부한 중요 [읽기 방법]을 한눈에 정리하고 문제로 확인합니다. **1** 글의 형식 파악하기 **2** 중심 생각 파악하기			월 일 (요일)

어느 수준일까요?

01회
아리랑 이야기

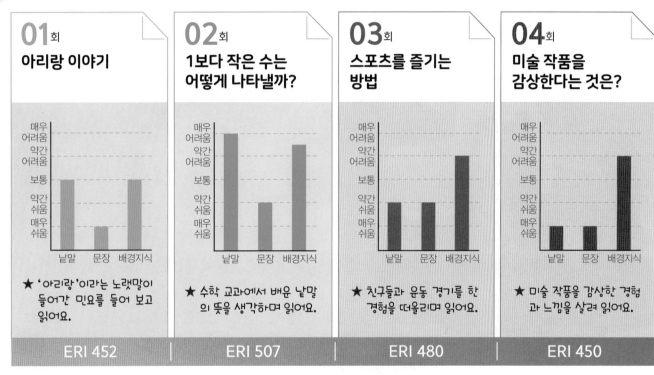

★ '아리랑'이라는 노랫말이 들어간 민요를 들어 보고 읽어요.

ERI 452

02회
1보다 작은 수는 어떻게 나타낼까?

★ 수학 교과에서 배운 낱말의 뜻을 생각하며 읽어요.

ERI 507

03회
스포츠를 즐기는 방법

★ 친구들과 운동 경기를 한 경험을 떠올리며 읽어요.

ERI 480

04회
미술 작품을 감상한다는 것은?

★ 미술 작품을 감상한 경험과 느낌을 살려 읽어요.

ERI 450

이 주의 ERI 지수

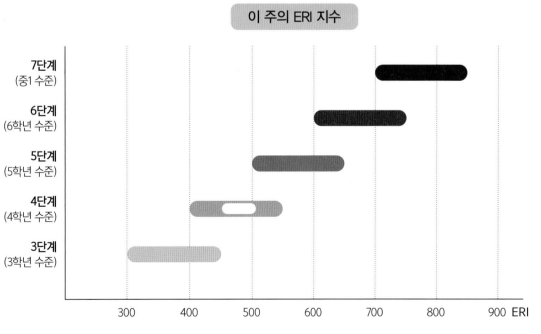

▲ 영화 「서편제」에서 「진도 아리랑」을 부르는 장면

☑ 핵심 개념인 '민요'와 관련된 말들을 알아 둡시다.

→ 전통 민요 / 구전 민요

민요란 예로부터 민중 사이에 불려 오던 전통적인 노래를 말해요. 민요에는 민중의 생활상과 생각이 담겨 있어요.

☑ 글을 읽고 이것만은 꼭 찾아냅시다.

→ 아리랑은 어떤 가치를 지닌 노래인가요?

☑ 글에 나타나지 않은 내용에 대해 질문을 하며 글을 읽어 봅시다.

→ 글에 나타나지 않은 내용에 대해 스스로 질문 하고 답하면서 글을 읽으면 글을 더 깊이 있고 창의적으로 읽을 수 있습니다.

| 글의 내용과 관련해 궁금한 점 질문하기 | → | 글의 내용과 자료를 참고하여 답하기 |

 글을 적극적으로 읽는 독자들은 글에 나타나지 않은 내용에 대해서도 질문하며 글을 읽어요.

1 핵심 개념 미리 보기

학생들의 대답을 바탕으로 선생님의 질문을 완성해 보세요.

자, 그럼 ☐☐의 특징을 이야기해 볼까요?

입에서 입으로 전해진 노래예요.

우리나라뿐 아니라 다른 나라에도 있어요.

민중의 삶의 모습과 생각을 담고 있어요.

노동을 하거나 놀이를 할 때 불렀어요.

2 읽기 방법 미리 보기

다음 글을 읽고, 아래의 질문에 대한 답을 찾을 수 있는 곳에 √표 하세요.

> 우리나라 사람들이 가장 좋아하는 운동은 축구이다. 이러한 사실은 축구 경기가 있을 때면 수많은 사람이 광화문 광장에 모여 함께 응원한다는 점에서 잘 드러난다. 또한 축구 선수들이 연예인처럼 큰 인기를 얻고 방송 프로그램에 자주 출연한다는 것도 이를 뒷받침한다. 대표적인 예로 손흥민 선수를 꼽을 수 있다. 그는 현재 유럽 팀에서 뛰고 있지만, 국내 제품의 광고 모델로 활발하게 활동하고 있다.

질문	질문의 답은 어디에서 찾을 수 있나요?	
	글 속에서	글 밖에서
(1) 우리나라 사람들이 가장 좋아하는 운동은 무엇일까?		
(2) 우리나라 사람들은 여러 운동 중 왜 축구를 가장 좋아할까?		
(3) 손흥민 선수가 인기를 얻게 된 이유는 무엇일까?		

정답 1. 민요 2. (1) 글 속에서, (2) 글 밖에서, (3) 글 밖에서

우리나라의 전통 노래인 민요는 어떻게 만들어졌을까요? 민요는 한 사람이 만든 노래가 아닙니다. 민요는 ㉠사람들 사이에서 자연스럽게 만들어진 후에 여러 사람의 입에서 입으로 전해졌습니다. 이렇게 여러 사람이 함께 만들고 부르면서 민요에는 사람들의 삶의 모습과 생각이 담기게 되었습니다.

남녀노소를 가리지 않고 사랑받아 온 민요로는 아리랑이 있습니다. 아리랑은 지역에 따라 가사나 곡조가 다양합니다. 그 수가 3천 개가 넘을 정도입니다. 그렇다면 가장 유명한 아리랑은 무엇일까요? 강원도의 「정선 아리랑」, 경상도의 「밀양 아리랑」, 전라도의 「진도 아리랑」 등이 유명합니다. 한 예로 「진도 아리랑」을 살펴볼까요?

서산에 지는 해는 지고 싶어 지느냐. / 날 두고 가신 임은 가고 싶어 가느냐.
아리아리랑 스리스리랑 아라리가 났네. / 아리랑 응응응 아리리가 났네.

서쪽 산으로 해가 집니다. 지는 해를 바라보며 자신을 버리고 떠난 임을 떠올리는 한 사람이 있습니다. 노랫말 전체가 슬픈 느낌입니다. 이렇게 노랫말이 슬픈 이유는 이 노래에 담긴 가슴 아픈 사랑 이야기 때문입니다. 「진도 아리랑」에는 다음과 같은 이야기가 함께 전해집니다.

서로를 매우 아끼고 사랑하는 한 남자와 여자가 있었습니다. 둘은 멀리 떨어져 살고 있어서 자주 만날 수가 없었습니다. 그래도 두 사람은 서로를 믿으며 예쁜 사랑을 키워 나갔습니다. 그러나 행복은 오래 가지 못했습니다. 만나기로 약속한 날에 남자가 나타나지 않았기 때문입니다. 남자를 매우 사랑했던 여자는 1년을 기다렸습니다. 그러던 중 여자는 남자가 다른 사람과 결혼했다는 소식을 들었습니다. 충격을 받은 여자는 슬픔에 빠져 지내다 숲속의 절로 들어가 머리를 깎고 스님이 되었습니다.

이런 이야기를 담고 있기 때문에 ㉡「진도 아리랑」의 곡조는 앞부분에서 신나다가 뒷부분에서 구슬퍼집니다.

아리랑은 지금까지도 많이 불리고 있습니다. 많은 사람이 우리나라를 대표하는 노래로 아리랑을 선택하곤 합니다. 실제로 아리랑은 2000년 시드니 올림픽에서 남북한 선수단이 함께 입장하는 것을 기념하는 노래로 쓰였습니다. 또한 우리나라 축구 대표 팀을 응원하는 노래로도 쓰였습니다. 이 외에도 아리랑은 영화, 드라마, 소설 등 많은 곳에서 계속 쓰이고 있습니다. 우리나라 사람들이 이렇게 아리랑을 사랑하는 이유는 무엇일까요? 아마 아리랑이 이 노래를 불렀던 사람들의 삶과 감정을 ㉢담고 있기 때문일 것입니다. 아리랑은 우리나라를 대표하는 문화유산입니다. 우리의 아리랑을 소중히 지켜 나가야 할 것입니다.

내용 파악하기

1. 이 글의 내용으로 알맞지 <u>않은</u> 것은 무엇인가요? (   )

① 아리랑은 우리나라의 민요이다.

② 민요는 오래전부터 불리던 노래이다.

③ 아리랑은 우리나라를 대표하는 노래로 알려져 있다.

④ 아리랑에는 우리나라 사람들의 생각과 감정이 담겨 있다.

⑤ 아리랑은 그 수가 3천 개가 넘지만 노랫말은 모두 비슷하다.

세부 내용 추론하기

2. ㉠에서 짐작할 수 있는 사실이 <u>아닌</u> 것은 무엇인가요? (   )

① 민요는 말로 전하여진 노래이다.

② 민요는 여러 세대를 거치며 이어져 내려왔다.

③ 민요를 만드는 데에는 여러 사람이 참여하였다.

④ 민요를 누가 언제 만들었는지는 정확하게 알기 어렵다.

⑤ 민요는 신분에 상관없이 모든 사람이 좋아했던 노래이다.

이유나 근거 추론하기

3. ㉡의 이유를 「진도 아리랑」에 담긴 이야기를 바탕으로 설명해 보세요.

「진도 아리랑」의 곡조가 앞부분에서 신나다가 뒷부분에서 구슬퍼지는 이유

남자와 여자가 ＿＿＿＿＿＿＿＿＿＿＿＿＿＿＿＿＿＿＿＿＿＿＿＿ 때에는 신나는

곡조가 어울리지만, 여자가 ＿＿＿＿＿＿＿＿＿＿＿＿＿＿＿＿＿＿＿＿＿

＿＿＿＿＿＿＿＿＿＿＿＿＿＿＿＿ 때에는 구슬픈 곡조가 어울리기 때문이다.

낱말 뜻 짐작하기

4. ㉢의 '담다'와 같은 뜻으로 사용된 낱말은 무엇인가요? (   )

① 쌀통에 쌀을 <u>담다</u>.

② 화분에 흙을 <u>담다</u>.

③ 물병에 물을 <u>담다</u>.

④ 바구니에 과일을 <u>담다</u>.

⑤ 선물에 나의 마음을 <u>담다</u>.

중심 생각 파악하기

5. 이 글의 내용을 바탕으로 다른 나라 사람들에게 아리랑을 소개하는 문구를 만들 때, 가장 알맞은 것은 무엇인가요? (   )

① 세계가 바라보는 한국인의 삶, 아리랑

② 한국의 예술 분야를 소개하는 노래, 아리랑

③ 한국을 대표하는 공식 행사용 노래, 아리랑

④ 한국인의 삶과 감정을 보여 주는 노래, 아리랑

⑤ 예로부터 전해 내려오는 한국 최고의 사랑 이야기, 아리랑

글에 나타나지 않은 내용 질문하기

6. 이 글을 읽은 후 더 알고 싶은 내용을 알맞게 말한 친구를 모두 골라 ∨표 하세요.

「정선 아리랑」과 「밀양 아리랑」의 곡조나 노랫말은 어떠할까?

「진도 아리랑」의 여자 주인공은 왜 머리를 깎고 스님이 된 것일까?

다른 나라 사람들은 아리랑에 대해 어떤 생각을 가지고 있을까?

상현
(   )

민영
(   )

서연
(   )

어휘 익히기

1 낱말 뜻 알기

다음 빈칸에 알맞은 낱말을 〈보기〉에서 찾아 쓰세요.

● 보기 ●

남녀노소　　　곡조　　　서산　　　구슬퍼집니다

1. 이미 (　　　　)에는 해가 지고 있었다.
   뜻 서쪽에 있는 산.

2. 행사장은 흥겨운 (　　　　)의 노래들로 가득 찼다.
   뜻 곡에서 느껴지는 분위기나 느낌.

3. 그는 (　　　　) 할 것 없이 모두가 사랑하는 가수이다.
   뜻 남자와 여자, 늙은 사람과 젊은 사람. 곧 모든 사람.

4. 산짐승이 우는 듯한 피리 소리에 사람들의 마음은 (　　　　).
   뜻 처량하고 슬퍼집니다.

2 관용 표현 알기

다음 빈칸에 알맞은 말을 쓰세요.

"□□□ 태우다"

이 말은 몹시 초조하고 안타까워서 속을 많이 태운다는 뜻으로, 비슷한 말로는 '애간장이 녹다', '애간장이 끓다' 등이 있어요. 「진도 아리랑」에 담긴 이야기에서, 만나기로 약속한 날 나타나지 않은 남자를 일 년도 넘게 기다리는 여자의 마음이 이랬겠지요?

3 한자어 익히기

다음 한자어를 소리 내어 읽고 빈칸에 따라 써 보세요.

老	少
늙을 노	적을 소

노소(老少): 늙은 사람과 젊은 사람.

• 인사를 할 때에는 노소를 구분하는 것이 중요하다.
• 윷놀이는 남녀노소 모든 사람이 즐기는 가족 놀이이다.
• 이 운동은 노소에 관계없이 가볍게 할 수 있는 운동이다.

老	少						
늙을 노	적을 소						

1보다 작은 수는 어떻게 나타낼까?

▲ 소수를 처음 만든 수학자 스테빈의 동상(벨기에 브뤼헤)

☑ 핵심 개념인 '소수'와 관련된 말들을 알아 둡시다.

→ 소수점 / 소수 계산

 소수는 일의 자리보다 작은 자리의 값을 가진 수를 의미해요.

☑ 글을 읽고 이것만은 꼭 찾아냅시다.

→ 소수는 왜 만들어졌으며, 분수와는 어떤 관계가 있을까요?

☑ 글을 읽고 주요 개념의 의미를 파악해 봅시다.

→ 주요 개념의 의미를 파악하며 글을 읽으면 글의 내용을 정확히 이해할 수 있습니다.

주요 개념을 설명하는 부분을 찾아 읽기	+	설명 부분을 주요 개념과 연관 지어 이해하기	→	주요 개념의 의미 정리하기

 개념이란 어떤 사물이나 현상에 대한 일반적인 지식을 말해요.

1 핵심 개념 미리 보기

다음 문장의 밑줄 친 수들을 무엇이라고 말하는지 〈보기〉에서 찾아 쓰세요.

● 보기 ●

분수   소수   자연수

- 지혜는 작년보다 키가 0.9cm 자랐다.
- 민국이의 시력은 양쪽 눈 모두 0.8이다.
- 지훈이의 50m 달리기 기록은 재혁이의 기록보다 0.3초 빠르다.

(   )

2 읽기 방법 미리 보기

다음 글을 읽고, '자연수'의 의미를 정리해 보세요.

세상에는 다양한 '수'가 있어요. 0, $\frac{2}{3}$, 4, 5.7, 12, 100 등이 모두 수예요. 이 중 4, 12, 100은 사물의 개수를 세거나 순서를 매길 때 사용할 수 있어요. 반면, 0은 '아무것도 없음.'을 나타내므로 사물의 개수를 세거나 순서를 매길 수 없지요. $\frac{2}{3}$는 1보다 작아서, 5.7은 5보다는 크지만 6보다는 작아서 사물의 개수를 세거나 순서를 매길 때 모자라거나 남는 부분이 생기므로 사용될 수 없어요. 사물의 개수를 세거나 순서를 매기려면 앞의 수보다 1씩 커지거나 작아져야 하기 때문이에요. 4, 12, 100 등은 이러한 특성을 모두 가지고 있어요. 수학에서는 4, 12, 100과 같은 수를 '자연수'라고 말한답니다.

➡ 자연수란 (   ) 때 사용되는 수로, 1부터 시작해서 하나씩 더하여 얻을 수 있는 모든 수를 뜻한다.

정답 1. 소수   2. 사물의 개수를 세거나 순서를 매길

1보다 작은 부분도 수로 나타낼 수 있을까요? 이를 위해 만들어진 수가 '소수'입니다. 소수란 일의 자리보다 작은 자릿값을 가진 수를 말합니다. 0.7, 0.9 등이 소수의 예입니다. 소수는 16세기에 네덜란드의 수학자 스테빈이 만들었습니다. 당시에는 1보다 작은 부분을 나타낼 수 있는 수가 분수밖에 없었습니다. 분수는 전체를 부분으로 나눈 값을 나타내는 수로, 16세기보다 훨씬 앞선 고대 이집트에서 만들어졌습니다.

분수가 있는데 왜 소수를 만든 것일까요? 분수로 1보다 작은 부분을 나타낼 수는 있지만 계산하기 어려운 경우가 많았기 때문입니다. 예를 들어 $\frac{1}{10}$은 계산하기 쉽습니다. 그러나 $\frac{1}{11}$, $\frac{1}{125}$을 계산하기는 어렵습니다. 왜일까요? 분모가 10, 100, 1000이어야 계산이 쉬워지기 때문입니다. 이 점을 이용해 스테빈은 1보다 작은 부분을 나타낼 수 있는 방법을 만들어 냈습니다. 일단 스테빈은 모든 분모를 10, 100, 1000으로 만들었습니다. 그리고 $\frac{1}{10}$을 '1①'로, $\frac{1}{100}$을 '1②'로, $\frac{1}{1000}$을 '1③'으로 바꾸어 나타냈습니다. 그럼 분모가 10이나 100이 아닌 $\frac{1}{4}$은 어떻게 나타낼 수 있을까요? $\frac{1}{4}$은 분모를 100으로 만들면 $\frac{25}{100}$입니다. 스테빈의 방법대로 하면, $\frac{1}{4}$은 '2①+5②'로 나타낼 수 있습니다.

그런데 사람들은 스테빈의 방법에 불만을 가졌습니다. 간편하지 않다고 느꼈기 때문입니다. 그래서 영국의 수학자 네이피어는 점을 찍어 자연수 부분과 소수 부분을 나누자고 제안했습니다. 영국에서 이것을 받아들이면서 지금의 소수점이 만들어졌습니다. 오늘날 거의 모든 나라가 소수점으로 온점(.)을 사용하고 있지만, 독일 같은 몇몇 나라는 소수점으로 반점(,)을 사용하기도 합니다.

소수는 분수와 표현 방법이 다를 뿐 같은 수를 분수로도 나타낼 수 있습니다. (　　㉠　　) 소수와 분수는 서로 바꿔 쓸 수 있습니다. 소수는 수의 크기를 정확하게 비교하기에 좋습니다. 예를 들어 분수인 $\frac{2}{5}$와 $\frac{4}{20}$를 비교할 때 어느 것이 큰 수인지 빠르게 알기 어렵습니다. 그러나 소수를 사용하면 빠르게 비교할 수 있습니다. 0.4와 0.2로 나타낼 수 있기 때문입니다. 또 소수는 1보다 작은 수를 나타내기 때문에 수의 크기를 정밀하게 비교할 수 있습니다. 이와 달리, 분수는 나누어떨어지지 않는 수를 나타내기 편리합니다. 예를 들어 1을 3으로 나누면 0.33333…으로 끝이 나지 않습니다. 그러나 분수를 사용하면 $\frac{1}{3}$로 간단하게 나타낼 수 있습니다. 정리하자면, 분수는 전체에서 부분을 수로 나타내기에 편리합니다. 소수는 길이나 양을 정확하게 잴 때 편리합니다. 그러므로 상황에 맞게 편리한 수를 사용하면 됩니다.

내용 파악하기

1. 이 글에 나타난 '소수'에 대한 설명으로 알맞지 <u>않은</u> 것은 무엇인가요? (   )

① 네덜란드의 수학자가 만들었다.

② 분수와 비슷한 시기에 만들어졌다.

③ 자연수 부분과 소수 부분은 소수점을 찍어 구분한다.

④ 소수의 발견으로 복잡한 계산을 쉽게 처리할 수 있게 되었다.

⑤ 현재 소수점을 표기하는 방식이 완벽하게 통일된 것은 아니다.

세부 내용 추론하기

2. 다음은 스테빈이 분수를 소수로 나타내는 과정을 정리한 것입니다. □, ■, ▣에 들어갈 숫자를 각각 쓰세요.

$\dfrac{3}{8}$ 을 스테빈의 소수로 나타내기

1. 분수를 분모가 10, 100, 1000인 분수로 바꾸기

$$\dfrac{□}{10} + \dfrac{■}{100} + \dfrac{▣}{1000}$$

2. 각 분수를 소수의 각 자릿수를 나타내는 원문자로 나타내기

□① + ■② + ▣③

- □ : (   )   - ■ : (   )   - ▣ : (   )

이어 주는 말 파악하기

3. ㉠에 들어갈 알맞은 말을 〈보기〉에서 찾아 쓰세요.

보기

한편   그러나   그러므로

(   )

🔔 **주요 개념 파악하기**

4. 이 글의 내용을 바탕으로 다음 표의 빈칸을 채워 분수와 소수의 차이점을 정리해 보세요.

	분수	소수
만들어진 시기	고대 이집트	
개념		
예시	$\dfrac{1}{10}$	
장점		

글의 내용 적용하기

5. '소수'를 활용하면 편리한 상황을 모두 골라 √표 하세요.

(1)

100m 달리기 기록을 잴 때
(   )

(2)

시력을 측정할 때
(   )

(3)

사람 수에 따라 나눈 케이크 조각을 나타낼 때
(   )

(4)
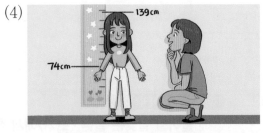
상체와 하체의 비율을 나타낼 때
(   )

어휘 익히기

1 낱말 뜻 알기

다음 빈칸에 알맞은 낱말을 〈보기〉에서 찾아 쓰세요.

────────── • 보기 • ──────────

당시   제안   비교   정밀하게

1. 그는 새로운 문제 해결 방안을 (   )했다.
   뜻 의견이나 방법을 내놓음.

2. 사건을 조사할 때에는 (   ) 분석하고 정확하게 판단해야 한다.
   뜻 자세하고 꼼꼼하게.

3. 1960년대 (   )에 전화는 아무 집에서나 볼 수 있는 흔한 물건이 아니었다.
   뜻 일이 있었던 바로 그때. 또는 이야기하고 있는 그 시기.

4. 가전제품을 살 때에는 여러 제품의 성능과 가격 등을 (   )해 보는 것이 좋다.
   뜻 둘 이상의 물건을 견주어 서로 간의 유사점, 차이점 등을 따져 봄.

2 관용 표현 알기

다음 빈칸에 알맞은 말을 쓰세요.

"□마른 자가 □□ 판다"
　네덜란드의 수학자 스테빈은 분수로 이자를 계산하는 것이
어렵고 복잡해서 소수를 만들어 냈다고 합니다. 이 속담은 제
일 급하고 필요를 느끼는 사람이 그 일을 서둘러 하게 되어
있다는 말이에요.

3 한자어 익히기

다음 한자어를 소리 내어 읽고 빈칸에 따라 써 보세요.

小	數
작을 소	셀 수

소수(小數): 일의 자리보다 작은 자리의 값을 가진 수.

• 1보다 작은 수를 나타낼 때에는 분수와 소수를 사용한다.

• 분수를 소수로 표현하려면 분자를 분모로 나누어야 한다.

• 수의 크기를 정확하게 비교할 때 소수를 활용하면 편리하다.

小	數						
작을 소	셀 수						

03회 스포츠를 즐기는 방법

☑ 핵심 개념인 '경쟁'과 관련된 말들을 알아 둡시다.

→ 경쟁력 / 경쟁 상대 / 경쟁적

 경쟁은 상대방을 배려하고 협력하며 정정당당하게 능력을 겨루는 것을 뜻해요.

☑ 글을 읽고 이것만은 꼭 찾아냅시다.

→ 스포츠를 즐기는 올바른 방법은 무엇일까요?

☑ 글의 형식을 파악하며 글을 읽어 봅시다.

→ 글의 짜임을 알려 주는 말에 주목하여 문단 간 관계, 전체 글의 짜임을 파악하며 글을 읽습니다.

| 각 문단의 내용 파악하기 | + | 문단 간 관계 파악하기 | → | 전체 글의 짜임 파악하기 |

 글의 형식이란 글을 구성하는 내용들 간의 긴밀한 연결과 짜임을 말해요.

1 핵심 개념 미리 보기

'스포츠'에 대해 생각해 보고, 아래의 생각그물을 채워 보세요.

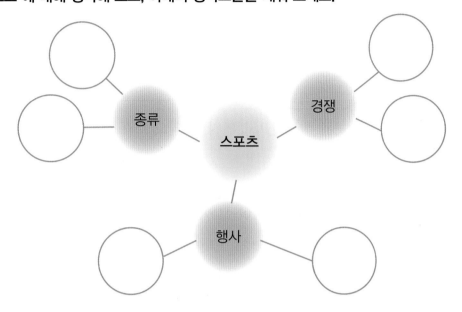

2 읽기 방법 미리 보기

다음과 같은 경우에 사용하기에 알맞은 말들을 찾아 선으로 이으세요.

(1)	내용을 전개하려 할 때 •	• ㉠ 정리하자면, 종합하면, 이상에서 살펴본 것처럼
(2)	내용의 순서나 차례를 나타내려 할 때 •	• ㉡ 첫째/둘째/셋째, 우선/다음으로/마지막으로
(3)	내용을 요약하거나 정리하려 할 때 •	• ㉢ 이제부터, 지금부터, 본격적으로, 이 글에서는

정답 **1.** 예 종류 – 축구, 야구 / 경쟁 – 선의, 승리 / 행사 – 전국 체육 대회, 올림픽 **2.** (1) – ㉢, (2) – ㉡, (3) – ㉠

1 스포츠 경기를 관람하거나 스포츠에 참여하다 보면 쉽게 흥분하거나 화를 내곤 합니다. 왜 그럴까요? 이기고 싶은 마음이 상대방을 경쟁자로 보게 하고 과한 공격적 태도를 갖게 하기 때문입니다. 경쟁에 집중하다 보면 상대방을 공격적으로 대하게 되고, 이로 인해 상대방에 대한 나쁜 감정이 ㉠생깁니다. 이렇게 보면 스포츠에서 경쟁은 불필요하고 나쁜 것처럼 보입니다. 그러나 스포츠에서 경쟁이 꼭 나쁜 것은 아닙니다. 오히려 경쟁은 스포츠를 즐기게 하는 힘이 되거나 승리를 이끄는 원동력이 되기도 합니다. 그렇다면 무엇이 문제일까요? ㉡스포츠의 목적과 경쟁의 의미를 잘못 생각하는 것이 문제입니다. ㉮이제부터 스포츠와 경쟁에 대하여 사람들이 가지고 있는 잘못된 생각이 무엇인지, 그리고 스포츠와 경쟁의 올바른 의미가 무엇인지를 알아보겠습니다.

2 ㉯우선, 사람들은 스포츠의 목적이 오로지 승리하는 것이라는 잘못된 생각을 가지고 있습니다. 이 경우, 이기면 성공하는 것이고 지면 실패하는 것이라 생각하기 쉽습니다. 이러한 이분법적인 사고는 스포츠를 즐기는 것을 잊게 합니다. 상대방을 위하는 마음도 잊게 합니다. 실패하지 않기 위해 상대방을 공격하는 것만 중요해지는 것입니다.

3 그러나 스포츠에서 누가 이기고 지는가는 중요하지 않습니다. 스포츠를 통해 신체와 정신을 단련하는 것, 그리고 스포츠를 즐기는 것이 중요합니다. 스포츠를 즐길 때 만족과 행복 등 다양한 가치를 경험할 수 있기 때문입니다. 그러므로 스포츠를 즐기면서 신체와 정신을 단련하는 데 집중해야 합니다. 이기고 지는 것은 그다음 문제입니다.

4 ㉰다음으로 ㉢경쟁에 대해서도 다시 생각해 볼 필요가 있습니다. 많은 사람이 경쟁이란 상대방을 이기는 것이라고 생각합니다. 그러나 스포츠와 마찬가지로 경쟁 역시 승리 자체가 중요한 것은 아닙니다. 즉 경쟁의 목표는 모든 방법을 사용해서 상대방을 이기거나 상대방보다 잘한다는 것을 보여 주는 데 있지 않습니다. 스포츠는 신체와 정신의 단련을 '함께' 활동함으로써 이루어 내는 것이므로, 스포츠에서 경쟁의 진짜 목표는 정정당당하게 겨루는 데 있습니다. 그러므로 규칙을 지키고 상대방을 존중하는 것이 중요합니다. 팀을 이루어 경쟁을 할 때에는 자신이 맡은 역할을 다 해내는 것이 중요합니다. 또한 같은 팀끼리 서로 돕고 위하면서 정정당당하게 겨루려고 노력해야 합니다. 이것이 승리의 주인공이 되는 것보다 더 중요합니다. 결국 스포츠에서 제대로 경쟁을 하기 위해서는 경기에 필요한 능력뿐 아니라, 상대방을 이해하고 돕는 마음을 가져야 합니다. 그래야 좋은 경쟁을 할 수 있습니다.

5 ㉱정리하자면, 스포츠를 즐기기 위해서는 스포츠의 목적과 경쟁의 의미를 올바르게 이해해야 합니다. 스포츠를 즐기며 신체와 정신을 단련하는 것, 상대방과 정정당당하게 겨루는 것이 스포츠를 즐기는 올바른 방법임을 기억합시다.

중심 생각 파악하기

1. **이 글의 중심 생각으로 가장 알맞은 것은 무엇인가요? (   )**

① 지나친 경쟁심은 스포츠에서 승리하는 데 방해가 된다.

② 스포츠를 진정으로 즐기는 방법은 상대방을 돕는 것이다.

③ 스포츠의 목적과 경쟁의 의미를 올바르게 이해하여 스포츠를 즐겨야 한다.

④ 스포츠에서 승리하려면 상대방을 배려하고 도울 수 있는 능력을 갖추어야 한다.

⑤ 신체 기능과 정신을 발전시켜 경쟁에 집중하는 것이 진정한 스포츠라 할 수 있다.

낱말 뜻 짐작하기

2. **㉠과 같은 뜻으로 사용된 낱말은 무엇인가요? (   )**

① 그녀는 매우 이국적으로 생겼다.

② 횡단보도에서 큰 사고가 생겼다.

③ 갑작스럽게 계획에 차질이 생겼다.

④ 건조한 날씨 때문에 산불이 생겼다.

⑤ 아파트 단지에 새로운 가게들이 생겼다.

표현의 적절성 평가하기

3. **㉡을 다음과 같이 고쳤을 때, 그 이유로 알맞은 것은 무엇인가요? (   )**

> 사람들이 스포츠의 목적과 경쟁의 의미를 잘못 생각하는 것이 문제라고 생각합니다.

① 의견을 제시할 때에는 사실인 것처럼 표현해서는 안 되기 때문에

② 사실을 전달할 때에는 혹시 모를 반대 사례를 예상해야 하기 때문에

③ 의견을 제시할 때에는 뒷받침하는 근거를 다양하게 제시해야 하기 때문에

④ 사실을 전달할 때에는 가장 정확한 단어를 사용해서 표현해야 하기 때문에

⑤ 사실과 의견을 함께 나타낼 때에는 의견을 더 강조해서 제시해야 하기 때문에

구절의 의미 파악하기

4. ⓒ의 의미로 가장 알맞은 것은 무엇인가요? (   )

① 경쟁의 의미를 깊게 생각해 볼 필요가 있습니다.
② 경쟁의 의미를 계속 생각해 볼 필요가 있습니다.
③ 경쟁의 의미를 여러 번 생각해 볼 필요가 있습니다.
④ 경쟁의 의미를 중요하게 생각해 볼 필요가 있습니다.
⑤ 경쟁의 의미를 기존과는 다르게 생각해 볼 필요가 있습니다.

글의 형식 파악하기

5. 다음 물음에 답하며 이 글의 형식을 파악해 보세요.

(1) 다음 설명에 해당하는 말들을 ㉮~㉣ 중에서 골라 기호를 쓰세요.

① 글의 내용을 전개하려는 말: (   )
② 글의 내용 순서를 나타내는 말: (   )
③ 글의 내용을 요약·정리하려는 말: (   )

(2) 각 문단의 중심 내용을 살펴보고, 각 문단이 글 전체에서 '처음', '중간', '끝' 중 어디에 해당하는지 알맞은 곳에 √표 하세요.

문단	중심 내용	처음	중간	끝
1	많은 사람이 스포츠의 목적과 경쟁의 의미를 오해하는 것이 문제이다.			
2	사람들은 스포츠의 목적이 오직 승리하는 것이라는 잘못된 생각을 가지고 있다.			
3	스포츠에서 중요한 것은 신체와 정신을 단련하고 스포츠를 즐기는 것이다.			
4	스포츠에서 경쟁이란 서로를 배려하고 도우면서 정정당당하게 겨루는 것이다.			
5	스포츠의 목적과 경쟁의 의미를 올바르게 이해하는 것이 중요하다.			

1 낱말 뜻 알기

다음 빈칸에 알맞은 낱말을 〈보기〉에서 찾아 쓰세요.

• 보기 •
| 원동력 | 이분법적 | 단련 | 겨루는 |
---

1. 오늘의 실패는 내일의 발전을 위한 ( )으로 삼겠다.
   뜻 어떤 일을 이루는 데 바탕이 되는 힘.

2. ( ) 사고는 상황을 있는 그대로 파악하지 못하게 할 수 있다.
   뜻 서로 반대되는 두 가지로 구분하는. 또는 그런 것.

3. 리듬 체조는 공이나 리본 등을 이용하여 아름다움을 ( ) 경기이다.
   뜻 누가 더 나은지 가리려고 맞서 싸우는.

4. 건강한 신체에 건강한 정신이 깃들기 때문에, 신체를 ( )하는 것은 중요하다.
   뜻 운동이나 훈련으로 몸과 마음을 튼튼히 가꿈.

2 관용 표현 알기

다음 빈칸에 알맞은 사자성어를 쓰세요.

""

스포츠 경기를 할 때 이기고 싶은 마음이 지나치면 상대방을 공격적으로 대하게 되거나 상대방에게 나쁜 감정을 가질 수도 있어요. 이 사자성어는 정도를 지나침은 미치지 못함과 같다는 뜻으로, 지나치거나 모자라지 않고 한쪽으로 치우치지 않는 상태가 중요하다는 것을 강조하는 말이에요.

한자	뜻	음
過	지날	
猶	오히려	
不	아닐	
及	미칠	

3 한자어 익히기

다음 한자어를 소리 내어 읽고 빈칸에 따라 써 보세요.

競	爭
다툴 경	다툴 쟁

경쟁(競爭): 상대방을 배려하고 협력하며 정정당당하게 능력을 겨루는 것.
• 우승을 향한 두 팀 간의 경쟁이 매우 치열하다.
• 세계 각국에서 바이러스 치료제 개발을 위한 경쟁이 시작됐다.
• 지나친 경쟁심은 정작 중요한 점을 놓치게 하므로 주의해야 한다.

競	爭						
다툴 경	다툴 쟁						

미술 작품을 감상한다는 것은?

▲ 스페인의 화가 호안 미로

✅ 핵심 개념인 '감상'과 관련된 말들을 알아 둡시다.

→ 감상문 / 감상자 / 영화 감상

 감상이란 예술 작품을 이해하고 즐기면서 평가하는 활동을 말해요.

✅ 글을 읽고 이것만은 꼭 알아냅시다.

→ 미술 작품은 어떻게 감상해야 할까요?

✅ 글을 읽고 글의 중심 생각을 파악해 봅시다.

→ 다음의 순서에 따라 글쓴이가 글을 통해 전하고자 하는 생각을 파악해 봅니다.

글에서 반복되는 말 찾기	+	글에서 중요한 문장 찾기	→	글의 중심 생각 파악하기

 중심 생각은 전체 글에서 가장 중요한 내용으로, 글쓴이가 글을 통해 꼭 하고 싶은 말을 뜻해요.

1 핵심 개념 미리 보기

빈칸에 공통으로 들어갈 낱말을 〈보기〉에서 찾아 쓰세요.

보기

| 들다 | 보다 | 감상하다 | 구경하다 |

- 박물관에 전시된 조각상을 (   ).
- 한라산의 아름다운 경치를 (   ).
- 올해 가장 많은 사랑을 받은 음악을 (   ).
- 영화제에서 최우수상을 수상한 영화를 (   ).

2 읽기 방법 미리 보기

다음 글에서 반복되는 말을 찾고, 글의 중심 내용을 한 문장으로 정리해 보세요.

오늘 저녁 요리는 내가 했다. 내가 만든 요리를 가족들이 맛있게 먹는 것을 보니 기분이 좋았다. 요리를 하면 시간이 빨리 간다. 하루 종일 요리만 해도 지루하지 않을 것 같다. 다른 학원을 다니는 것은 싫지만, 요리 학원은 다니고 싶다. 또 텔레비전에서 요리를 잘하는 사람들이 나오면 다른 어떤 사람보다 멋있어 보인다. 나도 그런 사람들처럼 요리를 잘하고 싶다. 한식, 중식, 일식, 양식 어떤 요리이든 상관없이 모든 요리를 배우고 싶고, 또 잘하고 싶다. 어떤 요리이든 요리를 준비하고 완성하는 과정이 재밌기 때문이다.

(1) 반복되는 말: (   )
(2) 글의 중심 내용: (   )

정답 1. 감상하다 2. (1) 요리, (2) 예 나는 요리가 좋다.

1 미술은 색과 모양을 통해 아름다움을 표현하는 예술 활동을 뜻합니다. 구체적으로 화가는 미술을 통해 아름다운 사물이나 물체 등을 나타냅니다. 또한 아름다운 생각이나 감정, 느낌을 나타내기도 합니다. 그러므로 미술 작품을 감상할 때에는 화가가 나타내려 한 아름다움을 음미하는 것이 중요합니다.

2 미술 작품에서 감상해야 할 것은 매우 많습니다. 작품의 아름다움은 형식과 내용 모두에서 나타나기 때문입니다. 형식 요소란 작품의 색이나 모양을 말하고, 내용 요소란 작품에 담긴 화가의 생각이나 감정을 말합니다. 형식 요소와 내용 요소가 어우러져 어떤 아름다움을 나타내는지를 알면 작품의 의미를 알 수 있습니다. 이런 점에서 미술 감상이란 작품의 형식과 내용의 아름다움, 그리고 작품의 의미를 발견하여 즐기는 활동을 말합니다.

3 아름다움을 감상하는 것은 우리에게 기쁨과 감동을 줍니다. 마음의 편안함을 느끼고 즐거운 삶을 살도록 돕습니다. (㉠) 감상을 통해 다른 사람을 이해하고 존중하는 마음을 배울 수 있습니다. (㉡) 감상은 작품의 의미를 발견하는 과정이기도 합니다. 사람마다 작품을 통해 느끼는 아름다움이 달라, 작품의 의미도 다양하게 발견합니다. 이런 점에서 감상은 작품을 더욱 가치 있게 만드는 행동이라 할 수 있습니다. 화가들이 자신의 작품이 다양하게 감상되길 원하는 것은 바로 이런 이유 때문입니다.

4 이러한 화가의 대표적인 예로는 누가 있을까요? 스페인 사람들이 가장 사랑하는 화가 호안 미로가 대표적인 예입니다. 미로는 화려한 색과 다양한 상징을 사용해 자신만의 그림 세계를 구축했다고 평가받는 화가입니다. ㉢미로의 작품의 특징은 제목이 '무제'인 작품이 많다는 점입니다. '무제'는 제목이 없다는 뜻입니다. 미로는 왜 자신의 작품에 제목을 붙이지 않았을까요? 작품의 제목이 사람들의 자유로운 감상을 막는다고 생각했기 때문입니다. 사람들이 주어진 제목에 맞게끔 작품의 의미를 찾으려 한다는 것을 알게 된 것이지요. 미로는 제목이 없다면 사람들이 작품에 대해 자유롭게 상상하기 시작할 것이라 생각했습니다. 바로 이것이 미로가 작품의 제목을 '무제'로 비워 둔 이유입니다. 제목을 비워 둠으로써 사람들이 미술 작품에 자신만의 제목을 붙이도록 한 것이지요. 그래야 자유롭게 감상하고 작품의 의미를 찾아낼 테니까요. 이제 어떠한 자세로 미술 작품을 감상해야 하는지 알겠지요?

내용 파악하기

1. 이 글의 내용으로 알맞지 <u>않은</u> 것은 무엇인가요? (   )

① 미술 감상은 삶을 즐겁게 할 수 있다.

② 미술 감상이란 작품을 즐기는 활동이다.

③ 미로는 자신만의 그림 세계를 구축한 화가이다.

④ 미술 작품의 제목은 작품 감상에 상당한 영향을 미친다.

⑤ 화가들은 자신이 작품에 담은 의미를 감상자들이 찾아내 주길 기대한다.

이어 주는 말 파악하기

2. ㉠, ㉡에 들어갈 알맞은 말을 〈보기〉에서 찾아 쓰세요.

┌─────────────── 보기 ●───────────────┐

또한   한편   그러나   예를 들어

└──────────────────────────────────┘

• ㉠: (   )

• ㉡: (   )

문장의 의미 파악하기

3. 다음은 ㉢의 이유를 정리한 것입니다. 빈칸에 알맞은 말을 쓰세요.

미로는 _____

_____ 하기 위해 자신의 작품에 제목을 붙이지 않았다.

문단의 중심 내용 파악하기

4. 다음 문단의 중심 내용으로 알맞은 것에 √표 하세요.

문단	중심 내용
2	(1) 우리는 미술 작품을 감상할 때, 형식 요소와 내용 요소를 모두 고려하여 감상해야 한다. ( ) (2) 미술 감상이란 작품의 형식과 내용의 아름다움, 그리고 작품의 의미를 발견하여 즐기는 활동을 말한다. ( )
4	(1) 미로는 자신의 작품에 제목을 붙이지 않음으로써 사람들이 자유롭게 감상 활동을 하도록 하였다. ( ) (2) 미로는 스페인 사람들이 가장 사랑하는 화가로, 화려한 색과 다양한 상징을 사용하여 자신만의 그림 세계를 구축하였다. ( )

중심 생각 파악하기

5. 이 글의 중심 생각으로 가장 알맞은 것은 무엇인가요? ( )

① 미술 감상의 개념
② 미술 감상의 여러 가지 대상
③ 미술 감상 활동의 의미와 가치
④ 미로가 제시한 미술 감상 방법
⑤ 미로가 미술 작품에 제목을 붙이지 않은 이유

글의 내용 적용하기

6. 이 글의 내용으로 볼 때, 미술 작품을 감상하는 자세로 알맞지 <u>않은</u> 것은 무엇인가요? ( )

① 미술 작품의 주제를 스스로 생각해 보기
② 미술 작품의 색상 조합에 대하여 평가해 보기
③ 미술 작품에 대하여 나만의 가치를 부여해 보기
④ 미술 작품의 의미를 알기 위해 전문가의 해설을 검색해 보기
⑤ 미술 작품이 우리 삶에 어떤 영향이나 교훈을 주는지 생각해 보기

1 낱말 뜻 알기

다음 빈칸에 알맞은 낱말을 〈보기〉에서 찾아 쓰세요.

• 보기 •

음미   형식   존중   구축

---

1. 모든 사람의 개성을 (   )하는 것이 배려의 시작이다.
   뜻 높이 받들고 소중하게 여김.

2. 김 장군은 많은 병사를 모아 독자적인 세력을 (   )하였다.
   뜻 건물, 시설, 조직, 관계 등을 쌓거나 다져서 만듦.

3. 겉으로 드러나는 (   )을/를 통해서도 작품의 의미를 전달할 수 있다.
   뜻 사물이 외부로 나타나 보이는 모양.

4. 노랫말과 리듬이 만들어 내는 아름다움을 다시 한번 (   )해 볼 필요가 있다.
   뜻 예술 작품을 즐기며 그 의미를 느끼거나 생각함.

2 관용 표현 알기

다음 빈칸에 알맞은 말을 쓰세요.

"☐☐☐☐"

호안 미로는 작품에 '제목 붙이기' 활동을 제안하는 등 사람들이 작품을 적극적이고 자유롭게 감상할 수 있는 문화를 만드는 데 앞장섰습니다. 이 사자성어는 어떤 일을 앞장서서 해서 남의 본보기가 되는 것을 뜻하는 말이에요.

한자	뜻	음
率	거느릴	
先	먼저	
垂	드리울	
範	법	

3 한자어 익히기

다음 한자어를 소리 내어 읽고 빈칸에 따라 써 보세요.

作	品
지을 작	물건 품

작품(作品): 그림, 조각, 소설처럼 예술 활동으로 만든 것.

• 훌륭한 작품은 깊은 감동을 준다.
• 우리 학교 복도에는 미술 작품이 전시되어 있다.
• 노벨 문학상은 문학 작품을 쓴 작가에게 주는 상이다.

作	品						
지을 작	물건 품						

05회 읽기 방법 익히기

1 글의 형식 파악하기

전체 글의 내용을 종합적으로 이해하기 위해서는 글의 형식을 파악하는 것이 중요합니다. 글의 형식이란 글을 구성하는 내용들 간의 긴밀한 연결과 짜임을 말합니다.

★ **글의 형식을 파악하려면,**

(1) 각 문단의 내용을 파악하여 전체 글의 흐름을 이해합니다.

(2) 각 문단을 이어 주거나 글의 흐름을 알려 주는 말들에 주목하여 문단 간 관계를 파악합니다.

(3) 각 문단의 관계를 종합하여 전체 글의 짜임을 파악합니다.

1 다음 글에서 문단의 관계나 글의 흐름을 알려 주는 말을 찾아 그 의미를 바르게 해석한 친구에게 √표 하세요.

> **1** 감상은 작품을 더욱 가치 있게 만드는 행동이라 할 수 있습니다. 화가들이 자신의 작품이 다양하게 감상되길 원하는 것은 바로 이런 이유 때문입니다.
>
> **2** 이러한 화가의 대표적인 예로는 누가 있을까요? 스페인 사람들이 가장 사랑하는 화가 호안 미로가 대표적인 예입니다. 미로는 화려한 색과 다양한 상징을 사용해 자신만의 그림 세계를 구축했다고 평가받는 화가입니다. 미로의 작품의 특징은 제목이 '무제'인 작품이 많다는 점입니다. '무제'는 제목이 없다는 뜻입니다. 미로는 왜 자신의 작품에 제목을 붙이지 않았을까요? 작품의 제목이 사람들의 자유로운 감상을 막는다고 생각했기 때문입니다. 사람들이 주어진 제목에 맞게끔 작품의 의미를 찾으려 한다는 것을 알게 된 것이지요. 미로는 제목이 없다면 사람들이 작품에 대해 자유롭게 상상하기 시작할 것이라 생각했습니다. 바로 이것이 미로가 작품의 제목을 '무제'로 비워 둔 이유입니다. 제목을 비워 둠으로써 사람들이 미술 작품에 자신만의 제목을 붙이도록 한 것이지요. 그래야 자유롭게 감상하고 작품의 의미를 찾아낼 테니까요.

상현
( )

> **1**문단과 **2**문단의 관계를 알려 주는 말은 '대표적인 예'야. 이 말을 통해 두 문단이 설명과 예시의 관계임을 알 수 있어.

> **2**문단의 '이러한'을 통해 뒤에 이어질 내용이 앞의 내용과는 전혀 다른 새로운 내용이라는 것을 예측할 수 있어.

대권
( )

2 다음 글을 읽고 물음에 답하세요.

> 한글은 전 세계 언어학자들이 칭찬할 정도로 매우 우수한 문자이다. 이제부터 한글이 다른 문자에 비해 우수한 이유를 구체적으로 살펴보겠다. 첫째, 한글은 독창적이고 과학적인 제자 원리를 바탕으로 만들어졌다. 한글의 모음자는 하늘, 땅, 사람의 모양을 본떠 기본 모음자를 만들고, 이들을 결합하여 나머지 모음자를 만들었다. 자음자는 발음 기관의 모양을 본떠 기본 자음자를 만들고, 여기에 획을 더해 나머지 자음자를 만들었다. 둘째, 한글은 적은 수의 글자를 활용하여 대부분의 소리를 적을 수 있다. 한글은 자음자와 모음자를 결합하여 소리를 적는 방식이기 때문에 적은 수의 글자로도 다양한 소리를 표현할 수 있다. 셋째, 한글은 쉽고 빠르게 배울 수 있다. 한글은 체계적인 원리에 따라 만들어졌기 때문에 기본 모음자와 자음자만 알면 나머지 자음자와 모음자들도 간단하게 익힐 수 있다. 이러한 세 가지 특성은 한글의 우수성과 과학성을 분명하게 보여 준다. 이처럼 위대한 문자인 한글이 우리의 문자라는 것에 자부심을 가지고 한글의 우수성과 과학성을 널리 알리기 위해 노력해야 할 것이다.

(1) 이 글은 몇 개의 문단으로 나눌 수 있는지 생각해 보고, 다음 빈칸을 채워 보세요.

문단	문단의 중심 내용	글의 흐름을 알려 주는 말
1		
2		

(2) (1)의 결과를 바탕으로 '처음 – 중간 – 끝'에 해당하는 문단의 번호를 쓰세요.

처음	중간	끝

2 중심 생각 파악하기

글을 제대로 이해하기 위해서는 글의 중심 생각을 파악하는 것이 매우 중요합니다. 그러나 글의 중심 생각은 겉으로 분명하게 드러나지 않는 경우도 있습니다.

★ **글의 중심 생각을 파악하려면,**

(1) 글에서 반복적으로 제시되는 말이 무엇인지 찾아봅니다.

(2) 글에서 중요한 내용을 담고 있는 문장을 찾아보고, 그중 가장 중요한 문장을 한두 개 선택하여 간단하게 정리해 봅니다.

(3) 반복되는 말과 중요한 문장의 내용을 종합하여 글쓴이가 글을 통해 꼭 전하고자 하는 내용이 무엇인지 파악해 봅니다.

1 다음 글의 중심 생각을 파악하는 방법을 바르게 설명한 친구에게 ∨표 하세요.

> 아리랑은 지금까지도 많이 불리고 있습니다. 많은 사람이 우리나라를 대표하는 노래로 아리랑을 선택하곤 합니다. 실제로 아리랑은 2000년 시드니 올림픽에서 남북한 선수단이 함께 입장하는 것을 기념하는 노래로 쓰였습니다. 또한 우리나라 축구 대표 팀을 응원하는 노래로도 쓰였습니다. 이 외에도 아리랑은 영화, 드라마, 소설 등 많은 곳에서 계속 쓰이고 있습니다. 우리나라 사람들이 이렇게 아리랑을 사랑하는 이유는 무엇일까요? 아마 아리랑이 이 노래를 불렀던 사람들의 삶과 감정을 담고 있기 때문일 것입니다. 아리랑은 우리나라를 대표하는 문화유산입니다. 우리의 아리랑을 소중히 지켜 나가야 할 것입니다.

이 글에서 반복적으로 제시되는 말이 무엇인지 확인할 필요가 있어. 반복되는 말은 '아리랑'과 '대표하다'야.

글 전체를 읽어 봤을 때, 가장 중요한 문장은 첫 문장과 마지막 문장인 것 같아.

반복되는 말과 중요 문장들을 종합했을 때, 이 글의 중심 생각은 '아리랑은 다양한 분야에서 활용되고 있다.'라고 정리할 수 있어.

서연
(   )

대권
(   )

민영
(   )

2 다음 글을 읽고 물음에 답하세요.

> 지현이는 다음 주에 있을 마라톤 대회가 걱정이다. 완주를 하지 못할 경우 친구들의 놀림을 받을 것이 걱정되었기 때문이다. 그래서 지현이는 일주일 동안 공원에서 오래달리기 연습을 했다. 마라톤 대회 당일, 출발선 앞에 선 지현이는 끝까지 포기하지만 말자고 다짐했다. 한 30분쯤 달렸을까. 갑자기 숨이 가빠 오고 다리가 천근만근 무겁게 느껴졌다. 점점 속도가 느려지자 비교적 선두 그룹에 있던 초반과는 달리, 어느덧 지현이는 꼴찌 그룹에 속해 있었다. 달리기를 포기하려고 점점 속도를 늦춰 뛰지 않고 걷기 시작한 그때, 저 멀리 자신을 바라보고 있는 부모님의 얼굴이 보였다. 부모님은 지현이를 향해 "꼴찌여도 괜찮아, 우리 딸! 포기하지만 마!"라고 외치며 응원의 박수를 보내 주셨다. 그러한 부모님의 모습을 보자 지현이는 절대로 포기하지 않겠다는 다짐이 다시 떠올랐다. 속도를 내서 달리기를 시작하자 다시 고통이 찾아왔지만, 지현이는 끝까지 달려 결승선을 통과했다. 결과는 꼴찌였다. 결승선에서 지현이를 기다리던 부모님은 지현이를 자랑스러운 눈빛으로 쳐다보았다. 꼴찌 지현이의 모습은 무엇보다도 아름다웠다.

(1) 이 글에서 반복적으로 제시되는 말을 찾아 쓰세요.

➡ □□□, □□하지 않기

(2) 이 글에서 중요한 내용을 담은 문장을 두 개 고르세요. (   )

① 지현이는 다음 주에 있을 마라톤 대회가 걱정이다.

② 지현이는 일주일 동안 공원에서 오래달리기 연습을 했다.

③ 속도를 내서 달리기를 시작하자 다시 고통이 찾아왔지만, 지현이는 끝까지 달려 결승선을 통과했다.

④ 결승선에서 지현이를 기다리던 부모님은 지현이를 자랑스러운 눈빛으로 쳐다보았다.

⑤ 꼴찌 지현이의 모습은 무엇보다도 아름다웠다.

(3) 글쓴이가 이 글을 통해 전하고자 하는 생각을 한 문장으로 쓰세요.

> 글쓴이는 지현이의 이야기를 통해 '(   )'
> 라는 생각을 전달하고 있습니다.

📷 사진 출처

쪽	사진	출처
32쪽	영국 여왕 엘리자베스 2세	ⓒPA Images / Alamy Stock Photo
48쪽	씨름도(김홍도)	ⓒ풍속화첩_씨름, 김홍도, 공유마당, CC BY
71쪽	국보 1호(공익광고)	ⓒ한국방송광고진흥공사
	엄마, 저 풀은 이름이 뭐예요?(공익광고)	
	쓰면 쓸수록 숲이 지워집니다(공익광고)	
97쪽	사이언스 잡지 표지	Cover of Science, Vol. 366, no. 6465, 1 November, 2019. Reprinted with permission from AAAS. Photography: Andrew Neild
100쪽	인도네시아 술라웨시 지진	ⓒZUMA Press, Inc. / Alamy Stock Photo
111쪽	모네가 백내장을 앓기 전에 그린 그림	ⓒPeter Barritt / Alamy Stock Photo
	모네가 백내장을 앓을 때 그린 그림	ⓒPAINTING / Alamy Stock Photo
116쪽	영화 「서편제」의 한 장면	ⓒ한국영상자료원 제공
134쪽	호안 미로	ⓒScience History Images / Alamy Stock Photo

• 좋은 사진을 제공해 주신 분들께 감사드립니다.

"

ERI 독해가
문해력이다

독해 학습으로
문해력 키우기

"

ERI 독해가 문해력이다

4단계 심화

초등 4 ~ 5학년 권장

정답과 해설

한눈에 보는 정답
상세한 지문·문항 해설

1 주차

01회 (21쪽)
1 (1) ○, (2) ○, (3) ○, (4) × 2 ③ 3 ⑤ 4 ② 5 나이게 손해가 아니다 6 뇌에서는 때때로 기분을 좋게 하는 물질이 나오는데, 남을 도울 때 이 물질이 평소보다 3배 이상 나옵니다.
어휘 익히기 1 1 영탑 2 성과 3 무리 4 인심 2 백지장

02회 (27쪽)
1 ① 2 (1) 서울말, 평양말, (2) 문자기, 우리말 3 ③ 4 (1)-⑭, (2)-㉮, (3)-⑭ 5 (1) ×, (2) ○ 6 ③
어휘 익히기 1 1 민족 2 순화 3 교류 4 개성 2 고쳐. 나

03회 (33쪽)
1 (1) ×, (2) ○, (3) ○, (4) ○ 2 다름, 자기 / 높고 낮음 / 인정 3 원주민들, 유럽 사람 4 결과, 원인 5 (1)-⑭, (2)-ⓒ, (3)-ⓐ 6 나라마다 식사 문화가 달라서, 존중해 주어야 해
어휘 익히기 1 1 자부심 2 경시 3 훼손 4 편견 2 남. 떡

04회 (39쪽)
1 대화 2 (1)-ⓒ-ⓛ, (2)-ⓑ-ⓛ, (3)-ⓐ-㉠ 3 주제, 경청 4 (1)-ⓐ, (2)-ⓒ, (3)-ⓑ 5 시각적, 시각적, 청각적 6 ③
어휘 익히기 1 1 인상 2 청각 3 경청 4 시각 2 말

05회 (42쪽)
1 1 사물, 순화 / 말 2 (1) 얼굴, 한계, 인종, (2) 얼굴, 구로, 뛰어나다
2 1 (1) 손짓, (2) 높낮이 2 (1) ⑭, ⑭, (2) ④

1 ⑤ 2

3		
2	9	4
7	5	3
6	1	8

		5
8		2
	2	
	5	2

STEAM 독해 (47쪽)
4 (1) 가사 비센스, (2) 구엘 공원, (3) 가사 바트요, (4) 가사 밀라 5 해설 참조

2 주차

01회 (55쪽)
1 ③, ④ 2 (1) 2012, 19, 50, (2) 커지고 3 (1)-⑭, (2)-⑭, (3)-㉮ 4 (1) 5 ㉠, ㉢, ㉣. 6 생략
어휘 익히기 1 1 구매력 2 고객 3 서비스 4 규모 2 값

02회 (61쪽)
1 국민, 선거 2 ② 3 권리, 적을수록, 많을수록 4 ② 5 ④ 6 경시
어휘 익히기 1 1 간접 2 행사 3 권력 4 정책 2 민심

03회 (67쪽)
1 ④ 2 정보, 설명 3 세금, 이익 4 ⑤ 5 (3) 6 • 공감하는 의견: ㉮, ㉯, ㉰ • 비판하는 의견: ㉱
어휘 익히기 1 1 구별 2 무역 3 여론 4 정보 2 발

04회 (73쪽)
1 ④ 2 묵제, 농약 3 개발, 선진국들 / 보존, 전 인류 4 ④ 5 (1) 낙엽, 보름 장고
(2) • 이 글: 지구 온난화와 공기 오염을 방지하기 위해 • <보기>의 글: 동식물들을 보호하기 위해
어휘 익히기 1 1 개발 2 오염 3 항이 4 우림 2 짐

05회 (76쪽)
1 1 8, 50 2 (1), (2) 3 6, 9
2 1 지구 온난화 2 (1) ④, (2) 엘라토니

4주차

01회 (119쪽)

1 ⑤ 2 ② 3 예 예쁜 사람과 사랑을 키워 나가면서 행복했던, 예 자신이 기다리던 남자가 다른 사람과 결혼한다는 소식을 듣고 슬픔에 빠졌던 4 ⑤ 5 ④ 6 성연, 서연
어휘 익히기 1 1 시선 2 구조 3 넘나드소 4 구슬프다니다 2 애긴정

02회 (125쪽)

1 ② 2 ② 3 · □ : 3 · ■ : 7 · : 5 3 그러므로 4 · 분수: 전체를 부분으로 나눈 값을 나타내는 수. 나누어떨어지지 않는 수를 간단하게 나타낼 수 있다. · 소수: 16세기, 일의 자리보다 작은 자릿값을 가진 수. 0.1. 수의 크기를 정밀하게 비교할 수 있다. 5 (1), (2), (4)
어휘 익히기 1 1 제안 2 정밀하게 3 당시 4 비교 2 목, 우물

03회 (131쪽)

1 ③ 2 ⑤ 3 ① 4 ⑤ 5 (1) ①, ②; (2) ⑭, ⑮; (3) ⑭, (2) 1 문단: 처음, 2~4문단: 중간, 5 문단: 끝
어휘 익히기 1 1 원동력 2 이분법적 3 거두는 4 단련 2 과유불급

04회 (137쪽)

1 ⑤ 2 · ㉠: 또한 · ㉡: 한편 3 예 사람들이 자신만의 작품에 자신만의 제목을 붙이며 작품을 자유롭게 감상하고 작품의 의미를 찾도록 4 · 2문단: (2) · 4문단: (1) 5 ③ 6 ④
어휘 익히기 1 1 존중 2 구독 3 향시 4 음미 2 솔선수범

05회 (140쪽)

1 1 성현 2 (1) · 1문단: 한글은 매우 우수한 문자이다. / 이제부터 · 2문단: 한글은 독창적이고 과학적인 제자 원리를 바탕으로 만들어졌다. / 첫째 · 3문단: 한글은 적은 수의 글자를 활용하여 대부분의 소리를 적을 수 있다. / 둘째 · 4문단: 한글은 쉽고 빠르게 배울 수 있다. / 셋째 · 5문단: 한글에 대한 자부심을 널리 고 알리기 위해 노력해야 한다. / 이러한 (2) 1 / 2, 3, 4 / 5
2 1 서연 2 (1) 달리기, 포기. (2) ③, ⑤. (3) 예 포기하지 않고 끝까지 노력하는 모습이 이름답다.

3주차

01회 (85쪽)

1 ③ 2 직진 3 ④ 4 ① 5 ③ 6 (1)
어휘 익히기 1 1 반사 2 관련 3 기문어휘 4 다暇 2 듣잔

02회 (91쪽)

1 (1)-⑭, (2)-㉮ 2 (1) ○, (2) ×, (3) ○ 3 ① 4 ① 5 ① 6 (1), (2)
어휘 익히기 1 1 면적 2 이외로 3 표면 4 서서히 2 물

03회 (97쪽)

1 ② 2 ⑤ 3 진화 4 ④ 5 (1) 6 (1)-⑭-ⓐ, (2)-㉮-ⓒ, (3)-⑭-ⓑ
어휘 익히기 1 1 쁨 2 직각 3 연약한 4 회피 2 눈

04회 (103쪽)

1 (1) ○, (2) ×, (3) ○ 2 ② 3 ② 4 ⑤ 5 (1), (2) 6 5,9. 벽에 금이 가는
어휘 익히기 1 1 찾은 2 확산되고 3 전역 4 격렬해진 2 개인사위

05회 (106쪽)

1 1 현수 2 (1) ③. (2) 두가운 종이→한지→색이 없는 유리
2 1 주측 2 (1). (2) ⑤

STEAM 독해 (111쪽)

1 빛 2 ④ 3 ① 4 생략 5 예 외출할 때 자외선 차단제를 바르고, 모자나 선글라스 등을 쓴다.

정답과 해설

내용 파악하기

1. 이 글의 내용과 일치하면 ○표, 일치하지 않으면 X표 하세요.

(1) 애덤 그랜트는 이타적인 사람들에 대해 연구한 심리학자이다. (○)

(2) 이타적 행동을 보는 것만으로도 몸과 마음이 건강해질 수 있다. (○)

(3) 이타적인 사람들은 시간이 지남에 따라 사회로부터 인정을 받게 된다. (○)

(4) 이타적인 사람들은 이기적인 사람들보다 항상 높은 성과를 얻게 된다. (X)

풀이 (1) **2**문단에서 심리학자인 애덤 그랜트는 이타적인 사람들의 특징에 대해 연구했다고 하였습니다. (2) **5**문단에서 첫 번째 실험이 애덤 봉사하는 영상을 본 학생들이 면역 기능이 높아지고 스트레스가 줄었다고 하였습니다. (3) **3**문단에서 이타적인 사람들은 시간이 지날수록 주변 사람들의 인정을 얻고, 사회로부터 인정을 받아 더 높은 성과를 얻게 된다고 하였습니다. (4) **3**문단에서 이타적인 사람들 중에는 가장 낮은 성과를 얻은 이들도 있었다고 하였습니다.

낱말 관계 파악하기

2. 낱말 간의 관계가 ⊙, ⓒ과 같지 않은 것은 무엇인가요? (③)

① 소녀 - 소년
② 아이 - 어른
③ 야채 - 채소
④ 뜨겁다 - 차갑다
⑤ 붙이다 - 유리하다

풀이 ⊙은 물질적이나 정신적으로 보탬이 되는 것 ⓒ은 물질적이나 정신적으로 해가 되는 것을 뜻하므로, ⊙, ⓒ은 뜻이 서로 반대되는 관계입니다. ③의 '야채'와 '채소'는 밭에서 기르며 주로 그 잎이나 줄기, 열매를 먹는 농작물을 가리키는 낱말로, 뜻이 서로 비슷한 관계입니다.

문맥을 활용하여 추론하기

3. ⓒ의 이유를 짐작한 내용으로 가장 알맞은 것은 무엇인가요? (⑤)

① 자신이 해야 할 일을 게을리했을 것이다.
② 누군가가 도움을 줄 때까지 기다렸을 것이다.
③ 남이 자신을 도울 때만 남을 도와주었을 것이다.
④ 일을 시작하기 전에 준비하는 시간이 길었을 것이다.
⑤ 다른 사람의 일을 돕는 데 많은 시간을 사용했을 것이다.

풀이 이타적인 이들은 다른 사람의 이익을 더 중요하게 생각하는 것을 뜻합니다. 그러므로 이타적인 사람들은 다른 사람들을 돕는 데에 자신의 시간을 많이 사용하느라 정작할 수 있습니다.

ERI 지수 **549** 인문 | 도덕

남을 돕는 것이 저에게 손해인가요?

미애

선생님, 저는 친구들이 청소할 때 도와주는 걸 좋아해요. ⑦도와주는 게 기분이 좋아 지더라고요. 그런데 어떤 친구가 다른 사람들을 도와주는 시간이 길어지면 저에게 손해가 아니냐고 묻더라고요. 정말 그런 걸까요? → 다른 사람들을 돕는 것이 자신에게 손해가되는 미애의 질문

20○○-03-13 15:33

선생님 답변

1 미애는 참 이타적인 어린이로군요. '이타적'이란 자기 이익보다 다른 사람의 ⑦이익을 더 중요하게 생각하는 것을 뜻해요. 그런데 이타적 행동이 정말 ⓒ손해이기만 한 걸까요?

2 선생님이 한 연구를 소개해요. 미국의 심리학자인 애덤 그랜트는 이타적인 사람들의 특징에 대해 연구했어요. 그는 영업 사원들을 세 부류로 나눴어요. 남에게 도움을 주려고 하는 이타적인 사람들, 남에게 도움을 받으려고만 하는 이기적인 사람들, 남이 도움을 줄 때에만 자신도 남을 돕는 사람들로.

3 ⓒ그 결과, 이타적인 사람들 중에는 제시간에 자신의 역할을 다하지 못한 이들도 있었지요. 그러나 가장 높은 성과를 얻은 이들도 이타적인 사람들이었어요. 이타적인 사람들은 시간이 지날수록 주변 사람들의 믿음을 얻고, 사회로부터 인정을 받아 더 높은 성과를 얻게 되는 것이지요.

4 한편, 하버드교의 연구 팀은 두 가지 실험을 통해 이타적 행동이 몸과 마음을 건 강하게 한다는 점을 밝혀냈어요. 첫 번째 실험에서 연구 팀은 한 무리의 학생들에게 도움을 받고 일을 하게 했어요. 그리고 다른 무리의 학생들에게는 도움을 받지 않고 봉사 활동을 하게 했어요. 그 후 두 집단의 면역* 기능을 검사했는데 봉사 활동을 한 학생들의 면역 기능 이 크게 높아진 것을 확인했어요. → 연구 팀의 첫 번째 실험 결과 - 이타적 행동으로 몸과 마음을 건강하게 함.

5 두 번째 실험은 한 봉사자가 사람들을 위해 봉사하는 영상을 학생들에게 보여 준 후 면 역 기능을 검사하는 것이었어요. 놀랍게도 봉사하는 영상을 보기만 했는데도 학생들의 면 역 기능은 높아졌어요. 두 실험에서 모두 몸과 마음이 건강해진다고 해요. 이를 '테레사 효과' 라고 부르기도 하지요. 아때요, 미애의 고민이 조금 해결되었나요? :) → 연구 팀의 두 번째 실험 결과 - 이타적 행동으로 몸과 마음을 건강하게 함.

20○○-03-13 17:40

*면역: 병을 일으키는 균 등을 죽여 병에 걸리지 않게 하는 것.

1 낱말 뜻 알기

다음 빈칸에 알맞은 낱말을 〈보기〉에서 찾아 쓰세요.

보기 ┤ 영업 무리 성과 인정

1. 우리 동네 상점은 (영업) 시간이 정해져 있다.
   뜻 돈을 벌려고 회사나 가게를 꾸려 나가는 것.

2. 예상 밖의 (성과)을/를 거두어서 모두가 기뻐하였다.
   뜻 일을 한 뒤에 얻는 결과.

3. 청개구리는 해마다 겨울이 되기 전에 (무리)을/를 지어 이동한다.
   뜻 여럿이 한데 모여서 떼를 이룬 것.

4. 그는 열쇠를 잃어버린 것이 자신의 잘못이라고 (인정)을/를 하였다.
   뜻 어떤 점을 분명히 그렇다고 여기는 것.

2 관용 표현 알기

다음 빈칸에 알맞은 말을 쓰세요.

"백 지 [장] 도 맞들면 낫다"

나 혼자서도 충분히 청소를 할 수 있지만, 친구가 도와주면 더욱 빠르게 청소를 마칠 수 있겠죠? 이 속담은 한 장의 종이를 드는 쉬운 것 쯤 아무리 쉬운 일이라도 서로 힘을 합하면 훨씬 수월하게 이룰 수 있 이에요.

3 한자어 익히기

다음 한자의 뜻과 소리를 내어 읽고 빈칸에 따라 써 보세요.

봉사(奉仕): 남을 도와주려고 애씀.
• 그는 아프리카로 의료 봉사를 떠났다.
• 나는 봉사 활동을 꾸준히 하려고 노력한다.
• 이웃을 위해 봉사하는 사람이 많아지고 있다.

奉 받들 봉	仕 섬길 사
奉 받들 봉	仕 섬길 사

문단으로 전체 내용 정리하기

4. 1~5문단을 중심 내용이 서로 비슷한 것끼리 알맞게 묶은 것은 무엇인가요? (②)

① 1 / 2 · 3 , 4 , 5
② 1 / 2 · 3 , 4 / 5
③ 1 / 2 , 3 , 4 / 5
④ 1 , 2 / 3 · 4 , 5
⑤ 1 , 2 / 3 , 4 / 5

→ 1문단은 이타적 행동이 미에게 정말 손해일지에 대한 질문. 2~5문단은 그에 대한 답에 해당합니다. 그리고 2 · 3문단은 시간이 지날수록 사회로부터 인정을 받아 더 높은 성과를 얻게 되는 이타적인 사람들의 특징을, 4 5문단은 음과 마음을 건강하게 해 주는 이타적 행동이 주는 긍정적인 특징을 각각 설명하고 있습니다.

중심 생각 파악하기

5. 미에는 선생님의 답변을 읽고 아래와 같이 생각하였습니다. 빈칸에 알맞은 말을 쓰세요.

선생님께서는 이타적인 사람들은 더 높은 성과를 얻게 될 수 있으며, 이타적 행동은 음과 마음을 건강하게 해 준다고 말씀하셨다. 그러니까 결국 선생님께서는 내가 남을 도왔던 행동들이 (나에게 손해가 아니다)(이)라고 답해 주신 것이다.

→ 선생님은 이타적 행동이 미에게 손해가 아니라는 점을 직접적으로 이야기하지 않았습니다. 대신에 이타적인 사람들이 더 높은 성과를 얻게 될 수 있으며, 이타적 행동은 음과 마음을 건강하게 해 준다는 연구 결과를 소개하고 있습니다. 미에는 이러한 선생님의 답변을 듣고 그 행동을 하는 사람에게 도움이 된다는 점을 통해 남을 도운 행동이 자신에게 손해가 아님을 알 수 있습니다.

이유나 근거 추론하기

6. 다음 글에서 ㉠의 원인을 찾아 밑줄을 그어요.

남을 돕고 난 후 느끼는 긴 시간 이어지는데, 이런 상배를 '헬퍼스 하이'라 고 합니다. 뇌에서도 때때로 기분을 좋게 하는 물질이 나오는데, 남을 도울 때 이 물질이 평소보다 3배 이상 나옵니다. 이와 비슷한 현상으로 '러너스 하이'가 있는데, 30분 이상을 달릴 때에도 뇌에서 기분을 좋게 하는 물질이 나옵니다.

→ 미에는 친구들이 청소할 때 도와주고 나서 기분이 좋아지는 것을 경험했습니다. 제시된 글에 따르면 미에처럼 남을 도운 행동을 할 때, 기분을 좋게 하는 물질이 뇌에서 평소보다 3배 이상 나온다는 사실을 알 수 있습니다.

ERI 지수 537 인문 | 도덕

"너는 어느 소학교에 다니니?"라고 옆자리의 친구가 묻는다면 어떨까요? '소학교'가 무엇인
지 몰라서 당황하고 깜짝 놀라겠지요? 여기서 '소학교'는 '초등학교'를 가리키는 북한 말이에
요. 북한 말은 남한 말과 달라 이해하기 어려울 때가 많지요. 하지만 남한 말과 북한 말은 모
두 우리 민족의 말이에요. 언제가 함께 살아왔으나, 역사, 문화, 역사를 따라 생활한 말
남북한의 말은 왜 달라졌을까요? 한국 전쟁이 일어난 후 남한과 북한은 오랜 세월 동안 교
류가 잘 이루어지지 못했어요. 그래서 서로의 말을 이해하고 함께 나눌 기회가 없었답니다.
그리고 남한은 서울말을, 북한은 평양말을 표준이 되는 말로 정했기 때문에 서로 다르게 변화
했지요. 남북한이 함께 쓸 사전을 만들고 있는 까닭도 이 때문이에요.

그럼 남북한의 말은 구체적으로 어떻게 다를까요? 남한과 북한의 어린이에게 점심시간에 말
에 대해 발표하라고 하면 좋아 해요. 또 북한의 어린이에게는 '주스'가 나온다고 말
해 주어요.

(1) 북한에서는 남한에 비해 다른 나라에서 들어온 말을 우리말로 고쳐 쓰는 것이지요. 다
른 나라의 말을 이해하기 쉽도록 우리말로 바꾸는 동작인 '패스'는 '연락'이라고 해요. 골대를
지키는 사람은 '골키퍼'가 아니라 '문
지기'라고 부르듯이, 남한에 비해
이처럼 남한과 북한은 서로 다른 말을 사용해요.

중심 생각 파악하기

1. 이 글의 중심 생각으로 알맞은 것은 무엇인가요? (①)

① 남북한의 말에는 많은 차이가 있다.
② 남북한은 통일을 위해 노력하고 있다.
③ 남북한의 통일은 곧 이루어질 예정이다.
④ 남북한은 교류가 이루어지지 않고 있다.
⑤ 남북한은 언어를 통일하기 위해 함께 힘쓰고 있다.

글의 내용을 근거로 답하기

2. 이 글을 참고하여 다음 질문에 대한 답을 완성해 보세요.

(1) 남한과 북한에서 표준이 되는 말은 서로 다른가요?

→ 네, 북한에서는 (서울말)을, 북한에서는 (평양말)을 표준으로
삼고 있어요.

(2) 남북한이 서로 다른 말을 쓴다고 해도, 외국에서 들어온 말까지 다르게 쓰이지는 않겠지요?

→ 아니요. 북한에서는 '즐기패'를 (우리림) (문지기)라고 부르듯이, 남한에 비해
외국에서 들어온 말을 (우리림)로 순화한 낱말들을 많이 쓴다고 해요.

중심 문장과 뒷받침 문장 구분하기

3. 다음 문단의 내용을 대표하는 문장은 무엇인가요? (③)

▲ 남북한의 언어 차이(자료: 통일부)

1 낱말 뜻 알기

다음 빈칸에 알맞은 낱말을 <보기>에서 찾아 쓰세요.

> 보기
> 민족   교류   순화   개성

1. 분단은 우리 (민족)에게 큰 시련을 가져왔다.
   뜻 오랫동안 함께 살아서 말, 역사, 문화, 품성이 같은 사람의 무리.

2. 깨끗한 강물을 바라보고 있으면 마음이 (순화)되는 기분이 든다.
   뜻 잡것을 들어 버리고 순수하게 함.

3. 가까운 나라 사이에는 문화, 기술 등의 (교류)이/가 활발한 편이다.
   뜻 다른 곳에 사는 사람들이 서로 만나거나 연락하면서 물건이나 의견을 주고받는 것.

4. 그의 작품은 (개성)이/가 있어서 많은 작품 가운데에서 반드시 눈에 띄었다.
   뜻 사람마다 고유하게 지닌 남다른 점.

2 관용 표현 알기

다음 빈칸에 알맞은 말을 쓰세요.

"고 생 끝에 낙 이 온다"

남한과 북한은 오래 전부터 분단된 채로 지냈기에 북한 지방에 사는 말을 이해하는 것이 결코 쉽지 않을 거예요. 하지만 언어를 바꿔서 남북한이 서로를 이해하려고 노력한다면 통일이라는 큰일도 이룰 수 있음을 것입니다. 이 속담은 어려운 일을 참고 난 뒤에는 반드시 좋은 일이 생긴다는 말이에요.

3 한자어 익히기

다음 한자어를 소리 내어 읽고 빈칸에 따라 써 보세요.

統	一
합칠 통	하나 일

統	一
합칠 통	하나 일

통일(統一): 갈라진 여럿을 다시 하나로 되게 함.
· 남한과 북한은 언젠가 통일이 될 것이다.
· 삼국 시대에 신라는 삼국을 통일하는 데 성공하였다.
· 짜장면이 좋을지, 짬뽕이 좋을지 의견이 잘 통일되지 않는다.

---

① 사실과 의견 구분하기

4. 다음 문장들을 사실과 의견으로 나누어 선으로 알맞게 이으세요.

(1) '소학교'는 '초등학교'를 가리키는 북한 말 이에요.

(2) 남북한이 함께 쓸 사전을 만들고 있는 겨레 말 큰사전 편찬회에서 남한과 북한의 국어사전을 비교해 보았어요.

(3) 통일에 한 걸음 더 나아가기 위해서는 북한 말도 다른 나라가 아니라 우리말의 일부 로 이해하라고 노력해야 해요.

㉮ 사실
㉯ 의견

이 국어사전을 비교해 보았다는 것은 실제 있었던 것은 실제 일어났다고 있는 일이므로 '사실'입니다. (2) 남한과 북한의 노력해야 한다는 것은 글쓴이의 견해에 해당하므로 '의견'입니다.

세부 내용 추론하기

5. ⑤의 예에 해당하면 ○표, 해당하지 않으면 ×표 하세요.

(1) 북한에서는 '단짝 친구'라는 말을, 잘 맞는 친구라는 뜻으로 '딱친구'라고 부른다. (×)

(2) 북한에서는 '도넛'이라는 말을, 반지를 못하는 우리말 '가락지'를 이용하여 '가락지빵' 이라고 부른다. (○)

(1) '딱친구'는 다른 나라에서 들어온 말을 우리말로 순화한 말이 아니므로 ㉠의 예에 해당하지 않습니다. (2) '가락 지빵'은 '도넛'을 우리말로 순화한 말이므로 ㉠의 예에 해당합니다.

자신의 생각 말하기

6. 이 글을 읽은 학생들의 반응으로 알맞지 않은 것은 무엇인가요? (③)

① 남북한은 교류가 잘 이루어지지 않는데, 왜 그런지에 대해 생각해봐야겠어.

② 북한에서는 다른 나라의 말을 순화해서 쓰는구나. 남한도 그런 노력이 필요하겠어.

③ 남북한이 일상에서 쓰는 말은 많이 비슷하네. 그럼 어떤 분야의 말이 다른지 알아봐야겠어.

④ 북한에서는 '초등학교'를 '소학교'라고 부른다고? '중학교'는 뭐라고 부르는지 찾아봐야겠어.

⑤ 북한에서는 '패스'를 '연락'이라고 부른데. 운동할 때 쓰는 말조차 다르다는 것이 재미있었어.

2문단에서 남한과 북한이 국어사전을 비교해 본 결과, 북한에서 사용하는 말에서 무려 38%나 차이가 있었다고 설명하고 있습니다.

ERI 지수 **498**

1 우리나라 사람들은 평소 돼지고기나 소고기를 즐겨 먹습니다. 그런데 외국인 중에는 고기를 먹지 않거나, 소고기를 먹지 않는 사람들이 많이 있습니다. 이렇게 즐겨 먹는 음식이 다른 이유는 문화적 배경이 다르기 때문입니다. 우리 사회에는 이렇게 문화적 배경이 다른 사람들이 섞여 살아갑니다. 사람들은 자신과 다른 다른 문화를 어떻게 이해하며 살아 갈까요?

→ 사람들은 자신과 다른 문화를 낮추어 이해하는지에 대한 의문

2 (가) 첫 번째 자세는 자기 문화를 기준으로 다른 문화를 낮추어 보는 것입니다. 콜럼버스는 아메리카 대륙에 처음 도착했을 때, 새로운 땅을 '발견'했다고 말했습니다. 이미 원주민들이 살고 있었는데도 말입니다. ㉠이 말을 보면 유럽 사람인 콜럼버스는 다른 문화를 낮추어 보았음을 알 수 있습니다. 이러한 자세는 자기 문화에 대한 자부심을 보여 주지만, 오랫동안 그 땅에서 살아온 원주민들의 역사는 인정하지 않는 것입니다.

→ 첫 번째 자세 – 자기 문화를 기준으로 다른 문화를 낮추어 봄

3 (나) 두 번째 자세는 다른 문화를 기준으로 자기 문화를 낮추어 보는 것입니다. 외국에서 새로 들어온 물건이 자기 나라에서 이전부터 사용하던 물건보다 무조건 더 좋다고 말하는 것이 이에 해당합니다. 이러한 자세는 다른 문화의 장점을 적극적으로 받아들이기에 좋습니다.

4 (다) 세 번째 자세는 문화 사이의 높고 낮음을 판단하지 않고 서로 다른 문화를 수동적으로 따라 하게 될 수 있습니다. 영국 여왕이 엘리자베스 2세는 우리나라를 방문한 적이 있습니다. ㉡여왕은 안동의 한 전통 마을에 들어가며 신발을 벗었습니다. ㉢우리나라에는 실내에서 신발을 벗는 행동이 우리에게 문화가 있기 때문입니다. 실내에서 신발을 벗는 것은 외국에서 온 여왕에게 낯선 행동이었을 것입니다. 하지만 영국에서는 실내에서 신발을 신는 것이 당연한 것이지만, 여왕의 행동은 우리 문화를 존중하는 행동으로 볼 수 있습니다. 이렇게 다른 문화를 존중하는 자세는 그 문화에 대한 편견을 줄여 줍니다. 하지만 이런 자세도 지나치면 생명을 경시하다고 주장할 수 있게 됩니다.

5 우리나라에는 다른 나라에서 온 사람들이 많이 살고 있습니다. 다양한 문화를 가진 사람들이 함께 살아가려면 서로의 문화의 차이를 인정하고 존중해야 합니다. 그 문화를 가진 사람들이 모두 소중한 가치를 인정하면 각자의 문화도 인정받을 수 있기 때문입니다.

→ 세 번째 자세 – 문화 사이의 높고 낮음을 판단하지 않고 서로 다른 문화를 존중하는 자세

▲ 안동의 하회마을을 방문한 영국 여왕 엘리자베스 2세

---

32 단계 독해가 문해력이다

정답과 해설 **8**

내용 파악하기

1. 이 글의 내용과 일치하면 ○표, 일치하지 않으면 ✕표 하세요.

(1) 콜럼버스는 자기 문화를 다른 문화보다 낮추어 보았다. (✕)
(2) 전 세계 사람들 중에는 특정한 고기를 먹지 않는 사람들이 있다. (○)
(3) 자기 문화를 낮추어 보면 다른 문화를 수동적으로 따라 하게 될 수 있다. (○)
(4) 문화 간 높고 낮음을 판단하지 않는 자세는 다른 문화에 대한 편견을 줄여 준다. (○)

→ (1) **2**문단에 따르면 콜럼버스는 다른 문화를 자기 문화보다 낮추어 보았습니다. (2) **1**문단에 따르면 외국인 중에는 특정한 고기를 먹지 않는 사람들이 있습니다. (3) **3**문단에 따르면 자기 문화를 낮추어 보는 자세는 다른 문화를 수동적으로 따라 하게 될 수 있습니다. (4) **4**문단에 따르면 문화 간 높고 낮음을 판단하지 않는 자세는 다른 문화에 대한 편견을 줄여 준다.

글의 형식 파악하기

2. 이 글을 다음과 같이 정리할 때, 빈칸에 알맞은 말을 쓰세요.

처음			사람들은 자신과 다른 문화를 어떠한 자세로 이해할까?

중간 1	중간 2	중간 3
자기 문화를 기준으로 다른 문화를 낮추어 보는 자세	(다른) 문화를 기준으로 자기 문화를 (낮추어) 보는 자세	문화 사이의 (높고 낮음)을 판단하지 않고 서로 존중하는 자세

끝			문화의 차이를 (인정)하고 존중해야 한다.

→ '중간 1'에 해당하는 부분은 **2**문단, '중간 2'에 해당하는 부분은 **3**문단, '중간 3'에 해당하는 부분은 **4**문단입니다. '끝'에 해당하는 부분은 **5**문단입니다.
→ **3~5**문단에서 핵심 내용을 찾아.

문장의 의미 파악하기

3. 대권이는 ㉠의 내용이 잘 이해되지 않아, 국어사전에서 '발견'의 뜻을 찾아보았습니다. '발견'의 뜻을 바탕으로 빈칸에 알맞은 말을 쓰세요.

발견: 아직 찾아내지 못했거나 세상에 알려지지 않은 것을 처음으로 찾아냄.

아메리카 대륙에는 이미 (원주민들)이 살고 있었으니 콜럼버스가 그 땅을 처음 찾아낸 것은 아니야. 그런데도 콜럼버스가 새로운 땅을 '발견'했다고 말한 것은 (유럽 사람)의 시각에서 말한 거야!

대권

→ 콜럼버스가 '새로운 땅'이나 '발견'이라는 표현을 쓴 것은 아메리카 대륙을 처음 찾아낸 것은 유럽 사람들의 입장에서 말한 것입니다. 원주민들의 입장에서는 새로운 땅이 아니라, 오래전부터 살았던 땅이기 때문입니다.

4단계 심화_1주차 **33**

1 낱말 뜻 알기

다음 빈칸에 알맞은 낱말을 〈보기〉에서 찾아 쓰세요.

> **보기**
> 자부심   편견   경시   훼손

1. 나는 우리 학교 학생으로서 (자부심)을/를 느끼고 있다.
   뜻 스스로 자랑스럽게 여기는 마음.

2. 내 의견과 다르다고 해서 다른 사람의 의견을 (경시)하면 안 된다.
   뜻 중요한 것을 도리어 가볍게 하찮게 여김.

3. 친구의 제안이 (훼손)되지 않도록 아무도 모르게 친구를 도와주었다.
   뜻 명예, 가치, 체면 등을 떨어뜨림.

4. 나는 다른 사람들에 대한 (편견)을/를 버려야 서로 존중하며 살아갈 수 있다.
   뜻 성질이나 행동 같은 것을 두루 살피지 않고 굳힌 잘못된 생각.

2 관용 표현 알기

다음 빈칸에 알맞은 말을 쓰세요.

> "남의 손의 [떡]은 커 보인다"

이 속담은 자기의 것보다 남의 것이 더 많아 보이거나 좋아 보이음을 비유적으로 이르는 말이에요. 실제로 남이 가진 것이 좋지 않더라도 자신의 것을 낮추어 보는 태도를 지닌 사람에게는 남의 것이 더 좋아 보일 수 있어요.

3 한자어 익히기

다음 한자어를 소리 내어 읽고 빈칸에 따라 써 보세요.

문화(文化): 사람이 사회를 이루며 살면서 오랜 세월에 걸쳐 쌓아 온 물질적·정신적 생활 바탕.
• 우리 민족은 찬란한 문화를 이룩해 왔다.
• 세계 여러 민족은 각기 다른 문화를 가지고 있다.
• 이번 축제는 각 나라의 음식 문화를 알 수 있는 기회가 되었다.

文	化
글월 문	될 화

文	化
글월 문	될 화

문장 관계 파악하기

4. ㉡, ㉢의 관계를 다음과 같이 정리할 때, 빈칸에 알맞은 말을 〈보기〉에서 찾아 쓰세요.

> **보기**
> 뜻   예   원인   결과

㉡은 ㉢의 (결과), ㉢은 ㉡의 (원인)(으)로 볼 수 있다.

영국 여왕인 엘리자베스 2세가 크리스 선물을 받는 행동을 한 원인은 ㉠과 같이 우리나라에는 실제에서 선물을 받는 문화가 있기 때문입니다.

예시를 활용하여 읽기

5. ㉮~㉱를 뒷받침할 수 있는 사례를 각각 찾아 선으로 알맞게 이으세요.

(1) ㉮ —— ⓐ 나라별로 인사하는 방법이 다른 것은 나라마다 독특한 문화가 있기 때문이야.

(2) ㉯ —— ⓑ 나는 내가 태어난 나라가 모든 면에서 세계의 한가운데에 있다고 생각해.

(3) ㉰ —— ⓒ (간판을 가리키며) 요즘에도 '미용실'이라고 씨? '헤어숍'이 더 세련되지 않?

인사법에 나타난 문화적 차이를 인정하는 ⓐ는 ㉯의 사례에 해당하고, 자신이 태어난 나라를 세상의 중심으로 생각하는 ⓑ는 ㉮의 사례에 해당합니다. 영어로 된 간판이 더 세련되다고 생각하는 ⓒ는 ㉰의 사례에 해당합니다.

글의 내용 적용하기

6. 문단의 내용을 바탕으로 다음 빈칸에 알맞은 말을 쓰세요.

5 문단에 따르면 서로 다른 각자의 문화를 존중해야 한다는 내용이 들어가야 합니다.

ERI 지수 **503** 인문 | 도덕

1 대화를 잘 나누면 낯선 사람들과도 금세 친구가 될 수 있습니다. 하지만 잘못된 방식으로 대화를 하면 친했던 친구와 다툼이 생기기도 합니다. 과연 어떻게 하면 대화를 잘할 수 있을까요?

→ 대화를 잘하는 방법에 대한 의문

2 대화를 잘하는 방법은 캐치볼을 잘하는 방법과 비슷합니다. '캐치볼'은 야구에서 공을 서로 던지고 받는 연습을 말합니다. 캐치볼을 잘하려면 먼저 공을 부드럽게 잡고 던질 곳을 정확하게 봐야 합니다. (㉠) 주고받는 공의 방향과 속도를 이해해야 합니다. 갑자기 공을 엉뚱한 곳으로 던지면 캐치볼을 끝냅니다. 혼자 너무 많은 공을 던져도 그렇습니다. 대화도 마찬가지입니다. 대화를 잘하기 위해서는 부드러운 태도로 상대에게 집중하며 상대의 말을 경청해야 합니다. 그리고 갑자기 주제를 바꾸어 엉뚱한 이야기를 하지 않아야 합니다. 또 혼자 너무 많은 말을 하지 않도록 주의해야 합니다.

→ 캐치볼의 사례들을 통해 알 수 있는 대화를 잘하는 방법

3 또한 대화에서는 <u>시각적인 부분과 청각적인 부분</u>을 잘 활용하는 것이 중요합니다. 여기서 시각적인 부분은 대화할 때의 몸짓, 손짓, 자세 등을 말합니다. 그리고 청각적인 부분은 목소리 톤이나 높낮이나 빠르기 등을 말합니다. 일반적으로 사람들은 대화에서 말하는 내용이 제일 중요할 것이라고 생각합니다. (㉡) 한 연구에 따르면 시각적, 청각적인 부분이 말하는 내용보다 더 큰 영향을 준다고 합니다. 특히 대화하는 사람의 <u>인상</u>에 매우 큰 영향을 미친다고 합니다. 같은 내용을 전달하더라도 이런 부분을 잘 활용하면 상대에게 좋은 인상을 줄 수 있습니다. (㉢) 효과적인 대화를 위해서는 시각적인 부분과 청각적인 부분을 깊게 고려하여 활용해야 합니다.

4 요즘에는 직접 만나서 대화하는 것만큼 전화로 대화하는 일도 많습니다. 전화기만 있으면 멀리 떨어져 있는 사람과도 대화를 나눌 수 있습니다. 그러나 ㉮전화로 목소리만 전해 들을 때나 문자 메시지로 대화할 때는 시각적, 청각적인 부분을 고려해 자신의 생각을 더 정확하게 표현하여 대화가 잘 이루어지도록 유의해야 합니다.

→ 전화나 문자 메시지로 대화할 때 유의해야 할 점

---

10 정답과 해설

[핵심어 파악하기]

1. 이 글의 핵심 내용이 잘 드러나도록 빈칸에 알맞은 낱말을 쓰세요.

이 글은 (**대화**)을/를 잘하는 방법에 대해 알려 주는 글입니다.

▶ 이 글은 캐치볼과 비교하거나, 관련 연구 내용을 소개하며 대화를 잘하는 방법을 설명하는 글입니다.

[이어 주는 말 파악하기]

2. 다음 이어 주는 말의 특징을 찾고, ㉠~㉢ 중 어느 곳에 들어가면 알맞을지 선으로 이으세요.

(1) 그러나 — ⓐ 서로 비슷한 내용의 문장을 이어 줄 때 쓰는 말 — ㉠

(2) 그러므로 — ⓑ 앞 문장이 뒤 문장의 근거가 될 때 쓰는 말 — ㉡

(3) 그리고 — ⓒ 서로 반대되는 내용의 문장을 이어 줄 때 쓰는 말 — ㉢

▶ ㉠의 앞뒤 문장은 모두 캐치볼을 잘하기 위한 방법, 즉 비슷한 내용을 설명하고 있으므로 '그리고'로 이어 줄 수 있습니다. ㉡의 앞뒤 문장은 서로 반대되는 내용을 설명하고 있으므로 '그러나'로 이어 줄 수 있습니다. ㉢의 앞 문장은 ㉢의 뒤 문장의 근거가 되는 내용이므로 '그러므로'로 이어 줄 수 있습니다.

[글의 내용을 근거로 답하기]

3. 문단의 내용을 바탕으로, 다음 선영이의 고민에 대한 답변을 완성하세요.

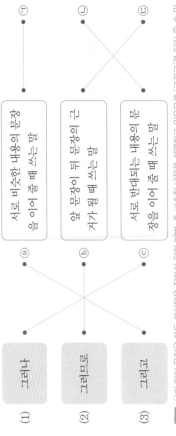

매점 전 민주가 "선영아, 나 고민이 있어. 어제 친구와 다퉜어." 라고 말을 걸어왔어. 그런데 마침 나도 엄마와 다툰 참이라 "어, 나는 어제 엄마랑 나무 화가 나." 라고 하면서 엄마와 다툰 이야기를 한참 했어. 내 이야기를 다 마치고 헤어지려는데, 민주의 표정이 영 좋지 않았어. 민주의 왜 어두웠던 걸까?

그런 일이 있었구나. 민주는 자신의 고민을 이야기하고 싶어 내게 말을 걸었을 거야. 그런데 갑자기 대화의 (주제)가 바뀌어서 당황스럽고 속상했을 거야. 다음부터는 대화를 함께 할 때 상대의 말을 (경청) 하도록 노력해 봐.

▶ 민주는 자신의 고민을 털어놓고 싶어 선영이에게 말을 걸었을 것입니다. 그러나 자신의 고민은 이야기하지 못하지, 선영이가 엄마와 다른 이야기를 한참 동안 듣는 상태가 되었습니다. 이런 일을 방지하고 대화를 잘하기 위해서는 상대의 말을 경청하는 태도를 가져야 합니다.

1 낱말 뜻 알기

다음 빈칸에 알맞은 낱말을 〈보기〉에서 찾아 쓰세요.

보기
경청   시각   청각   인상

1. 인규는 항상 웃고 있어서 좋은 (인상)을 준다.
   뜻 어떤 것을 보거나 어떤 일을 겪은 뒤에 마음에 새겨진 느낌.

2. 희원이는 (청각)이 예민해서 작은 소리도 잘 듣는다.
   뜻 귀로 소리를 듣는 감각.

3. 상대의 말을 (경청)해야 상대의 마음을 얻을 수 있다.
   뜻 남의 말을 귀 기울여 열심히 들음.

4. 조시 동물은 주변을 넓게 살펴볼 수 있도록 (시각)이 발달하였다.
   뜻 눈으로 물체의 모양이나 움직임, 빛깔 등을 보고 느끼는 감각.

2 관용 표현 알기

다음 빈칸에 알맞은 말을 쓰세요.

말 "한마디에 천 냥 빚도 갚는다"

이 속담은 말만 잘하면 어려운 일이나 불가능에 보이는 일도 해결할 수 있음을 뜻하는 말이에요. 한마디의 말이 얼마나 큰 힘이 있는지 보여 주는 속담이지요.

3 한자어 익히기

다음 한자어를 소리 내어 읽고 빈칸에 따라 써 보세요.

對 대답할 대   話 말할 화

對話(대화): 마주 대하여 이야기를 주고받음. 또는 그 이야기.
· 그는 대화가 잘 통하는 친구이다.
· 부모님과 대화를 하는 시간이 매우 즐겁다.
· 나는 친구와 대화를 하면서 그의 오해를 풀 수 있었다.

對 대답할 대	話 말할 화
對 대답할 대	話 말할 화

세부 내용 파악하기

4. 다음 중 서로 관련 있는 것끼리 선으로 이으세요.

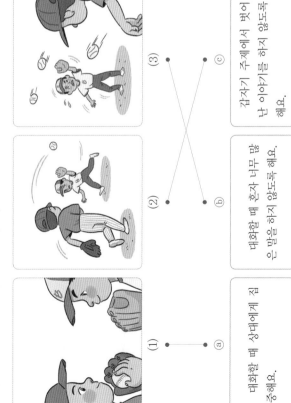

(1) ─── ⓐ
(2) ─── ⓑ
(3) ─── ⓒ

ⓐ 대화할 때 상대에게 집중해요.

ⓑ 대화할 때 혼자 너무 많은 말을 하지 않도록 해요.

ⓒ 갑자기 주제에서 벗어난 이야기를 하지 않도록 해요.

(1)에서 두 사람이 눈을 마주치고 있는 모습은 대화에서 상대에게 집중하고 있는 상황을 나타냅니다. (2)에서 공을 먼저 던지지 못하는 모습은 대화에서 갑자기 주제에서 벗어난 이야기를 하는 것과 비슷합니다. (3)에서 여러 개의 공을 던지는 것은 혼자 너무 많은 말을 하는 것과 비슷합니다.

새로운 내용 추론하기

5. 다음은 ㉮와 같은 대화 상황에서 더 유의해야 하는 이유를 정리한 것입니다. 빈칸에 알맞은 말을 이 글에서 찾아 쓰세요.

전화로 목소리만 전해 들을 때는 (시각적)인 부분을, 문자 메시지로 대화할 때는 (청각적)인 부분을 확인할 수 없기 때문이다.

㉮문단에 따르면 대면 대화할 때는 시각적인 부분과 청각적인 부분이 모두 중요합니다. 그런데 (㉮와 같이) 전화로 대화하는 경우에는 시각적인 부분을, 문자 메시지로 대화하는 경우에는 청각적인 부분을 확인할 수 없기 때문이에요.

자신의 생각 말하기

6. 이 글을 읽은 학생들의 반응으로 알맞지 않은 것은 무엇인가요? (③)

① 앞으로 대화할 때는 상대의 이야기를 잘 들어야겠어.
② 대화하는 중에 갑자기 대화의 주제를 바꾸지 말아야겠어.
③ 어려운 부탁을 할 때는 상대의 기분이 좋을 때를 기다려야겠어.
④ 나는 대화할 때 혼자 너무 많은 말을 하지 않는가 생각해 봐야겠어.
⑤ 목소리의 높낮이를 조절하면 대화에 효과적이라는 사실을 알게 되었어.

글을 읽은 후의 반응은 글의 내용을 바탕으로 나와야 합니다. 이 글에서 어려운 부탁을 할 때의 방법은 설명하지 않았습니다.

05회 읽기 방법 익히기

1 문단으로 전체 내용 정리하기

한 편의 글을 제대로 이해하기 위해서는 각 문단의 내용을 파악하고, 문단 간의 관계를 이해하는 것이 중요합니다. 그리고 비슷한 내용끼리 묶어서 문단을 정리하면 글의 전체적인 흐름을 잘 이해할 수 있습니다.

★ 문단으로 전체 내용을 정리하려면,
(1) 각 문단의 중심 내용을 파악합니다.
(2) 앞뒤 문단 사이에 어떤 관련이 있는지 생각해 봅니다.
(3) 내용이 비슷한 문단끼리 묶어서 전체 내용을 정리합니다.

1 다음 두 문단을 읽고, 빈칸에 알맞은 말을 쓰세요.

1 그럼 남북한의 말은 구체적으로 어떻게 다를까요? 남북한의 어린이가 함께 하고교에서 생활한다고 생각해 보죠. 먼저 같은 사물을 서로 다른 낱말로 부르는 경우가 있어요. 과학 시간에 남한의 어린이가 '돌고래'에 대해 발표할 때, 북한의 어린이에게는 '물돼지'라고 부르는 동물에 대해 발표 받고 싶다면, 또 북한의 어린이에게 점심시간에 '주스'가 나온다고 알려 주고 싶다면, '과일단물'이 나온다고 말해 주어야 해요.

2 북한에는 남한에 비해 다른 나라에서 들어온 말을 우리말로 순화한 낱말들이 많아요. 다른 나라의 말을 이해하기 쉽도록 우리말로 고쳐 쓰는 것이지요. 체육 시간에 다른 사람에게 공을 보내는 동작인 '패스'는 '연락'이라고 해요. 끝말을 지키는 사람은 '골키퍼'가 아니라 '문지기'라고 부르죠.

1 문단의 중심 내용은 남북한이 같은 (사물)을 서로 다른 낱말로 부르는 경우가 있다는 것이고, 2 문단의 중심 내용은 북한에는 다른 나라에서 들어온 말을 우리말로 (순화)한 낱말들이 많다는 것이야.

1 문단과 2 문단은 모두 남북한의 (말)이 어떻게 다른지 설명하고 있어.

▶ 1 문단은 남북한에서 같은 사물을 서로 다른 낱말로 부르는 경우가 있음을 설명하고 있고, 2 문단은 북한에는 남한에 비해 다른 나라에서 들어온 말을 우리말로 순화한 낱말들이 있음을 설명하고 있습니다. 이 두 문단은 남북한의 말이 어떻게 다른지 설명하고 있는 것입니다. 그러므로 두 문단에서 비슷한 내용을 묶어서 정리해 볼 수 있습니다.

---

2 다음 글을 읽고 물음에 답하세요.

1 인간은 사람들의 얼굴을 구분하는 능력이 발달되어 있습니다. 인간은 많은 사람과 관계를 맺으며 살아가기 때문입니다. 태어난 지 9분밖에 안 된 신생아도 무늬 없는 도형과 사람 얼굴 무늬 도형을 함께 보여 주면, 얼굴 무늬의 도형에 반응합니다. 이는 얼굴을 구분하는 능력이 인간에게 얼마나 잘 발달되어 있는지를 보여 줍니다.

2 영국의 심리학자 로브 젠킨스는 얼굴을 구분하는 인간의 능력을 실험했는데, 일부 실험 참가자는 만 명의 얼굴을 서로 구분해 냈습니다. 그러나 이것이 얼굴을 구분하는 능력의 최대치는 아니라고 합니다. 인간의 뇌가 몇 명의 얼굴까지 구분하는지 한계를 정하기는 어렵기 때문입니다.

3 그런데 사람들은 자신과 다른 인종의 얼굴을 잘 구분하지 못하는 경우가 많습니다. 이를 '타인종 효과'라고 합니다. 이러한 현상이 일어나는 이유는 뇌의 상호와 관련이 있습니다. 그러나 주사 인종과 관계없이 얼굴을 보는 것은 이 바깥 것에 주의를 보였습니다. 특히 생후 3개월 된 아기일수록 인종과 다른 인종의 얼굴도 바꿔 보여 아기는 같은 인종의 얼굴을 중심으로 뇌가 변화하기 때문입니다.

(1) 1~3 문단의 중심 내용을 다음과 같이 정리할 때, 빈칸에 알맞은 말을 각 문단에서 찾아 쓰세요.

문단	중심 내용
1	인간은 사람들이 (얼굴)을 구분하는 능력이 발달되어 있다.
2	얼굴을 구분하는 인간의 능력은 (한계)를 정하기 어렵다.
3	사람들은 자신과 다른 (인종)의 얼굴을 잘 구분하지 못한다.

▶ 1 문단은 신생아가 얼굴 무늬에 반응하는 사례를 들어 도형에 반응하는 능력이 인간에게 얼마나 잘 발달되어 있는지를 설명하고 있습니다. 2 문단은 얼굴을 구분하는 인간의 능력에 대한 연구 내용을 소개하면서 얼굴을 구분하는 인간의 능력에 한계를 정하기 어렵다는 것을 설명하고 있습니다. 3 문단은 사람들이 자신과 다른 인종인 사람들의 얼굴을 잘 구분하지 못한다는 것을 설명하고 있습니다.

(2) 각 문단의 중심 내용을 바탕으로 이 글의 전체 내용을 정리해 보세요.

1~3 문단의 중심 내용을 살펴보니, 이 글은 (얼굴)을 (구분)하는 능력에 관한 글임을 알 수 있어. 1, 2 문단에서는 인간은 이 능력이 (뛰어나다, 얼마나 뛰어나지 않다)는 것을 설명하고 있고, 3 문단에서는 그와 다른 경우도 있다는 것을 설명하고 있어.

▶ 1 문단은 이 글의 중심 내용을 실제적인 사례를 들어 설명하고 있고, 2 문단은 먼저 인간이 얼굴을 구분하는 능력이 뛰어나다는 것을 설명하고 있어요. 3 문단에서는 인간도 그와 다른 경우도 있다는 것을 설명하고 있어요.

2 다음 글을 읽고 물음에 답하세요.

㉮ '부끄러움'은 실수를 하거나 양심에 거리끼는 행동을 했을 때 느끼는 감정이에요. ㉯ 많은 사람이 있는 곳에서 넘어지거나, 남모를 거짓말을 했을 때 사람들은 부끄러움을 느끼곤 하지요. ㉰ 부끄러움은 마음속에서 일어나는 일이지만, 겉으로 잘 드러나기도 한다는 특징이 있어요. ㉱ 이러한 현상 때문에 부끄러움을 숨기기가 어려워요.

부끄러움을 느낄 때면 얼굴이 붉어지고, 심장이 뛰기도 하고, 많이 나가기도 해요.

이처럼 불편한 감정은 왜 생긴 것일까요? 사람들은 아주 먼 옛날부터 작은 집단끼리 모여 함께 살아왔어요. 모든 사람이 집단을 위해 자신의 일을 성실히 했다면 좋았겠지만, 그렇지 않은 사람들도 있었을 거예요. 예컨대 (㉠) 사람도 있었을 거예요. 이렇게 때마다 부끄러움을 느꼈답니다. 그런 고통스러운 경험 때문에 규칙을 잘 지키지 않는 사람들은 집단에서 따돌림을 당하는 일이 많았고, 그럼 때마다 부끄러움을 느꼈답니다.

우리 몸이 고통스러운 것은 몸이 다치는 것을 막기 위해서예요. 부끄러움도 고통처럼 불편한 일이지만, 사람들이 집단 안에서의 관계를 해치지 않고 안정된 사회를 유지하도록 만드는 수단이 된답니다.

(1) ㉮~㉺ 중 '예를 들면'이라는 말을 넣기에 알맞은 두 곳을 찾아 기호를 쓰세요.

➡ 두 번째 문장은 부끄러움을 느끼는 상황의 예이고, 네 번째 문장은 부끄러움이 드러날 때 나타나는 특징의 예입니다. 앞에 '예를 들면', '예컨대' 등을 넣을 수 있습니다.

(2) ㉠에 들어갈 알맞은 내용은 무엇인가요? (④)
① 남들에게 다른 사람을 돕는
② 정해진 몫만큼만 일을 하는
③ 아파서 사냥을 쉬어야 하는
④ 거짓말을 하고 혼자 쉬고 있는
⑤ 자신의 힘을 사랑하고 싶어 하는

➡ 앞뒤 문장을 고려하면 ㉠에는 집단을 위해 성실하게 일하지 않거나, 집단의 규칙을 잘 지키지 않는 사람이 들어가야 합니다.

---

2 예시를 활용하여 읽기

어떤 글의 중심 내용이 무엇인지 전해 들었다고 해서, 그 글을 읽었다고 할 수 있을까요? 중심 내용은 글의 핵심을 요약한 것이기 때문에 이것만으로는 글의 내용을 이해하기가 어렵습니다. 예시는 글쓴이가 전달하려는 바를 구체적으로 설명해서, 읽는 이가 글을 쉽게 이해할 수 있도록 도와주는 역할을 합니다.

★ 예시를 활용하여 읽으려면,

(1) 글에서 설명하고 있는 대상이 무엇인지 확인합니다.
(2) 예시를 통해 대상의 개념을 파악합니다.
  - '예를 들어', '예컨대' 등은 예시가 나오는 것을 알려 주는 표지입니다.
(3) 대상의 개념과 구체적인 예를 연결하여 글의 내용을 이해합니다.

1 다음 글에서 예시가 활용된 부분을 찾아 아래의 빈칸을 채워 보세요.

또한 대화에서는 시각적인 부분과 청각적인 부분을 잘 활용하는 것이 중요합니다. 여기서 시각적인 부분은 대화할 때의 몸짓, 손짓, 자세, 표정 등을 말합니다. 그리고 청각적인 부분은 목소리의 높낮이나 빠르기 등을 말합니다. 일반적으로 대화에서 말하는 내용이 제일 중요할 것이라고 생각하기 쉽습니다. 그러나 한 연구에 따르면 시각적, 청각적인 부분이 말하는 내용보다 대화에 더 큰 영향을 준다고 합니다. 특히 대화하는 사람의 인상에 매우 큰 영향을 미친다고 합니다. 같은 내용을 전달하더라도 이런 부분을 잘 활용하면 대화하는 상대에게 좋은 인상을 줄 수 있습니다. 그러므로 효과적인 대화를 위해서는 시각적인 부분과 청각적인 부분을 주의 깊게 고려하여 활용해야 합니다.

(1)

대화에 영향을 미치는
시각적인 부분의 예
↓
대화할 때의 몸짓,
(손짓), 자세 등

대화에 영향을 미치는
청각적인 부분의 예
(②)
↓
목소리
(높낮이)나 빠르기 등

➡ 두 번째 문장에서 대화에 영향을 미치는 시각적인 부분의 예로 '대화할 때의 몸짓, 손짓, 자세 등'을 들었으며, 세 번째 문장에서 대화에 영향을 미치는 청각적인 부분의 예로 '목소리의 높낮이나 빠르기' 등을 들었습니다.

가우디가 숨겨 둔 코드

이 글의 중심 화제는 건축물입니다. 건축과 관련된 수학, 역사, 미술, 과학을 공부해요. 자연에서 많은 아이디어를 얻은 안토니 가우디 건축의 특징을 이해하고 가우디 코드를 찾아보세요.

20세기 최고의 천재 건축가로 불리는 스페인 ㉠가 탄생시킨 안토니오 가우디. 그가 남긴 건축물 중 무려 7개가 유네스코 세계 문화유산에 등재되어 있습니다. 그중에서도 최고의 걸작은 스페인 바르셀로나에 있는 '사그라다 파밀리아 성당'입니다.

이 성당은 1882년 첫 공사를 시작한 후 지금까지 130여 년째 건설 중입니다. 성당 건설 초기에는 공사비도 확보하지 못하여 가우디는 40여 년이나 사그라다 파밀리아 성당 건설에 노력을 기울였지만 완공조차 보지 못한 채 세상을 떠났습니다. 지금은 관광객들의 입장료 등으로 공사비를 메꾸고 있으며, 가우디 사망 100주기인 2026년 완공을 계획했으나 실제로는 다소 늦어질 것으로 예상됩니다.

서서히 완성된 모습을 드러내고 있는 사그라다 파밀리아 성당에는 가우디 코드가 있습니다. 바로 성당

▲ 사그라다 파밀리아 성당

서쪽 정벽의 '유다의 키스'라는 조각상 옆에 있는 마방진*입니다. 이 마방진은 가로, 세로, 대각선 방향으로 숫자를 더하면 신기하게도 모두 33이 됩니다. 33이라는 숫자는 크리스트교에서 매우 신성한 숫자로 특별한 의미가 있습니다. 바로 예수가 십자가에 못 박혀 죽은 나이이며, 예수가 기적을 행한 횟수도 33회였다고 합니다. 또 중복된 숫자 10과 14를 두 번씩 더하면 48이 되는데, 48은 '9+13+17+9'로 나타낼 수 있습니다. 그런데 이 숫자를 라틴어 알파벳(라틴어 알파벳에는 J, U, W가 없습니다.)에 대응하면 'I(9), N(13), R(17), I(9)'가 만들어집니다. 'INRI'는 라틴어로 '나사렛 예수, 유다의 왕'이라는 뜻입니다. 이 밖에 예수의 12제자를 상징하는 12개 종탑과 예수를 상징하는 가장 높은 중앙탑 등 성당 곳곳에 가우디 코드가 숨겨져 있습니다. 성당 내부에도 가우디 코드가 가득합니다. 사그라다 파밀리아 성당의 내부를 보면 숲에 들어 와 있는 듯한 착각이 듭니다. 성당의 기둥을 나무줄기처럼 표현했기 때문입니다. 이와 같이 가

▲ 사그라다 파밀리아 성당 내부

우디가 그의 작품에 공통적으로 새겨 놓은 코드는 바로 '자연'입니다. 가우디는 '직선은 인간의 선이며, 곡선은 신의 선'이라 여겼습니다. 그래서 그의 건축물의 기둥은 나무줄기, 지붕은 산등성이와 산비탈의 곡선, 둥근 천장은 포물선* 모양의 동굴로 표현되어 있습니다. 가우디 건축을 제대로 이해하기 위해서는 그가 관심 있게 바라본 '자연'에 대한 이해가 꼭 필요합니다.

▲ 건축물에 자연을 담은 가우디

---

* 코드: 정보를 나타내기 위한 기호 체계.
* 마방진: 자연수를 정사각형 모양으로 나열하여 가로, 세로, 대각선으로 배열된 각각의 수의 합이 전부 같아지게 만든 것.
* 포물선: 물체가 반원 모양을 그리며 날아가는 선.

1 이 글의 내용으로 알맞지 않은 것은 무엇인가요? (⑤)

① 가우디는 스페인에서 태어났다.
② 사그라다 파밀리아 성당에는 마방진이 있다.
③ 가우디는 자연으로부터 많은 아이디어를 얻었다.
④ 가우디는 '직선은 인간의 선이며, 곡선은 신의 선'이라 여겼다.
⑤ 사그라다 파밀리아 성당은 가우디가 사망한 바로 그해에 완성되었다.

▷ 2문단에서 사그라다 파밀리아 성당은 지금까지 130여 번째 건설 중이라고 하였습니다.

2

다음 빈칸에 1부터 9까지의 숫자를 겹치지 않게 넣어 가로, 세로, 대각선의 합이 모두 같도록 만들려고 합니다. 빈칸에 알맞은 숫자를 쓰세요.

2	9	4
7	5	3
6	1	8

➡ 가로, 세로, 대각선 방향으로 숫자를 더하면 모두 15가 되도록 만들어 봅니다.

3

다음 글과 그림을 보고, 아래의 빈칸에 알맞은 숫자를 쓰세요.

김홍도는 서민들의 생활 모습을 익살스럽게 그린 조선 시대 대표 화가이다. 김홍도의 풍속화를 보면 뛰어난 화면 구도와 구성력을 엿볼 수 있다. 특히 유명한 「씨름도」는 중앙의 두 사람을 기준으로 그림을 분할하고 각 부분에 자리하고 있는 사람의 수를 적어 보면 왼쪽 위에서 대각선의 합이 '8+2+2=12'이고, 오른쪽 위에서 대각선의 합도 '5+2+5=12'로, 두 대각선의 합이 같음을 신기한 수의 배열을 又자형 마방진이라고 할 수 있다. 마방진까지 응용하며 그림의 균형과 조화를 추구한 김홍도는 한국 미술 역사상 가장 위대한 풍속화가로 평가받고 있다.

▲ 김홍도, 「씨름도」

8		5
5	2	
	2	

➡ 그림의 중심을 기준으로 각 위치에 그려진 인물의 수를 세어 봅니다.

4

다음은 가우디가 설계한 건축물입니다. 유네스코 세계 문화유산에 등록되어 있는 건축물의 이름을 조사하여 쓰세요.

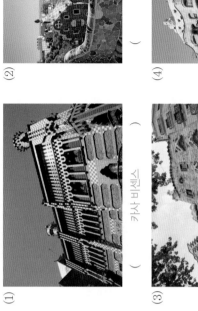

(1) 카사 비센스 ( )

(2) 구엘 공원 ( )

(3) 카사 바트요 ( )

(4) 카사 밀라 ( )

➡ 가우디가 설계한 건축물 중 유네스코 세계 문화유산에 등록된 것은 현재까지 모두 7개품으로, 카사 비센스, 구엘 공원, 카사 바트요, 카사 밀라, 사그라다 파밀리아 성당 등이 있습니다.

5

➡ 카르롤로나는 스페인(에스파냐)의 북동쪽에 위치하며 위치하며 프랑스와 국경이 맞닿아 있고 동쪽과 남쪽으로 지중해에 연하고 있습니다. 카르롤로나 지역의 대표 중심 도시는 바르셀로나입니다.

가우디가 태어나고 주로 활동한 ⊙에 대해 알아보고, 해당 지역을 조사하여 지도에 표시해 보세요.

▲ 스페인 지도

카탈루냐는 오랜 기간 동안 스페인의 중심지이자 수도인 마드리드가 위치한 카스티야 지역과는 다른 문화와 가치관 등으로 갈등을 겪어 왔다. 이로 인해 20세기 초부터 카탈루냐 독립운동이 진행되고 있다. 그래서 마드리드와 바르셀로나는 유명한 축구 대표 팀의 경기인 엘 클라시코는 최고의 축구 라이벌전으로 유명하다.

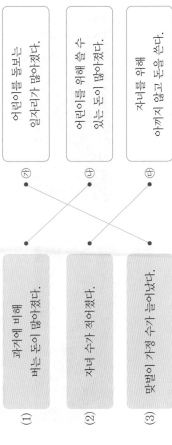

ERI 지수 **473** 사회 | 경제

제가 발표할 주제는 '키즈 산업'입니다. 혹시 '키즈 산업'이 무엇인지 아시나요? '키즈 산업'은 어린이들을 뜻하는 영어 '키즈(kids)'와 물건이나 서비스를 생산하는 일을 뜻하는 '산업'이 합쳐진 말입니다. 그러니까 '키즈 산업'이란 어린이를 대상으로 하는 산업을 뜻한다고 보시면 됩니다. 어린이 장난감을 만드는 것, 어린이를 돌보는 서비스가 여기에 해당한다고 볼 수 있습니다. 놀이 시설을 만들어 어린이를 **고객**으로 삼는 것도 키즈 산업입니다.

2002년도에 우리나라에서는 50만 명 정도의 아이가 태어났습니다. 그런데 2019년도에는 30만 명 정도의 아이가 태어났습니다. 출생아 수가 10명에서 6명으로 적어진 셈이죠. 그렇다면 키즈 산업 규모도 어떨까요? 제가 준비한 그래프를 보시죠. 2002년도 키즈 산업 규모는 8조 원이었습니다. 그런데 2019년도에는 50조 원으로 커졌습니다.

키즈 산업의 규모가 이렇게 커진 이유는 무엇일까요? 우선, 우리나라 소비자들의 **구매** 력이 높아졌기 때문입니다. 예전보다 더 많은 돈을 벌게 되면서 더 많이 소비할 수 있게 된 것이죠. 또 자녀 수가 적어져서 자녀를 위해 아끼지 않고 돈을 쓰는 가정이 늘었기 때문입니다. 그리고 맞벌이 부모가 늘어나면서 부모를 대신하여 동물과 놀이 등 아이들이 많아졌기 때문에 지금은 학습 도우미, 놀이 시설과 방송 프로그램 등으로 키즈 산업의 범위가 넓어지고 있습니다. 이처럼 키즈 산업의 범위가 넓어진 정도 키즈 산업의 규모가 커진 이유 중 하나입니다.

키즈 산업도 관련 사업을 하는 사람에게는 도움을 줄 수 있게 해 주고, 어린이와 부모에게도 필요한 것을 쓸 수 있게 해 줍니다. 그런 점에서 생산자와 소비자 모두에게 도움이 됩니다.

그러나 어린이의 마음을 이용해 필요하지 않은 것을 사게 하거나 비싼 것을 만들기도 합니다. 따라서 키즈 산업을 이용하는 어린이와 어린이는 소비자로서 올바른 소비 태도를 가져야 합니다.

세부 내용 파악하기

1. 다음 중 키즈 산업에 해당하지 않는 것을 두 개 고르세요. (③, ④)

① 어린이가 가지고 노는 장난감을 만드는 것
② 어린이 놀이 시설을 만들어 입장료를 받는 것
③ 동네 주민들을 위해 공공 도서관을 만드는 것
④ 어린이의 안전한 통학을 위해 자동차 속도를 제한하는 것
⑤ 방과 후에 어린이를 돌보고 공부시키는 일을 직업으로 하는 것

➡ 동네 주민들을 위한 공공 도서관은 어린이만을 대상으로 하는 것이 아니며, 자동차 속도를 제한하는 것과 같이 돈을 버는 것이 아닌 일은 키즈 산업이라 할 수 없습니다.

그래프 이해하기

2. 이 글에 있는 그래프를 보고 다음 물음에 답하세요.

(1) 그래프의 내용을 바탕으로 다음 표를 완성해 보세요.

연도	2002년	2007년	(2012)년	2017년	2019년
키즈 산업 규모	8조 원	(19)조 원	27조 원	40조 원	(50)조 원

➡ 그래프의 가로축에 해당 연도를, 세로축에서 해당 액수를 찾아 써 봅니다.

(2) 그래프를 통해 알 수 있는 사실을 다음과 같이 정리할 때, 빈칸에 알맞은 말을 쓰세요.

시간이 지남수록 키즈 산업의 규모가 (커지고) 있다.

➡ 그래프를 보면, 2002년도에는 8조 원이었던 키즈 산업의 규모가 2019년도에는 50조 원으로 확인할 수 있습니다. 규모가 커질수록 막대의 길이가 늘어남을 확인할 수 있습니다.

정보 구조 설명하기

3. 키즈 산업의 규모가 커지게 된 원인과 결과를 선으로 알맞게 이으세요.

(1) 과거에 비해
버는 돈이 많아졌다.

(2) 자녀 수가 적어졌다.

(3) 맞벌이 가정 수가 늘어났다.

㉮ 어린이를 돌보는 일자리가 많아졌다.

㉯ 어린이를 위해 쓸 수 있는 돈이 많아졌다.

㉰ 자녀를 위해 아끼지 않고 돈을 쓴다.

➡ 3문단에 제시된 내용을 참고하면 (1) — ㉯, (2) — ㉰, (3) — ㉮임을 알 수 있습니다.

1 낱말 뜻 알기

다음 빈칸에 알맞은 낱말을 〈보기〉에서 찾아 쓰세요.

〈보기〉
서비스   고객   규모   구매력

1. 소득 수준이 낮은 지역은 (구매력)이/가 크지 않다.
   뜻 상품을 살 수 있는 경제적인 능력.

2. 상품을 보기 좋게 진열해야 (고객)의 시선을 끌 수 있다.
   뜻 가게나 식당 등에 오는 손님. 또는 은행이나 회사와 거래하는 손님.

3. (서비스) 산업에서 일하는 사람들의 수가 점차 늘어나고 있다.
   뜻 생활에 도움을 주는 일을 돈을 받고 해 주는 것.

4. 어려운 이웃을 돕기 위한 모금 운동이 전국적인 (규모)(으)로 커졌다.
   뜻 사물의 크기나 짜임새. 또는 일의 테두리.

2 관용 표현 알기

다음 빈칸에 알맞은 말을 쓰세요.

> **"같은 값이면 다홍치마"**

이 속담은 값이 같거나 같은 노력을 한다면 품질이 좋은 것을 택한다는 말이에요. 값은 가격이라면 품질이 좋고 예쁜 물건을 사는 것이 합리적인 소비라고 할 수 있겠죠?

3 한자어 익히기

다음 한자어를 소리 내어 읽고 빈칸에 따라 써 보세요.

消 사라질 소   費 쓸 비

소비(消費): 돈, 물건, 시간, 노력, 힘 등을 써서 없앰.
· 경제 상황이 좋아져서 소비가 증가하였다.
· 정부는 에너지 소비 절약 운동을 펴고 있다.
· 운동하느라 체력을 너무 소비해서 피곤하다.

消		
사라질 소		
消		
사라질 소		

費		
쓸 비		
費		
쓸 비		

배경지식 활용하여 추론하기

4. 키즈 산업이 어린이의 그릇된 소비를 부추기는 사례로 알맞지 않은 것에 √표 하세요.

(1) 용돈연필을 끝까지 다 쓸 수 있도록, 연필 끝에 끼워 쓰는 막대가 문구점에 진열되어 있다. (√)

(2) 체가방에 어린이들이 좋아하는 캐릭터 그림을 넣어, 가방이 있더라도 더 사고 싶게 하는 상품이 나왔다. ( )

(3) 내가 좋아하는 인형은 하나인데 다른 인형과 묶어서 팔고 있어서, 내가 좋아하는 것을 사려면 전부를 다 사야 한다. ( )

▶ 4문단에서 키즈 산업은 어린이의 마음을 이용해 필요하지 않은 것을 사게 하거나, 더 비싼 것을 사도록 만들기도 한다고 설명하고 있습니다. 이거 살 수 있도록 하는 것은 그릇된 소비를 부추긴다고 할 수 없습니다.

시사점 추론하기

5. 키즈 산업에 대해 어린이들이 가져야 할 올바른 소비 태도를 표어로 표현하려고 합니다. 빈칸에 알맞은 말을 〈보기〉에서 찾아 기호를 쓰세요.

〈보기〉
㉠ 꼭   ㉡ 비싼   ㉢ 필요한   ㉣ 필요 없이

(㉠)( )(㉢) 물건을 삽니다.
(㉣)( )(㉡) 물건은 사지 않습니다.

▶ 4문단에서 키즈 산업을 이용하는 어른과 어린이는 소비자로서 올바른 소비 태도를 가져야 한다고 하셨습니다. 이와 관련한 의도가 드러나도록 표어를 만들어 봅니다.

글의 내용 적용하기

6. 내가 사고 싶은 물건 세 개와 그 이유를 쓰고, 그 물건이 꼭 필요한지 표시해 보세요.

	사고 싶은 물건	사고 싶은 이유	꼭 필요한가?		
			꼭필요요	보통	필요
예	인형	심심할 때 함께 놀 수 있어서		√	
1					
2					
3					

▶ 자신의 소비 태도를 돌아보고 작성해 봅니다.

ERI 지수 536 사회 | 정치

민주주의 국가는 국민이 국가의 주인인 나라를 말합니다. 우리나라의 헌법 제1조를 보면 '대한민국의 주권은 국민에게 있고, 모든 **권력**은 국민으로부터 나온다.'라고 쓰여 있습니다. 이 조항을 통해 우리나라가 민주주의 국가라는 것을 확인할 수 있습니다. 민주주의 국가의 국민은 국가의 주인으로서 나라의 **정책**을 결정하는 데 참여할 수 있는 권리를 갖습니다.

나라의 정책을 결정하는 일에 국민이 '직접 참여하는 민주주의'를 '직접 민주주의'라고 합니다. 하지만 대개의 국가들은 영토가 넓고 인구가 많아서 모든 국민이 직접 참여하여 나라의 정책을 결정하는 것은 어렵습니다. 그래서 국민들이 뽑은 대표자가 나라의 중요한 일을 결정하도록 합니다. 이를 '간접 민주주의'라고 합니다. 우리나라에서는 선거를 통해 국민을 대표할 사람을 뽑는 과정을 '선거'라고 합니다.

대한민국 헌법 제1조

1. 대한민국은 민주 공화국이다.
2. 대한민국의 주권은 국민에게 있고, 모든 권력은 국민으로부터 나온다.

'선거'라고 합니다. 우리나라에서는 선거를 통해 국민을 대표할 대통령과 국회 의원, 시장, 교육감 등을 뽑습니다.

투표를 통해 선거에 참여하는 것은 국민이 국가의 주인으로서 권리를 행사할 수 있는 대표적인 방법입니다. 선거할 권리를 가진 사람을 '유권자'라고 합니다. 유권자는 자신의 선거에 직접 후보자로 나가서 국민의 선택을 받을 수도 있습니다.

민주주의 국가에서 정치는 국민의 삶을 더 낫게 만드는 것을 목표로 합니다. 국민은 선거를 통해 이런 점에서 선거는 민주주의에서 가장 중요한 부분입니다. 그래서 선거를 ㈀'민주주의의 꽃'이라고 부릅니다.

하지만 투표에 참여하는 사람들이 적으면 민주주의의 뜻을 제대로 펼 수 없습니다. 유권자가 바쁘다는 이유로, 정치에 관심이 없다는 이유로 투표를 포기하면 능력이 없는 사람이 대표로 뽑힐 수도 있습니다. 그리고 그 사람이 국민이 아니라 자신을 위한 정치를 한다면 국민들은 피해를 볼 수 있습니다.

투표에 참여하는 사람들이 많을수록 선거는 국민의 뜻을 더욱 잘 반영할 수 있게 됩니다. 따라서 국가의 주인으로서 선거에 참여하는 것은 권리이면서 동시에 의무라고 할 수 있습니다. 투표에 참여하여 국민의 뜻을 더 잘 드러낼수록 국민들은 더 나은 삶을 누리게 될 것입니다.

주요 개념 파악하기

1. 다음은 이 글에 나오는 주요 개념을 정리한 것입니다. 빈칸에 알맞은 말을 쓰세요.

• 민주주의 국가: [국][민]이 국가의 주인인 나라
• [선][거]: 투표를 통해 국민을 대표할 사람을 뽑는 과정

▶ 1문단에서 민주주의 국가는 국민이 국가의 주인인 나라라고 설명하였고, 2문단에서 투표를 통해 국민을 대표할 사람을 뽑는 과정을 선거라고 한다고 설명하였습니다.

세부 내용 파악하기

2. 우리나라에서 선거를 통해 뽑는 사람에 해당하지 않는 것은 무엇인가요? (②)

① 시장   ② 판사   ③ 교육감
④ 대통령   ⑤ 국회 의원

▶ 2문단에서 우리나라에서는 선거를 통해 대통령과 국회 의원, 시장, 교육감 등을 뽑는다고 하였습니다. 우리나라에서 판사는 선거를 통해서 뽑지 않습니다.

핵심 내용 요약하기

3. 이 글의 핵심 내용을 다음과 같이 요약할 때, 빈칸에 알맞은 말을 〈보기〉에서 찾아 쓰세요.

보기			
권리	의무	많을수록	적을수록

민주주의 국가의 국민은 국가의 주인으로서 나라의 정책을 결정하는 데 참여할 수 있는 (권리)를 갖는다. 대부분의 민주주의 국가에서는 국민이 자신을 대신해 줄 사람을 선거로 뽑는다. 선거는 민주주의에서 가장 중요한 부분이다. 투표에 참여하는 사람이 (적을수록) 자격이 없는 사람이 대표자로 뽑힐 가능성이 커진다. 반면 투표에 참여하는 사람이 (많을수록) 선거는 국민의 뜻을 더욱 잘 반영할 수 있다.

어휘 익히기

1 낱말 뜻 알기

다음 빈칸에 알맞은 낱말을 〈보기〉에서 찾아 쓰세요.

· 보기 ·
| 권력 | 정책 | 간접 | 행사 |

1. 국민은 투표를 통해 (간접)(으)로 정치에 참여할 수 있다.
   뜻 어떤 일이 바로 도지 않고 사이에 긴 다른 것을 거쳐서 이어짐.

2. 그는 회사 안에서 사장보다 더 큰 권력을 (행사)하고 있다.
   뜻 힘이나 권리 같은 것을 실제로 나타냄.

3. 왕은 자신의 (권력)을/를 이용하여 백성들을 보살피는 데 힘썼다.
   뜻 남을 다스리거나 남을 부릴 수 있는 힘.

4. 시민 단체들은 정부가 (정책)을/를 제대로 집행하는지 감시하는 역할을 한다.
   뜻 정치를 잘하거나 사회 문제를 해결하려고 내놓는 방법.

2 관용 표현 알기

다음 빈칸에 알맞은 말을 쓰세요.

"민 심 은 천 심"

이 속담은 백성의 마음이 곧 하늘의 마음과 같다는 뜻으로, 백성의 마음을 저버릴 수 없음을 비유적으로 이르는 말이에요. '민심'은 '백성의 마음'을, '천심'은 '하늘의 마음'을 뜻한답니다.

백성이 원하는 것을 잘 헤아려야 훌륭한 정치를 할 수 있지!

3 한자어 익히기

다음 한자어를 소리 내어 읽고 빈칸에 따라 써 보세요.

民主

민주(民主): 주권이 국민에게 있음.
· 대한민국은 민주 공화국이다.
· 그는 오랫동안 민주화 운동을 한 투사이다.
· 민주주의에서 가장 중요한 가치는 인간 존중이다.

民 백성 민	主 주인 주

民 백성 민	主 주인 주

가리키는 말의 의미 파악하기

4. ⊙이 가리키는 것으로 가장 알맞은 것은 무엇인가요? (②)

① 국민이 국가의 주인이 되는 것
② 국민의 삶을 더 낫게 만드는 것
③ 국민이 투표 참여율을 높이는 것
④ 국민이 선거로 권리를 가지는 것
⑤ 국민이 선거로 대표자를 뽑는 것

➡ 지시어가 가리키는 것은 대부분 바로 앞 문장에 나타나 있습니다. 4문단에서 '이러한 목표'는 바로 앞 문장의 '국민 의 삶을 더 낫게 만드는 것을 가리킵니다.

어휘적 의미 파악하기

5. 다음은 국어사전에서 '꽃'의 의미를 찾은 것입니다. ⓒ에 쓰인 '꽃'의 의미로 가장 알맞은 것은 무엇인가요? (④)

꽃
1. 특유의 모양과 빛깔, 향기가 있으며 줄기 끝에 달려 있는 식물의 한 부분. 또는 그것. …………① 이 피는 식물.
2. (비유적으로) 예쁘고 인기가 많은 여자. …………②
3. (비유적으로) 가장 화려하게 번성하는 일. …………③
4. (비유적으로) 어떤 일에서 가장 중요한 부분이나 역할. …………④
5. (비유적으로) 열이 올라 피부에 붉게 돋는 것. …………⑤

➡ 4문단에서 '선거는 민주주의에서 가장 중요한 부분이라고 할 수 있습니다.'라고 했습니다. 가장 중요한 부분이기 때문에 선거를 '민주주의 꽃'에 빗대어 표현한 것입니다.

글의 내용 적용하기

6. 다음은 이 글을 읽고 친구들이 나눈 대화입니다. 알맞게 말하지 못한 친구는 누구인지 쓰세요.

미희: 우리 반에서 투표로 반장을 뽑는 것도 선거에 해당해.
지연: 그럼 반장은 우리 반 친구들을 대표하는 사람이라고 할 수 있겠네.
경서: 우리가 직접 반장을 뽑는 것은 간접 민주주의라고 할 수 있어.
승호: 우리 반 친구들 모두 유권자이면서 자신이 반장 후보자로 나갈 수도 있어.
현수: 좋은 반장을 뽑으려면 선거에 관심을 갖고 적극적으로 참여해야 해.

(경서)

➡ 2문단에서 나라의 중요한 일을 결정할 때에 국민이 직접 참여하는 민주주의를 '직접 민주주의', 국민들이 뽑은 대표자 가 나라의 중요한 일을 결정하도록 하는 것을 '간접 민주주의'라고 하였습니다. 따라서 투표를 통해 우리 반 반장을 뽑는 것은 '간접 민주주의'와 관련이 있다고 할 수 있습니다.

ERI 지수 550 사회 | 사회 문화

1 오늘날과 비슷한 모습의 신문은 약 400년 전인 1600년대 초반에 유럽에서 만들어졌습니다. 당시 네덜란드는 무역을 활발하게 했는데, 무역을 하는 지역에서 일어난 일을 신문에 적어 알렸습니다. 신문에 실린 소식은 무역을 해서 이익을 챙기는 사람들에게 큰 도움이 되었습니다. 예를 들어, 어떤 나라에서 세금을 올린다는 소식이 신문에 실리면 그것을 읽고 ㉠세금이 낮은 다른 나라로 무역의 상대를 바꾸었습니다.

2 이렇게 시작된 신문은 세상의 크고 작은 온갖 소식을 전하기 시작했습니다. 신문은 사람들에게 ㉡세상을 보는 창이 되어 주어 왔습니다. 사람들은 신문에 실린 기사를 보고 멀리 떨어진 곳의 소식도 알 수 있게 되었습니다. 그리고 남처럼 일상생활에 도움이 되는 모든 정보들도 알려 줍니다.

3 그런데 사람들은 단순히 신문에 실린 기사를 읽고 이해하는 데 그치지 않습니다. 신문에 실린 사건이나 새로운 정책 등을 읽고 그것을 이야깃거리로 삼아 다른 사람들과 대화를 나누기도 하고 토론을 하기도 합니다. 이러한 과정을 거치면서 어떤 일에 대한 사람들의 공통된 의견이 만들어집니다. 이것을 '여론'이라고 합니다. 신문이 형성하는 여론은 우리 사회와 세상을 바꾸는 힘을 가지고 있습니다.

4 그래서 신문은 어떤 사건과 일에 대해서는 독자들이 쉽게 이해할 수 있도록 자세하게 설명해 주기도 합니다. 어떤 중요한 일에 대해서는 옳고 그름을 밝히거나 잘못된 설명을 좀 저지하기도 합니다. 사실뿐만 아니라 기자나 전문가 등의 의견도 함께 실리는 것입니다. 그리고 인터넷에 실리는 신문 기사에는 독자들도 자신들의 의견을 댓글로 남길 수 있습니다.

5 이처럼 신문은 새로운 소식과 정보를 전달해 주고, 중요한 일에 대해서는 자세한 설명까지 해 줍니다. 따라서 우리는 신문을 읽을 때 있는 그대로의 내용을 전하는 내용과 그 사실에 대한 의견을 구별해서 읽어야 합니다. 사실 부분을 읽을 때는 내용이 정확한지, 사실을 지나치게 부풀려 말하는 내용은 없는지를 따져 가며 읽어야 합니다. 그리고 의견 부분을 읽을 때는 기사를 쓴 목적은 무엇인지, 어느 한쪽으로만 치우친 생각을 말하는 내용은 없는지를 따져 가며 읽어야 합니다.

내용 파악하기

1. 이 글의 각 문단을 통해 대답할 수 있는 질문이 아닌 것은 무엇인가요? (④)

① 1문단: 오늘날과 비슷한 모습의 신문은 언제 만들어졌나요?
② 2문단: 신문에는 어떤 내용들이 실리나요?
③ 3문단: 신문은 어떻게 여론 형성에 영향을 미치나요?
④ 4문단: 신문에 가장 많이 실리는 기사는 무엇인가요?
⑤ 5문단: 신문을 읽을 때 어떤 점에 주의해야 하나요?

핵심 내용 요약하기

2. 신문의 중요한 기능을 정리하려고 합니다. 빈칸에 알맞은 말을 쓰세요.

새로운 소식과 정 보 를 전함. ＋ 사건과 정책들을 자세하게 설 명 하거나 비판함.

이유나 근거 추론하기

3. 다음은 상인들이 ㉠과 같이 행동하는 이유를 추측한 것입니다. 빈칸에 알맞은 말을 〈보기〉에서 찾아 쓰세요.

보기
세금   벌금   이익   손해

세 금 을/를 올리면 이 익 이/가 줄어들기 때문이다.

1 낱말 뜻 알기

다음 빈칸에 알맞은 낱말을 <보기>에서 찾아 쓰세요.

• 보기 •
무역   정보   여론   구별

1. 요즘 옷은 남녀의 (구별)이/가 없는 경우가 많다.
   뜻 성질이나 종류에 따라 나눔.

2. 우리나라는 (무역)을/를 통해 많은 외화를 벌어들이고 있다.
   뜻 다른 나라와 물건을 사고파는 일.

3. 정치인은 항상 (여론)에 귀를 기울여야 좋은 정치를 할 수 있다.
   뜻 어떤 일에 관하여 세상 사람들이 두루 가진 생각이나 의견.

4. 보고서를 써야 하는데, 주제와 관련한 (정보)이/가 아직 많이 부족해.
   뜻 어떤 일에 관한 지식이나 자료.

2 관용 표현 알기

다음 빈칸에 알맞은 말을 쓰세요.

"발 없는 말이 천 리 간다"

이 속담은 많은 사람 앞이 아니더라도 천 리 밖까지도 순식간에 퍼진다는 뜻으로, 말을 조심해야 함을 비유적으로 이르는 말이에요. 말을 하거나 글을 쓸 때 내용에 대해 책임감을 가져야 함을 강조하는 말이기도 하지요.

3 한자어 익히기

다음 한자어를 소리 내어 읽고 빈칸에 따라 써 보세요.

新	聞
새 신	들을 문

新	聞
새 신	들을 문

신문(新聞): 그때그때 여러 가지 일을 때맞추어 담아서 알리는 소식지.
• 신문은 감동적인 기사가 많이 실렸으면 좋겠어.
• 예전에는 지하철에서 신문을 보는 사람이 매우 많았다.
• 부모님께서는 아침마다 신문을 읽으며 하루를 시작하신다.

표현 의도 파악하기

4. 신문을 ⓒ과 같이 빗대어 표현한 이유로 가장 알맞은 것은 무엇인가요? (⑤)
① 신문이 세상에 나온 지 오래되었기 때문에
② 신문에 날씨와 생활 정보가 실려 있기 때문에
③ 신문의 형태가 네모난 창문과 비슷하기 때문에
④ 신문이 세상에서 가장 큰 영향력을 갖고 있기 때문에
⑤ 신문을 통해 세상에서 일어나는 일을 알 수 있기 때문에

➡ 신문을 통해 비로소 세상을 볼 수 있듯이 사람들은 신문을 통해 세상에서 일어나는 일을 알 수 있었습니다. 이런 점에서 신문을 '세상을 보는 창'에 빗대어 표현한 것입니다.

글의 내용 근거로 답하기

5. 이 글의 내용을 바탕으로 다음 선생님의 질문에 가장 알맞게 답한 친구에게 √표 하세요.

신문을 읽을 때는 있는 그대로의 사실을 전하는 내용과 그 사실에 대한 의견을 구별해서 읽어야 해요. 왜 그래야 할까요?

(1) 태양: 신문은 있는 그대로의 새 소식만 전하기 때문이에요. ( )
(2) 지혜: 신문에는 독자들에게 재미를 주는 내용이 많기 때문이에요. ( )
(3) 민성: 신문에는 새 소식만이 아니라, 그것에 대해 설명하는 내용도 있기 때문이에요. (√)

➡ 문단에서 신문은 새로운 소식과 정보를 전달해 주고, 중요한 일에 대해서는 자세한 설명까지 해 준다고 하였습니다. 그러므로 민성이의 대답이 가장 알맞은 대답입니다.

공감하거나 비판할 부분 찾기

6. 다음은 이 글을 읽고 친구들이 보인 반응입니다. 글의 내용에 공감하는 의견과 비판하는 의견으로 나누어 기호를 쓰세요.

㉮ 신문을 많이 읽으면 생활에 필요한 정보들을 많이 알게 될 거야.
㉯ 신문의 기사를 통해 여론을 형성하는 데 큰 힘을 발휘할 수 있어.
㉰ 전문가의 의견이라고 해서 무조건 그 내용을 있는 그대로 받아들여서는 안 돼.
㉱ 최근에는 종이 신문을 읽는 사람들이 많지 않아서 신문의 영향력도 줄어들고 있어.

공감하는 의견	비판하는 의견
㉮, ㉯, ㉱	㉰

➡ ㉮, ㉯, ㉱는 이 글의 내용에 대해 지지하고 그렇다고 생각하는 의견이고, 반면에 ㉰는 이 글의 내용과는 다른 의견을 나타내고 있습니다.

자연환경

ERI 지수 498 사회 | 자연환경

일 년 내내 기온이 높고 비가 많이 내리는 열대 지방에는 나무와 풀이 우거져 있습니다. 이런 곳을 '열대 **우림**'이라고 합니다. 열대 우림 지역은 지구에 없어서는 안 될 중요한 곳입니다. 거대한 숲은 우리가 숨 쉬는 데에 필요한 산소를 뿜어냅니다. 또한 지구 환경에 나쁜 영향을 주는 엄청난 양의 공기 **오염** 물질을 줄여 주기도 합니다.

세계에서 열대 우림 면적이 가장 넓은 곳은 아마존강 주변입니다. 이곳은 지구 전체 열대 우림의 절반 이상을 차지합니다. 그리고 지구 전체 산소 공급량의 20% 이상을 만들어 냅니다. 그래서 아마존을 ⊙'지구의 허파'라고도 부릅니다.

최근 들어 아마존강과 주변의 열대 우림이 크게 망가지고 있습니다. 목재를 생산하기 위해 나무를 베고 있기 때문입니다. 농사지을 땅을 만들기 위해 숲을 불태우기도 합니다. 게다가 농사를 짓기 위해 쓰는 화학 비료와 농약 때문에 아마존강까지 오염되고 있습니다. 전세계의 현재의

(단위: km²)
7464 7000 6418 4571 5891 3012 6207 7893 6947 7536 9762(추정)
2009 2010 2011 2012 2013 2014 2015 2016 2017 2018 2019
▲ 브라질 아마존 연간 삼림 파괴 면적(자료: 브라질 국립 우주 연구소)

속도로 아마존을 **개발**해 나간다면 아마존은 완전히 사라질 수도 있다고 경고합니다. 그런데도 브라질이 경제 발전을 위해 아마존을 개발하겠다고 선언했습니다. 아마존의 60%를 차지하고 있습니다. 국가가 나서서 아마존을 개발하면 지금보다 훨씬 더 빠르게 아마존의 망가질 것이 분명합니다. 한편 열대 우림이 오염되는 것입니다. 아마존이 사라지면 지구 온난화와 공기 오염은 더욱 심해질 것입니다. 또한 그곳에 살고 있는 사람들과 동식물도 큰 피해를 당하게 될 것입니다.

이에 환경 단체들은 이 선언에 반대하고 나섭니다. 이들은 '아마존의 숲은 '당신네' 나라들의 것이 아니다'라고 주장합니다. 이에 대해 브라질 정부는 '선진국들이 먼저 숲을 없애고 경제를 성장시켜 지금의 선진국이 된 것이 아니냐?'라고 반문합니다. 그래서 지구 온난화의 문제가 생긴 것이다. 그런데 왜 그 책임을 우리에게 묻느냐?'라고 항의하는 것입니다. 아마존을 개발하려는 브라질 정부의 입장과 반대하는 환경 단체의 입장, 아마존을 어떻게 해야 할까요? 아마존 지역을 보존하여 아마존을 보존해야 할까요, 지구 환경을 생각하여 아마존을 개발해야 할까요?

내용 파악하기

1. 이 글을 이해한 내용으로 알맞지 않은 것은 무엇인가요? (④)

① 아마존의 절반 이상은 브라질의 국토에 해당한다.
② 열대 우림은 열대 지방에 있는 울창한 숲을 가리킨다.
③ 아마존의 개발로 아마존의 우림이 점차 사라지고 있다.
④ 열대 우림은 엄청난 양의 공기 오염 물질을 발생시킨다.
⑤ 전 세계 열대 우림 중에서 가장 넓은 곳은 아마존의 우림이다.

▶ 1문단에서 열대 우림은 지구 환경에 나쁜 영향을 주는 엄청난 양의 공기 오염 물질을 줄여 주기도 한다고 하였습니다. 따라서 열대 우림이 엄청난 양의 공기 오염 물질을 발생시킨다는 것은 알맞지 않습니다.

정보 구조 설명하기

2. 아마존의 파괴를 다음과 같이 정리할 때, 빈칸에 알맞은 말을 이 글에서 찾아 쓰세요.

원인
(목재) 생산,
농사지을 땅 마련
화학 비료와
(농약) 사용

결과
아마존의 숲이 사라지고 있음.
아마존강이 오염되고 있음.

▶ 3문단에서 목재를 생산하기 위해 나무를 베고 있으며, 농사지을 땅을 만들기 위해 숲을 불태우기도 한다고 하였습니다. 또한 농사를 짓기 위해 쓰는 화학 비료와 농약 때문에 아마존강까지 오염되고 있다고 하였습니다.

세부 내용 파악하기

3. 아마존에 대한 생각이 다른 두 집단의 주장과 근거를 다음과 같이 정리할 때, 빈칸에 알맞은 말을 쓰세요.

브라질 정부
주장: 아마존을 (개발)해야 한다.
근거:
• 경제 발전을 위해 필요하다.
• 지구 온난화는 (선진국들)의 책임이 크다.

↕

환경 단체
주장: 아마존을 (보존)해야 한다.
근거: 아마존의 숲은 브라질만의 것이 아닌 (전 인류)의 재산이다.

▶ 브라질 정부는 경제 발전을 위해 아마존을 개발해야 한다는 입장이고, 환경 단체는 아마존이 전 인류의 재산이기 때문에 보존해야 한다는 입장입니다.

1 낱말 뜻 알기

다음 빈칸에 알맞은 낱말을 〈보기〉에서 찾아 쓰세요.

• 보기 •
우림   오염   개발   항의

1. 정부는 버려져 있던 땅을 공원으로 (개발)하였다.
   뜻 땅이나 자원 등에 힘을 들여 쓸모 있게 만듦.

2. 공기의 (오염)을/를 막기 위해 대중교통을 이용해야 한다.
   뜻 공기나 물 같은 것이 더러워짐.

3. 감독은 심판의 이해할 수 없는 판정에 강하게 (항의)하였다.
   뜻 이견에 맞서거나 옳지 않다고 여겨 따짐.

4. 열대 (우림)은/는 세계에서 나무의 종류가 가장 다양하고 많은 지역이다.
   뜻 비가 많이 내리는 숲.

2 관용 표현 알기

다음 빈칸에 알맞은 말을 쓰세요.

"누워서 침 뱉기"

이 속담은 하늘을 향하여 침을 뱉어 보아야 자기 얼굴에 떨어진다는 뜻으로, 자기에게 해가 돌아올 짓을 함을 비유적으로 이르는 말이에요. 자신이 한 나쁜 행동이 결과가 자신에게 나쁘게 돌아오는 것을 못하는 말이지요.

3 한자어 익히기

다음 한자어를 소리 내어 읽고 빈칸에 따라 써 보세요.

보존(保存): 망가지거나 없어지지 않게 보살핌.
• 자연은 개발보다 보존에 힘써야 한다.
• 이 건물은 백 년이 되었는데도 보존이 잘 되어 튼튼하다.
• 이 수목원은 자연 그대로 보존되고 있는 천연 지연림이다.

保 보존할 보	存 있을 존
保 보존할 보	存 있을 존

비유적 의미 파악하기

4. 아마존이 ㉠과 같이 불리는 이유로 가장 알맞은 것은 무엇인가요? (④)

① 지구의 중심인 적도 부근에 있기 때문에
② 인간에게 많은 양의 목재를 제공하기 때문에
③ 일 년 내내 기온이 높고 비가 많이 내리기 때문에
④ 인간이 숨 쉬는 데 필요한 산소를 만들어 내기 때문에
⑤ 지구의 열대 우림 중 가장 넓은 면적을 차지하기 때문에

➡ '허파'는 숨을 쉬게 하는 기관입니다. 2문단에서 아마존이 지구 전체 산소 공급량의 20% 이상을 만들어 낸다고 하였습니다. 인간에게 필요한 산소를 만들어 내기 때문에 아마존이 '지구의 허파'라고 불리는 것입니다.

주제가 비슷한 글 찾아 읽기

5. 이 글과 비슷한 주제를 다루고 있는 〈보기〉의 글을 읽고 물음에 답하세요.

• 보기 •
열대 우림은 지구 전체 면적의 7%에 불과하지만, 열대 우림에는 지구 전체 생물 종류의 50%에 가까운 동식물들이 살고 있습니다. 충분한 햇빛과 물이 있어 식물이 대량으로 살 수 있는 환경이고, 식물이 많아 동물에게도 최고의 삶의 터전이 됩니다. 열대 우림은 동식물이 낙원이며 다양한 생물 자원이 있는 보물 창고입니다.

(1) 〈보기〉의 글에서 열대 우림의 가치를 강조하기 위해 열대 우림을 빗대어 표현한 말을 모두 찾아 쓰세요.

(낙원, 보물 창고)

➡ 열대 우림은 종분한 햇빛과 물이 있어 지구 전체 생물 종류의 50%에 가까운 동식물들이 살고 있습니다. 이러한 열대 우림의 가치를 강조하기 위해 열대 우림을 '낙원'과 '보물 창고'에 빗대어 표현하였습니다.

(2) 우리가 아마존을 보존하기 위해 노력해야 하는 이유는 무엇인지 이 글과 〈보기〉의 글을 비교하여 쓰세요.

이 글	〈보기〉의 글
지구 온난화와 공기 오염을 방지하기 위해	동식물들을 보호하기 위해

➡ 이 글에서는 아마존을 보존해야 하는 이유는 지구 온난화와 공기 오염을 방지해 주기 때문에 중요하다고 하였습니다. 〈보기〉의 글에서는 아마존과 같은 열대 우림이 살고 있다고 있어 다양한 동식물이 살고 있다 고 하였습니다. 〈보기〉의 글에서 노력하는 것이 아마존을 보존하는 천연 지연림이다.

➡ 이 글에서는 아마존을 보존해야 하고 있다고 하였습니다. 이것이 아마존을 보존해야 하는 이유입니다. 〈보기〉의 글에서는 열대 우림에는 다양한 동식물이 살고 있다 고 하였습니다. 이것을 보존하는 것이 아마존을 보존하는 이유라고 할 수 있습니다.

05회 읽기 방법 익히기

1 그래프 이해하기

여러 가지 자료를 분석하여 그 변화를 한눈에 알아볼 수 있도록 막대나 선, 원 등을 사용하여 나타낸 것을 '그래프'라고 합니다. 그래프는 수량의 크기를 비교하거나 수량이 변화하는 것을 알아보기 쉽게 전달할 때 사용합니다.

★ 그래프의 종류

막대그래프	항목 간의 수량을 비교할 수 있도록 막대의 길이로 표현한 것
선그래프	시간에 따라 변화하는 양을 쉽게 파악할 수 있도록 선으로 표현한 것
원그래프	개별 항목이 전체에서 차지하는 비율을 부채꼴 모양으로 표현한 것

★ 그래프가 하는 일

자료의 내용을 한눈에 파악할 수 있도록 표현하여 읽는 이가 빨리 이해하도록 도울 수 있습니다.

1 가의 그래프를 보고, 나의 빈칸에 알맞은 숫자를 쓰세요.

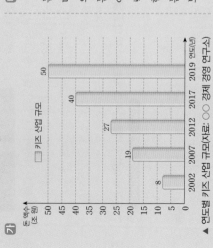

가

▲ 연도별 키즈 산업 규모(자료: ○○ 경제 경영 연구소)

나

태어나는 아이들 수는 해마다 줄어들고 있는데, 키즈 산업 규모는 반대로 커지고 있습니다. 2002년도에 우리나라에서는 50만 명 정도의 아이가 태어났습니다. 그런데 2019년도에는 30만 명 정도의 아이가 태어났습니다. 출생 아 수가 10명에서 6명으로 줄어진 셈이죠. 그렇다면 키즈 산업 규모는 어떨까요? 제가 준비한 그래프를 보시죠. 2002년도 키즈 산업 규모는 (8)조 원이었습니다. 그런데 2019년 도에는 (50)조 원으로 커졌습니다.

그래프의 가로축은 연도를, 세로축은 돈 액수를 가리킵니다. 2002년도에 해당하는 막대는 8을, 2019년도에 해당하는 막대는 50을 나타내고 있습니다.

---

2 다음 그래프의 내용을 알맞게 설명한 것에 모두 ∨표 하세요.

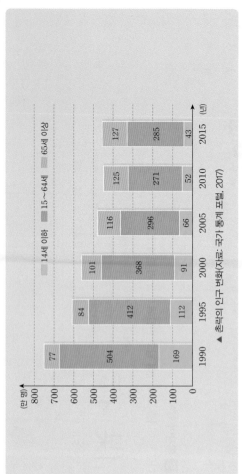

▲ 촌락의 인구 변화(자료: 국가 통계 포털, 2017)

(1) 1990년부터 2010년까지 촌락의 전체 인구가 꾸준히 줄어들고 있다. (∨)

(2) 14세 이하 인구와 반대로 65세 이상 인구는 점차 늘어나고 있다. (∨)

명에서 2015년 43만 명으로 크게 줄어들었습니다. 이와 반대로 65세 이상 인구는 1990년 77만 명에서 2015년 169만 명으로 늘어났습니다.

3 원그래프를 보고, 다음 글의 빈칸에 알맞은 숫자를 쓰세요.

독서의 계절을 맞아 우리 학교 학생들을 대상으로 독서 실태 설문 조사를 하였다. '한 달에 평균 몇 권의 책을 읽나요?'라는 질문에 대한 학생들의 응답은 제시된 그래프와 같이 나타났다.

(6)~(9)권을 읽는다는 학생들이 가장 많았으며, 한 권도 읽지 않는다는 학생은 없었다. 앞으로도 책과 더욱 친해져서 독서를 생활화했으면 한다.

월 평균 독서량

10권 이상 30%

1~2권 10%

3~5권 20%

6~9권 40%

2 주제가 비슷한 글 더 찾아 읽기

비슷한 주제라도 글쓴이의 관심 분야나 글의 종류 등에 따라 글의 내용이 달라질 수 있습니다. 주제가 비슷한 글들을 비교하며 읽으면 독자는 그 주제에 대해 보다 객관적이고 종합적인 정보를 얻을 수 있습니다. 그리고 그 주제에 대한 자신의 생각을 발전시켜 나갈 수도 있습니다.

★ 주제가 비슷한 글을 더 찾아 읽으려면,
(1) 어떤 주제에 관한 글을 읽을 것인지 선택합니다.
(2) 선택한 주제를 다룬 여러 글을 찾아봅니다.
(3) 글들을 비교하며 읽고 공통점과 차이점을 정리합니다.
(4) 주제에 대한 자신의 생각을 간단하게 적어 봅니다.

1 다음 두 글을 비교하며 읽고 아래와 같이 정리하려고 합니다. 빈칸에 공통으로 들어갈 말을 쓰세요.

가 최근 브라질이 경제 발전을 위해 아마존을 개발하겠다고 선언했습니다. 브라질은 아마존의 60%를 차지하고 있습니다. 국가가 나서서 아마존을 개발하면 지금보다 훨씬 더 빠르게 아마존이 망가질 것이 분명합니다. 한편 망가진 열대 우림의 생태계는 원래대로 돌아올 수 없습니다. 아마존이 파괴되면 지구 온난화가 더욱 심해질 것입니다. 또한 그곳에 살고 있는 사람들과 동식물들은 큰 피해를 당하게 될 것입니다.

나 지구 온난화는 북극의 두꺼운 얼음덩어리를 점점 얇아지게 합니다. 북극곰은 먹이를 찾으러 이 얇은 얼음을 이용합니다. 그런데 작고 얇아진 얼음덩어리가 북극곰이 늘어납니다. 인간이 일으킨 지구 온난화로 북극곰이 죽기도 합니다. 길 시간 동안 수영을 하느라 북극곰의 힘이 빠진다. 북극은 먹이를 구하지 못해 굶어 죽기도 한다. 인간이 일으킨 지구 온난화로 북극곰이 죽기도 하는 것입니다.

→

아마존을 파괴하면 (지구 온난화)가 더욱 심해질 것이다. (지구 온난화)는 아마존에 살고 있는 사람들과 동식물에만 피해를 주는 것이 아니라, 멀리 떨어진 북극곰의 생존까지도 위협하게 될 것이다.

▶ 가에서는 아마존이 망가지면 지구 온난화가 심해질 것이라고 하였습니다. 나에서는 지구 온난화로 인해 아마존에 살고 있는 사람들과 동식물도
큰 피해를 당하는 것처럼 나타냅니다.

---

2 다음 두 글을 비교하며 읽고 물음에 답하세요.

가 오늘날 도시에서 별을 보기는 쉽지 않다. 도시의 밤이 너무 밝기 때문이다. 오죽하면 '빛 공해'라는 말이 생겨났을까? 빛 공해란 도시의 조명이 필요 이상으로 밝고 많아서 사람과 자연환경에 주는 피해를 말한다.
인공 불빛은 동식물에 피해를 준다. 예를 들어 매미는 가로등 불빛 때문에 밤을 낮으로 착각하여 잠을 못 자고 운다. 그리고 가로등과 가까운 곳에 있는 논과 밭에서 자라는 농작물은 그렇지 않은 곳에 비해 수확량이 훨씬 떨어진다고 한다.
인공 불빛은 사람에게도 피해를 준다. 밤에는 멜라토닌이라는 호르몬이 분비되어 잠을 유도하는데, 밤에도 불빛 때문에 이 호르몬이 분비되지 않는다. ㉠불빛 때문에 잠을 잘 수 없게 된다. 면역력도 약해져서 암에 걸릴 가능성도 커진다.

나 지난 6월 1일부터 ○○ 놀이공원이 야간 개장을 시작했는데, 이로 인해 인근 주민들과 ○○ 놀이공원 사이에 갈등이 빚어지고 있다. 주민들은 늦은 밤까지 공원을 찾아온 방문객들로 인한 소음과 놀이공원의 밝은 조명들 때문에 잠을 제대로 잘 수 없다고 한다. 마을 이장인 A 씨는 "우리 마을은 한적하게 밤도 조명이 밤늦도록 켜져 있어 잠을 제대로 못 잡니다. 그래서 스트레스도 쌓이고, 피곤해서 일이 손에 잡히지 않습니다."라고 말하였다. 이에 대해 ○○ 놀이공원 관계자는 "조명은 규정에 맞게 밝기를 조정하고 있습니다. 하지만 주민들이 피해를 겪고 있다고 하니 개선책을 찾아보겠습니다."라고 말하였다.
○○ 놀이공원의 영업시간을 지켜 주고 방문객들의 여가를 보장하는 것 못지않게, 주민들의 피해를 최소화할 수 있는 방안을 조속히 마련되길 바란다.
– △△ 신문

(1) 가, 나에 대한 설명으로 알맞지 않은 것은 무엇인가요? (④)
① 가와 나는 글의 갈래가 서로 다르다.
② 가에서는 야간의 인공 불빛을 공해로 보고 있다.
③ 가와 나는 모두 야간 조명의 문제점을 주제로 다루고 있다.
④ 나는 가와 달리 글 속에 주제가 직접적으로 드러나 있지 않다.
⑤ 나에서는 야간 조명으로 인한 피해자의 말을 직접 인용하고 있다.

▶ 가는 인공 불빛으로 인한 피해를 설명한 글이고, 나는 ○○ 놀이공원의 야간 조명으로 인해 피해를 겪는 주민들과 공원 측의 갈등을 알리는 기사문입니다. 가와 나는 모두 주제가 글 속에 직접적으로 드러나 있습니다.

(2) 가의 글쓴이가 ㉠의 원인을 다음과 같이 설명한다고 할 때, 빈칸에 알맞은 말을 가에서 찾아 쓰세요.

밤에는 (멜라토닌)이라는 호르몬이 분비되어야 잠을 잘 수 있어요. 그런데 밝은 조명 때문에 이 호르몬이 잘 분비되지 않아 잠을 제대로 잘 수 없는 거예요.

▶ 야간 조명은 멜라토닌이라는 호르몬의 분비를 유도하는 호르몬이기 때문에, 멜라토닌의 분비가 줄어들게 한다. 멜라토닌은 잠을 유도하는 호르몬이기 때문에, 멜라토닌의 분비가 줄어들면 잠을 제대로 잘 수 없는 것이다.

26 정답과 해설

우리는 빛의 존재를 어떻게 알 수 있을까요? 캄캄한 밤, 어둠을 밝혀 주는 전등이나 촛불 같은 것이 주변에 없다면 우리는 아무것도 볼 수 없습니다. 스스로 빛을 내는 해가 아침이 되어야 비로소 주변에 어떤 것이 있는지 볼 수 있습니다. 우리가 사물을 볼 수 있는 빛이

어떤 물체에 부딪혀서 반사되어 우리의 눈에 들어오기 때문입니다. 무언가를 ⊙본다'라는 말은 빛이 이러한 성질이 숨겨져 있습니다.
→ 사물을 볼 수 있게 해 주는 빛

빛은 직진합니다. 주변에 방해하는 것이 없으면 빛은 올곧게 앞으로 나아가는 성질이 있습니다. 빛은 자기 에너지를 다할 때까지 직진합니다.
→ 직진하고자 하는 성질을 가진 빛

그런데 빛의 앞을 막는 물체가 나타나면 어떻게 될까요? 이때는 빛이 앞으로 나아가는 무엇인지에 따라 다른 현상이 나타납니다. 만약 빛의 앞을 막고 있는 물체가 빛이 통과할 수 있는 필름처럼 투명한 물체라면, 빛은 계속 직진할 수 있을 것입니다. 하지만 빛의 앞을 막고 있는 물체가 매우 두껍거나 빛을 잘 흡수하는 성질을 갖고 있다면 어떻게 될까요? 빛은 물체에 가로막혀 빛이 더 나가거나 흡수될 것입니다. 빛이 똑바로 나간 결과물을 우리는 그림자로 확인할 수 있습니다. ⓒ밝은 대낮에도 창이 없는 방에 들어가 문을 닫으면 방처럼 어두워지는 것도 → 물체에 가로막혀 빛이 나가거나 흡수되기도 하는 빛 바로 이러한 이유 때문입니다.

그런데 우리는 빛이 꺾이는 것도 볼 수 있습니다. ⓒ수조*에 물을 담고 레이저 포인터*를 활용해 수조에 비스듬하게 빛을 비추면 수면에서 빛이 꺾이는 것을 볼 수 있습니다. 이러한 현상은 빛이 굴절이라고 합니다. 빛은 수면에 닿는 순간 속도가 느려집니다. 그리고 물속에 들어가는 속도가 느려집니다. 그래서 물에 닿는 부분에서 빛이 꺾이는 것처럼 보입니다. 빛은 속도가 느려지고 꺾이더라도 똑바로 가고자 하는 성질을 유지합니다. 그래서 빛이 굴절도 직진하고자 하는 빛의 성질과 관련이 있답니다.
→ 빛의 굴절 현상

여러 일, 사물, 물건 등이 관계를 맺고 서로 이어져 있음.

*수조: 물을 담아 두는 큰 통.
*레이저 포인터: 레이저를 이용하여 어떤 것을 가리키는 데 쓰는 도구.

내용 파악하기
1. 이 글의 내용으로 알맞지 않은 것은 무엇인가요? (③)

① 빛은 앞으로 나아가는 성질이 있다.
② 빛은 물속에서보다 물 밖에서 더 빨리 움직이게 된다.
③ 빛은 아무리 두꺼운 물체가 앞에 있어도 통과할 수 있다.
④ 빛이 물체에 부딪혀서 반사되면 사람들은 사물을 볼 수 있다.
⑤ 빛이 꺾이는 현상은 앞으로 나아가려던 빛의 성질과 관련이 있다.

➡ 3문단에 따르면, 빛은 매우 두꺼운 물체가 앞을 막고 있으면 물체에 가로막혀 더 나가지 못하게 됩니다.

주요 개념 파악하기
2. 이 글에서 설명하는 내용을 다음과 같이 정리할 때, 빈칸에 알맞은 말을 쓰세요.

• 빛의 [직 진] : 빛이 자기 에너지를 다할 때까지 올곧게 앞으로 나아가는 성질
• 빛의 굴절 : 빛이 [물속으로] 들어갈 때에 진행 방향이 꺾이게 되는 현상

➡ 이 글은 빛이 직진과 굴절에 대해 설명하고 있습니다. '빛이 자기 에너지를 다할 때까지 올곧게 앞으로 나아가는 성질은 빛의 직진에 대한 설명입니다.

낱말 뜻 집작하기
3. ⊙과 같은 뜻으로 사용된 낱말은 무엇인가요? (④)

① 그렇게 싸게 팔면 손해를 본다.
② 찌개가 성겁지 않은지 간을 본다.
③ 주말에는 온 가족이 함께 시장을 본다.
④ 동생은 엄마 신호등을 잘 본다.
⑤ 사건이 발생했을 때는 앞뒤 상황을 따져 본다.

➡ ⊙은 눈으로 대상의 존재나 형태적 특징을 안다는 의미이므로 ④의 '본다'와 같은 의미로 사용되었습니다. ①의 '본다'는 음식 맛이나 간을 알기 위해 시험 삼아 조금 먹는다는 의미이며, ②의 '본다'는 음식 맛이나 산다는 의미이며, ⑤의 '본다'는 어떤 행동을 시험 삼아 함을 나타내는 말입니다.

글의 유형 파악하기

4. 이 글을 읽는 방법으로 가장 알맞은 것은 무엇인가요? (①)

① 글에서 설명하는 과학적 정보가 객관적 사실인지 생각하며 읽는다.
② 글에서 설명하는 사건이 어떤 역사적 의미를 담고 있는지 생각하며 읽는다.
③ 글에서 설명하는 문화가 우리가 본받을 만한 가치가 있는지 생각하며 읽는다.
④ 글에서 설명하는 사회 현상이 우리 생활에 어떻게 나타나는지 생각하며 읽는다.
⑤ 글에서 설명하는 내용이 시대의 모습을 정확하게 보여 주는지 생각하며 읽는다.

➡ 이 글은 과학 기술 분야의 글입니다. 과학 기술 분야의 글을 읽을 때에는 글 속에 담긴 지식과 정보가 객관적인지, 글에서 제시하고 있는 과학적 원리를 어떻게 적용할 수 있는지 등을 따져 가며 읽어야 합니다.

이유나 근거 추론하기

5. ⓒ과 같은 현상이 생기는 이유로 가장 알맞은 것은 무엇인가요? (③)

① 태양이 구름에 가려져 날씨가 흐리기 때문에
② 검은색 태양 빛을 막아 주는 역할을 하기 때문에
③ 태양 빛과 지붕에 가로막혀 들어오지 못하기 때문에
④ 태양 빛이 에너지를 잃어 나아가는 속도가 느려지기 때문에
⑤ 태양 빛이 물체에 부딪혀서 반사되어 우리 눈에 닿기 때문에

➡ 빛이 들어가 문을 닫고 있는 물체가 매우 두꺼우면 빛은 물체에 가로막혀 들어가지 못하게 됩니다. 밝은 대낮이라도 창이 없는 방에 들어가 문을 닫으면 깜깜해지는 이유는 태양 빛이 벽과 지붕에 가로막히기 때문입니다.

배경지식을 활용하여 추론하기

6. ⓒ과 같은 현상을 보여 주는 사례로 알맞은 것에 V표 하세요.

(1) ( )   (2) (V)   (3) ( )

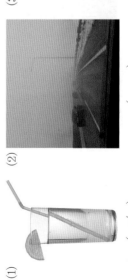

➡ ⓒ은 빛의 굴절 현상을 보여 주는 사례입니다. (1)은 물속에 담긴 빨대가 위로 꺾여 보이는 사진으로, 빛이 굴절한 현상을 보여 주는 사례에 해당합니다. (2)는 안개가 긴 거리, (3)은 빛이 직진 현상을 보여 주는 사진으로, 빛의 굴절 현상을 보여 주는 사례는 보여 주지는 않습니다.

어휘 익히기

1 낱말 뜻 알기

다음 빈칸에 알맞은 낱말을 〈보기〉에서 찾아 쓰세요.

> 보기
> 반사   다행   가로막혀   관련

1. 수면에 (반사)된 물빛이 아름답다.
   뜻 빛이나 소리 같은 것이 물체에 부딪혀서 방향을 바꾸어 나가는 것.

2. 많은 사람이 이번 사건과 (관련)되어 있다.
   뜻 여러 일, 사람, 물건 등이 관계를 맺고 서로 이어져 있음.

3. 나는 사람들에게 (가로막혀) 더 이상 앞으로 가지 못했다.
   뜻 앞이 가로질러 막혀.

4. 장군은 적군의 식량이 (다행) 떨어진 것이 이어져 오던 것이 다 끝남.
   뜻 있던 것이 다 없어지거나 이어져 오던 것이 다 끝남.

2 관용 표현 알기

다음 빈칸에 알맞은 말을 쓰세요.

"[등][잔] 밑이 어둡다"

등잔은 전기가 없던 옛날에 불을 담아 기름을 놓는 데에 쓰인 그릇입니다. 등잔불을 켜면 아주 좁은 방이 밝아집니다. 그런데 등잔 바로 아래는 빛이 잘 비치지 않습니다. 등잔불이 등잔대에 가로막혀서 빛이 도달할 수 없기 때문이지요. 이 속담은 가까이에 있는 것을 도리어 알아보지 못함을 이르는 말이에요.

3 한자어 익히기

다음 한자어를 소리 내어 읽고 빈칸에 따라 써 보세요.

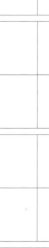

直 곧을 직	進 나아갈 진
直 곧을 직	進 나아갈 진

直進(직진): 곧게 나아감.
· 빛은 직진하는 성질을 가졌다.
· 사거리에서 직진 신호를 받았다.
· 직진하려는 차량이 줄을 서 있다.

90

냄비에 있는 물을 순글 묻지 않고 앉아 앉에려면 어떻게 해야 할까요? 보통의 경우 냄비를 불에 올려 물을 끓여야 할 것입니다. 하지만 의외로 가장 간단한 방법이 있습니다. 그냥 냄비를 그 자리에 그대로 놓아두는 것입니다. 신기하게도 냄비에 있는 물은 시간이 지날수록 조금씩 줄어들 것입니다. 아무도 건드리지 않았는데도 이렇게 자연 상태에서 물이 수증기로 변하는 현상을 '증발'이라고 합니다.

물이 가장 기본 상태인 수증기로 변하는 현상은 물이 기체 상태로 일반적으로 또는 액체 상태인 물이 수증기로 전달됩니다. 열을 가하면 물에 에너지가 전달됩니다. 그리고 일정 기준 이상의 에너지를 얻은 물은 기체 상태로 상태가 변합니다. 물을 끓이면 처음에는 표면에 있는 물방울이 서서히 증발합니다. 그러나 열을 계속 가하면 물의 표면과 물속에서 생기면서 물이 기체 상태로 변하기 시작합니다. 이것을 '끓음'이라고 합니다. 물이 끓을 때에는 증발할 때보다 빠르게 물이 수증기로 변하여 공기 중으로 날아갑니다. '증발'과 '끓음'은 물이 수증기로 변한다는 공통점이 있습니다.

그러나 증발은 물의 표면에서만 일어나는 데에 비해, 끓음은 물의 표면과 물속 모두에서 일어난다는 차이점도 있습니다.

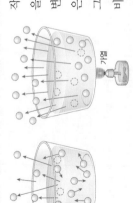

증발은 액체와 공기가 맞닿는 표면에서만 진행됩니다. 같은 양의 물을 넓은 그릇에 담으면 좁은 그릇에 담을 때보다 물과 공기가 맞닿는 면적이 넓어집니다. 그러므로 증발은 표면에서만 일어납니다. 그러므로 증발이 더욱 빠르게 진행됩니다. 같은 양의 물을 넓은 그릇에 담는 것이 좁은 그릇에 담는 것보다 물이 더욱 빠르게 증발하는 것을 확인할 수 있습니다. 또한 온도가 같다면 공기가 건조할수록 증발이 잘 일어납니다. 그렇기 때문에 ㉠습한 날보다 ㉡건조한 날에 바깥에 널어 둔 빨래가 더 잘 마르는 것입니다. 햇빛이 강한 날은보, 과일이나 나물, 오징어 같은 음식 재료를 말리는 것도 증발을 잘 일어나는 현상을 이용한 것입니다.

우리 생활 주변에서 찾아볼 수 있는 증발 현상에는 어떤 것들이 있을까요? 가장에도 아침에 비가 와서 젖은 운동장이 비가 그치고 난 오후에는 말라 있는 모습을 찾아볼 수 있습니다. 또한 (㉢)도 증발이 일어난 경우라고 볼 수 있습니다.

4단계 심화_3주차

주요 개념 파악하기

1. 이 글에 나타난 개념과 그에 대한 설명을 선으로 알맞게 이으세요.

(1) 증발 · 끓음

(2) 끓음 · 증발

㉮ 물의 표면과 물속에서 물이 수증기로 변하는 것

㉯ 물이 표면에서 물이 수증기로 변하는 것

▶ 문단과 2문단을 보면 자연 상태에서 물이 표면에서 수증기로 변하는 현상을 '증발', 물이 표면과 물속에서 물방울이 생기면서 물이 기체 상태로 변하는 것을 '끓음·끓음'이라고 한다고 설명하고 있습니다.

세부 내용 추론하기

2. '증발'이 잘 일어나게 하는 행동으로 알맞으면 ○표, 알맞지 않으면 ✗표 하세요.

(1) 방 안의 공기를 건조하게 만든다. (○)

(2) 폭이 넓은 냄비에 물을 붓고 천천히 물을 끓인다. (✗)

(3) 액체와 공기가 닿는 면적이 넓은 그릇을 사용한다. (○)

▶ 3문단에서 액체와 공기가 닿는 면적이 넓을수록, 공기가 건조할수록 증발이 더욱 빠르게 일어난다고 하였습니다. 따라서 공기를 건조하게 만들거나 면적이 넓은 그릇을 사용하는 것은 증발 현상이 잘 일어나도록 하는 행동이라고 할 수 있습니다.

이유나 근거 추론하기

3. 이 글의 내용으로 보아, 물을 끓였을 때 물의 변화로 알맞은 것은 무엇인가요? (①)

① 물으면 물의 양이 줄어든다.

② 물으면 물속에서부터 수증기가 생긴다.

③ 물의 끓기 시작하면 수증기가 작은 물방울로 변한다.

④ 물의 끓기 시작하면 끓기 전보다 천천히 물이 줄어든다.

⑤ 물의 끓기 전에 물 표면에 물속에는 크고 작은 물방울이 있다.

▶ 2문단에서 물을 끓일면 처음에는 표면에 있는 물이 서서히 증발하다가, 열을 계속 가하면 물의 표면과 물속에서 물이 빠르게 시작한다고 하였습니다. 이로 미루어 물을 끓으면 물의 양이 줄어든다는 것을 알 수 있습니다.

1 낱말 뜻 알기
다음 빈칸에 알맞은 낱말을 〈보기〉에서 찾아 쓰세요.

보기 • 이어로 표면 서서히 면적

1. 이곳은 (면적)이/가 얼마나 되나요?
   뜻 면이 공간을 차지하는 넓이의 크기.

2. 이삿짐은 크기에 비해 (이어로) 가벼웠다.
   뜻 생각이나 기대 또는 예상과 달리.

3. 그 상자는 (표면)이/가 매우 매끄러웠다.
   뜻 사물의 가장 바깥쪽. 또는 겉 윗부분.

4. 공연장 입구로 사람들이 (서서히) 모여들었다.
   뜻 느리고 더디게.

2 관용 표현 알기
다음 빈칸에 알맞은 말을 쓰세요.

"한번 엎지른 물은 다시 주워 담지 못한다"

땅에 물을 엎지르면 물은 땅에 스며들거나 증발하여 사라집니다. 그래서 물을 엎지르면 다시 그릇에 담기 어렵지요. 이 속담은 일단 저지른 잘못은 회복하기가 어렵다는 뜻으로, 일을 조심해서 해야 함을 이르는 말이에요.

3 한자어 익히기
다음 한자어를 소리 내어 읽고 빈칸에 따라 써 보세요.

변화(變化): 사물의 성질, 모양, 상태 등이 바뀌어 달라짐.
· 환경의 변화에 적응해야 한다.
· 물은 끓이면 물이 수증기로 변화한다.
· 요즘에는 아침저녁으로 기온의 변화가 심하다.

變 변할 변 化 될 화
變 변할 변 化 될 화

★
글의 내용을 근거로 답하기

4. 이 글의 내용으로 보아, 젖은 빨래를 넣어 두면 마르는 이유는 무엇인가요? (①)

① 액체 상태의 물이 기체 상태로 변화하여 날아가기 때문에
② 액체 상태의 물이 열을 빼앗기면 고체 상태의 얼음이 되기 때문에
③ 기체 상태의 수증기에 열을 가하면 액체 상태의 물로 변하기 때문에
④ 액체 상태의 물과 기체 상태의 공기가 맞닿아 있지 않는 표면이 있기 때문에
⑤ 기체 상태의 수증기는 액체 상태의 물보다 더 활발하게 움직이기 때문에

이 글에서는 액체 상태의 물이 기체 상태의 수증기로 변화로 변하는 증발 현상을 설명하고 있습니다. 젖은 빨래를 넣어 두면 마르는 이유는 증발 현상 때문입니다.

낱말 관계 파악하기

5. 낱말 간의 관계가 ⓐ, ⓑ의 관계와 다른 것은 무엇인가요? ( )

① 낡다 – 길다
② 늙다 – 젊다
③ 길다 – 짧다
④ 높다 – 낮다
⑤ 뜨겁다 – 차갑다

ⓐ와 ⓑ은 서로 반대인 낱말들입니다. '얇다'와 '건다'는 반대되는 관계에 있는 낱말들이 아닙니다.

글의 내용 적용하기

6. ⓒ에 들어갈 내용으로 알맞은 것에 모두 √표 하세요.

(1) 바닷물에서 소금을 얻는 것 (√)

(2) 햇빛이 강한 날에 고추를 말리는 것 (√)

(3) 고깃국이 식으면 군데군데 기름이 생기는 것 ( )

ⓒ의 앞에서는 우리 생활 주변에서 찾아볼 수 있는 증발 현상의 사례를 제시하라고 있습니다. 따라서 ⓒ에는 증발 한 사례가 들어가야 합니다. 바닷물에서 소금을 얻는 것, 고춧가루를 얻기 위해 햇빛에 고추를 말리는 것은 증발을 보여 주는 사례입니다.

ERI 지수 489 과학 | 생물

1 친구들, 안녕? 나는 자벌레야. 나를 잘 모르는 친구들이 있어서 내 소개를 좀 하려고 해.

가끔 나를 나뭇가지로 착각하는 친구들이 있는데, 그러면 곤란하지. 그래서 지금의 모습이 유명해서 이 모습을 다 자란 어른의 모습이라고 생각하는데, 나는 사실 애벌레야. 지금의 모습에서 변태를 거쳐 멋진 나방이 될 거야.

2 근데 내가 왜 나뭇가지를 닮은 모습으로 살고 있냐고? 그건 바로 무서운 천적*들로부터 몸을 숨기기 위해서야. 아직 애벌레인 나는 나를 잡아먹을 수 있는 천적들로부터 내 몸을 보호해야 하거든. 그런데 난 딱딱한 갑옷이 있는 것도 아니고, 날카로운 이빨이나 튼튼한 발톱이 있는 것도 아니야. 연약한 내가 천적들에게 공격을 받지 않기 위해 할 수 있는 것은 그냥 나무처럼 보이는 방법밖에 없거든. 평소에는 다른 애벌레들처럼 나무 위를 돌아다니면서 음식을 먹고 다녀. 나는 마지 잎이랑 ⑦있는 것처럼 몸 앞에 있는 발톱을 이용해서 한 뼘 한 뼘 움직이거든. 그래서 사람들이 나를 자벌레라고 불러.

3 그러다 어느 순간 나를 잡아먹으려는 천적들이 공격해 오면, 나는 다리로 나무를 꽉 붙잡고 몸을 빳빳하게 일으켜 세워. 그럼 내 몸이 갈색과 나무의 갈색이 비슷해서 내가 나뭇가지처럼 보이거든. 그러면 천적들이 나를 공격하지 않고 지나가서 나는 안전하게 성장할 수 있는 거야. 동물이나 식물의 색깔을 주위와 비슷하게 만드는 것을 사람들은 '의태'라고 부른데. 나는 살아남기 위해서 나뭇가지처럼 의태를 할 수 있도록 진화된 것이지!

4 나 말고도 의태 능력을 가진 곤충들은 많아. 주로 나랑 비슷하게 천적들의 위협에서 자기 모습을 숨기기 위해 나뭇가지나 나뭇잎처럼 보이도록 의태한 곤충들이지. 나와 비슷하게 나뭇가지처럼 보이는 곤충도 있고, 큰 나뭇잎처럼도 있어. 대벌레나 잎사귀벌레는 바로 나처럼 흔들리는 모습까지 완벽하게 따라 할 수 있어서 천적들이 쉽게 발견하기 어렵지. 반면에 우리와는 정반대로 사냥을 하기 위해 모습을 숨기는 곤충들도 있어. 난초사마귀 같은 곤충이지. 이 곤충들은 바로 사냥을 하는 무서운 곤충이야. 먹잇감이 다가오면 바로 사냥을 하는 곤충들이지.

5 우리같이 천적들을 회피하기 위해 의태를 하는 벌레들이나 숨어서 사냥을 하기 위해 의태를 하는 곤충은 적을 피하거나 적을 이기기 위해 더욱 이러한 모습으로 진화를 한 것이야. 그러니 앞으로 나무 위에서 나와 같은 벌레들을 발견하면 모른 척 그냥 지나가 줘!

▲ 난초사마귀

▲ 나뭇잎처럼 의태를 할 수 있도록 진화된 자벌레

* 천적: 잡아먹는 동물을 잡아먹히는 동물에 맞대어 이르는 말.

내용 파악하기

1. 이 글에 나타난 '자벌레'에 대한 설명으로 알맞지 **않은** 것은 무엇인가요? (②)

① 어른이 되기 전의 애벌레이다.
② 사냥을 하기 위해 모습을 바꾼다.
③ 나뭇가지를 닮은 모습으로 살고 있다.
④ 천적들이 공격해 오면 몸을 일으켜 세운다.
⑤ 생김새가 비슷하게 보이는 곤충으로는 대벌레가 있다.

▶ 나방의 애벌레인 자벌레는 나뭇가지와 모습이 비슷하며, 한 뼘씩 몸을 일으켜 움직입니다. 자벌레의 생김새가 비슷하게 보이는 곤충으로는 대벌레가 있습니다. 자벌레는 천적들로부터 자신을 보호하기 위해서 의태를 합니다.

세부 내용 파악하기

2. 이 글에서 자벌레가 친구들에게 부탁하고 싶은 말이 나타난 문단은 무엇인가요? (⑤)

① 1문단 ② 2문단 ③ 3문단
④ 4문단 ⑤ 5문단

▶ 5문단에서 '앞으로 나무 위에서 나와 같은 벌레들을 발견하면 모든 척 그냥 지나가 줘'라고 친구들에게 부탁하고 있습니다.

두 글의 정보 통합하기

3. 이 글과 <보기>의 글에서 공통적으로 설명하고 있는 것은 무엇인지 빈칸에 알맞은 말을 쓰세요.

보기

사진 속의 나비 두 마리는 꼭 닮은 모습입니다. 그러나 이 두 나비는 서로 다른 종입니다. 최근 교화 잠지에 서로 다른 나비 두 종이 어떻게 비슷한 색깔과 모양을 갖게 되었는지를 분석한 결과가 실렸습니다. '의태'는 서로 다른 종류의 생물이 필요에 의해 서로를 닮아가는 일이나기도 합니다. 두 종류의 나비는 서로 관계가 없지만, 이들을 잡아먹는 동물에게 독이 있어 보이게 하거나 비슷해진 것이지요. 이제 하면서 무늬의 색깔과 모양이 생물의 진화와 관련이 있습니다. 생물의 이러한 능력은 생물이 이때 능력을 가진 생물이 진 화 와 관련이

▶ 동물이 다른 생물이나 물체인 것처럼 꾸미는 이때 능력을 가진 생물이 진화와 관련이 있다.

▶ 이 글에서는 이때 능력을 가진 자벌레가 자신의 이때 능력을 설명하고 있습니다.
그리고 <보기>에서는 이때 능력이 진화와 관련이 있음을 설명하고 있습니다. 따라서 두 글이 공통적으로 설명하고 있는 것은 이때 능력이 '진화'와 관련이 있는 것입니다.

1 낱말 뜻 알기

다음 빈칸에 알맞은 낱말을 <보기>에서 찾아 쓰세요.

• 보기 •
착각　연약한　뺨　회피

1. 형은 나보다 두 (뺨) 정도 키가 크다.
   뜻 엄지손가락과 다른 손가락을 한껏 벌린 길이.

2. 꿈에 본 사람을 실제로 만난 것 같은 (착각)이/가 든다.
   뜻 어떤 사물이나 사실을 실제와 다르게 알거나 잘못 생각함.

3. 저렇게 무거운 걸 너처럼 (연약한) 아이가 어떻게 들겠니?
   뜻 무르고 약한.

4. 그는 다른 사람과의 만남을 (회피)하고 방 안에만 틀어박혀 있었다.
   뜻 몸을 숨기고 만나지 아니함.

2 관용 표현 알기

다음 빈칸에 알맞은 말을 쓰세요.

"눈 가리고 아웅"

이런 능력을 가진 곤충들은 모양이나 색깔을 주양와 비슷하게 바꾸어 다른 생물을 감쪽같이 속입니다. 자세히 보면 구별이 되지만 언뜻 보면 구별할 수 없는 상황을 이용한 것이지요. 이 숙담은 앝은꾀로 남을 속이려 한다는 뜻으로 쓰여요.

3 한자어 익히기

다음 한자어를 소리 내어 읽고 빈칸에 따라 써 보세요.

成	長
이룰 성	길 장
成	長
이룰 성	길 장

성장(成長): 사람이나 동식물 등이 자라서 점점 커짐.
• 청소년기는 성장이 빠른 시기이다.
• 우리 몸이 성장 속도는 부분별로 다르다.
• 튼튼하게 성장하려면 영양 성분들을 충분히 섭취해야 한다.

---

4. 이 글에 나타난 자벌레의 특징을 이해한 내용으로 가장 알맞은 것은 무엇인가요? (④)

① 자벌레는 날카로운 이빨과 튼튼한 발톱으로 자신을 보호하는구나.
② 자벌레는 딱딱한 껍질로 몸을 보호하면서 나뭇가지에 붙어 있구나.
③ 자벌레는 사냥을 할 때에는 흔들리는 잎사귀의 모습을 따라 하는구나.
④ 자벌레가 나뭇가지와 닮은 것은 천적들로부터 몸을 숨기기 위해서구나.
⑤ 자벌레가 먹잇감을 공격할 때에는 꽃이나 잎이 진 것처럼 모습을 숨기고 있구나.

➡ 자벌레는 천적들로부터 자신의 몸을 보호하기 위해 천적들이 공격하려고 하면 나뭇가지처럼 보이도록 모습을 바꿉니다. 따라서 자벌레가 나뭇가지와 닮은 것은 천적들로부터 몸을 숨기기 위해서입니다.

5. ⊙과 다음 문장의 밑줄 친 말의 뜻을 알맞게 설명한 것에 ∨표 하세요.

인수는 작대기로 물의 깊이를 짐작하게 재 가며 강을 건넜다.

(1) '재다'라는 말이 길이나 무게, 온도 등을 앞이본다는 뜻으로 쓰였다. (∨)
(2) '재다'라는 말이 일을 여러모로 따져 보고 헤아린다는 뜻으로 쓰였다. ( )

➡ ⊙과 제시된 문장의 '재다'는 '자, 저울 따위로 길이, 너비, 높이, 깊이, 무게, 온도, 속도 따위의 정도를 알아보다.'라는 의미로 사용되었습니다.

6. 이 글에서 자벌레는 자기처럼 어떤 능력을 가진 곤충들의 예를 들며 곤충들이 모습이나 행동을 설명하고 있습니다. 대벌레는 나뭇가지처럼 보이도록 몸이 막대를 닮은 모습을 나타내는 '막대이', 잎사귀벌레는 바람에 흔들리는 나뭇잎처럼 보이므로 '날쎈이', 난초사마귀는 먹잇감이 다가오면 바로 사냥하므로 '흥동이'라고 별명을 지을 수 있습니다.

이 글에 나타난 곤충의 모습이나 행동을 바탕으로 지은 별명을 선으로 알맞게 이으세요.

(1) 대벌레 — ㉰ 나뭇가지처럼 보인다. — ⓐ 막대이
(2) 잎사귀벌레 — ㉮ 바람에 흔들리는 나뭇잎 같다. — ⓑ 날쎈이
(3) 난초사마귀 — ㉯ 먹잇감이 다가오면 바로 사냥한다. — ⓒ 흥동이

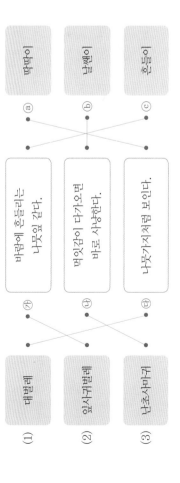

ERI 지수 **550** 과학 | 지구 과학

앵커: 다음은 인도네시아 지진 소식을 전해 드립니다.

기자: 최근 인도네시아 전역에서 크고 작은 지진이 연이어 발생하고 있습니다. 1월 15일에는 인도네시아 중부 술라웨시에서 규모 6.2의 지진이, 4월 4일에는 인도네시아 동부 말루쿠에서 규모 5.9의 지진이 발생했습니다. 지진으로 인한 피해 또한 끊임없이 발생하고 있습니다.

지진은 지구 내부의 '판'이 움직여 서로 충돌하면서 판의 움직임 때문에 흔들리거나 갈라지기도 하고, 위로 솟아오르거나 아래로 꺼지기도 합니다. 태평양 부근은 전 세계적으로 판의 움직임이 가장 활발한 곳인데요, 인도네시아는 전역이 바로 이곳에 위치해 있습니다. 태평양 부근에 있는 지구 내부의 판이 활발하게 움직이기 때문에 인도네시아에는 크고 작은 지진이 연이어 발생하는 것입니다.

지구 내부의 판에 커다란 균열이 발생한 것도 인도네시아의 지진이 격렬해진 원인 중 하나입니다. 원래 하나로 되어 있던 판이 약 300만 년 전에 두 개 이상의 조각으로 나누어졌습니다. 판이 나누어지면서 커다란 균열이 발생한 곳이 바로 인도 판입니다. 이러한 균열로 인해 인도네시아 전역에 지진이 발생하게 된 것입니다.

앵커: 지진으로 인한 우리 교민*들의 피해는 없나요?

기자: ㉠현재까지 이번 지진들로 인한 교민들의 피해는 없는 것 같습니다. 그러나 언제 다시 지진이 발생할지 모른다는 공포가 교민 사회 전반에 팽배해 있습니다. 외교부는 인도네시아 교민들에게 인도네시아 지진에 대한 주의를 부탁하였습니다. 특히 지진으로 인한 피해가 발생했을 경우 외교부로 직접 연락하거나 혹은 대사관*을 통해 신속하게 연락을 줄 것을 요청하였습니다. 아울러 지진이 발생했을 때 인도네시아에 있는 우리 국민들에게 ㉡재난 문자를 보내는 등 피해를 최소화하기 위한 노력을 전하고 있다고 전했습니다. 인도네시아에서 김○○ 기자였습니다.

*교민: 다른 나라에서 사는 자기 나라 사람.
*대사관: 다른 나라에 나가 있는 대사와 관리들이 일을 보는 곳.

내용 파악하기

1. 이 글의 내용으로 알맞으면 ○표, 알맞지 않으면 ×표 하세요.

(1) 지진은 지구 내부의 판이 움직여 서로 충돌하면서 발생한다. (○)
(2) 인도네시아 중부와 동부 지역에서 규모 7이 넘는 지진이 발생하였다. (×)
(3) 인도네시아는 태평양 부근의 지진이 자주 일어나는 지역에 위치해 있다. (○)

→ 인도네시아 중부와 동부 지역에서 발생한 지진의 규모는 각각 6.2와 5.9로, 7을 넘지 않습니다.

표현의 적절성 평가하기

2. ㉠을 다음과 같이 고쳤을 때, 그 이유로 알맞은 것은 무엇인가요? (②)

현재까지 이번 지진들로 인한 교민들의 피해는 없는 것으로 전해집니다.

① 사실을 전달할 때에는 숫자를 사용하여 정확히 표현해야 하기 때문에
② 사실을 전달할 때에는 추측을 나타내는 표현을 사용하지 않아야 하기 때문에
③ 의견을 나타낼 때에는 자신의 생각이나 주장을 분명하게 드러내야 하기 때문에
④ 의견을 나타낼 때에는 자신의 주장을 뒷받침하는 근거를 제시해야 하기 때문에
⑤ 사실과 의견을 함께 나타낼 때에는 사실과 의견을 구분하여 보여 주어야 하기 때문에

→ ㉠에는 '~ㄹ 것 같습니다.'라는 추측을 나타내는 표현이 사용되었습니다. 교민들의 피해 사실을 전달할 때에는 추측을 나타내는 표현 대신 사실을 정확하게 나타내는 표현을 사용해야 합니다.

중심 생각 파악하기

3. 이 글의 내용을 대표하는 제목으로 가장 알맞은 것은 무엇인가요? (②)

① 제발 도와주세요
② 인도네시아 전역에 지진 발생
③ 태평양 지진, 우리도 안심 못 한다
④ 인도네시아 지진, 우리나라에서도 진동 느껴
⑤ 인도네시아 지진 발생, 인도 앞바다에 쓰나미

→ 제목은 글의 전체 내용을 아우르면서도 해당 내용을 잘 드러내야 합니다. 이 글에서는 인도네시아이나, 전역에서 지진이 연이어 발생하고 있다는 사실을 전하며 그 이유와 지진으로 인한 피해가 발생했을 시 어떻게 해야 하는지를 알려 주고 있습니다. 따라서 이 글의 제목으로 가장 알맞은 것은 '인도네시아 전역에 지진 발생'입니다.

1 낱말 뜻 알기

다음 빈칸에 알맞은 낱말을 〈보기〉에서 찾아 쓰세요.

보기
전역 격렬해진 잦은 확산되고

1. 감기에 걸려 (잦은) 기침으로 힘들다.
   뜻 어떤 일이 일어나는 횟수가 많은.

2. 가뭄 피해가 전국적으로 급속히 (확산되고) 있다.
   뜻 흩어져 널리 퍼지게 되고.

3. 이 영화는 세계 (전역)에서 큰 인기를 끌고 있다.
   뜻 어느 지역의 전체.

4. 권투 경기가 점차 (격렬해진) 탓에 조금 쉬었다가 하기로 하였다.
   뜻 일이나 행동이 세차고 사나워진.

2 관용 표현 알기

다음 빈칸에 알맞은 사자성어를 쓰세요.

" 거 안 사 위 "

평상시에 지진 대처 요령을 익혀 둔다면 지진이 발생해도 피해를 최소화할 수 있습니다. 이 사자성어는 편안할 때에 위태로움을 생각하라는 뜻으로, 근심이나 걱정거리가 없을 때 앞으로 있을지 모를 위험을 위함에 미리 준비하고 대비해야 함을 이르는 말이에요.

한자	뜻	음
居	살	거
安	편안할	안
思	생각	사
危	위태로움	위

3 한자어 익히기

다음 한자어를 소리 내어 읽고 빈칸에 따라 써 보세요.

發 生
필 발 날 생

발생(發生): 어떤 일이나 사물이 생겨남.
· 큰 지진이 발생하여 많은 사람이 다쳤다.
· 이곳은 지진이 잘 발생하지 않는 지역이다.
· 지진이 발생하면 침착하게 안전한 곳으로 대피해야 한다.

發 生
필 발 날 생

어휘 유형 파악하기

4. 이 글의 특징으로 가장 알맞은 것은 무엇인가요? (⑤)

① 이야기를 통해 얻을 수 있는 삶의 교훈을 전해 준다.
② 어떤 일에 대한 사람들의 의견이나 주장을 전해 준다.
③ 고마움과 미안함 등 다양한 감정을 상대방에게 전해 준다.
④ 상상의 이야기를 제시하여 재미와 흥미, 감동을 전해 준다.
⑤ 어떤 일이 언제, 어디서, 왜 일어났는지 등에 대한 정보를 전해 준다.
➡ 이 글은 인도네시아에서 지진이 발생했던 정보를 전해 주는 뉴스입니다. 뉴스는 사건과 관련하여 '누가, 언제, 어디서, 무엇을, 어떻게, 왜'에 대한 정보를 제공해 줍니다.

세부 내용 추론하기

5. 외교부에서 지진 발생 지역인 인도네시아 교민들에게 ⓛ을 보낼 때 포함해야 할 내용으로 알맞은 것에 모두 V표 하세요.

(1) 지진 규모 ( )
(2) 지진 발생 지역 (V)
(3) 우리나라 기상청 연락처 ( )
➡ 지진 발생 시 발송하는 재난 문자에는 지진 발생 지역, 지진 규모, 안전을 위해 주의해야 할 점 등이 포함되어야 합니다. 우리나라 기상청 연락처는 인도네시아 교민들에게 재난 문자를 보낼 때 포함해야 할 내용으로 알맞지 않습니다.

두 글의 정보 통합하기

6. 〈보기〉의 글을 참고할 때, 이 글의 말루쿠 지역의 건물들은 어떤 피해를 입게 되었을지 빈칸에 알맞은 말을 쓰세요.

보기
'지진 규모'는 지진의 절대적인 크기를 표시하는 체계입니다. 지진 규모에 따라 피해 정도는 달라집니다. 지진 규모가 4.0~4.9이면 건물이 크게 흔들리고 창문이 깨집니다. 방 안에 있는 작은 물건들이 흔들리거나 바닥으로 떨어지기도 합니다. 지진 규모가 5.0~5.9이면 방 안에 있는 큰 가구들이 움직일 만큼 건물이 흔들립니다. 건물의 벽에 금이 가기도 합니다. 지진 규모 6.0~6.9이면 제대로 지어진 건물이라도 크게 흔들립니다. 우하게 지어진 건물은 무너지는 등 큰 피해를 입기도 합니다.

↑ 말루쿠의 지진 규모는 (5.9)이므로 그 지역의 건물들은 (벽에 금이 가는) 피해를 입었을 것이다.
➡ 이 글에서는 말루쿠에서 규모 5.9의 지진이 발생했다고 하였으며, 〈보기〉에서는 지진 규모가 5.0~5.9이면 건물의 벽에 금이 가기도 한다고 설명하고 있습니다. 따라서 말루쿠 지역의 건물들은 벽에 금이 가는 피해를 입었을 것입니다.

05회 읽기 방법 익히기

1 이유나 근거 추론하기

글이 모든 내용을 다 보여 주는 것은 아닙니다. 읽는 이가 이미 알고 있는 내용, 글을 읽으면서 파악할 수 있는 내용은 글에 분명하게 드러나지 않기도 합니다. 글에 드러나지 않은 이유나 근거를 추론하려면 우선 글에 드러난 정보가 무엇인지 생각해야 합니다. 그리고 글에 드러난 정보 속에 숨겨진 정보는 무엇이 있을지 생각해야 합니다.

★ 글에 드러나지 않은 이유나 근거를 추론하려면,
(1) 글에 드러난 정보를 통해 알 수 있는 것이 무엇인지 확인해 봅니다.
(2) 글에 드러난 정보를 단서로 활용하여 숨겨진 정보는 무엇이 있을지 생각해 봅니다.
(3) 글에 드러난 정보와 드러나지 않은 정보를 활용하여 글 전체의 내용을 이해해 봅니다.

1 다음 글에 드러나지 않은 이유나 근거를 바르게 파악한 친구에게 √표 하세요.

그런데 빛이 앞을 막는 물체가 나타나면 어떻게 될까요? 이때는 빛이 앞을 막는 물체가 무엇인지에 따라 다른 현상이 나타납니다. 만약 빛이 앞을 막고 있는 물체가 빛이 통과할 수 있는 물체라면 빛은 계속 직진할 수 있을 것입니다. 하지만 빛이 앞을 막고 있는 물체가 빛을 막는 물체라면 어떻게 될까요? 빛은 물체로 막아질 것입니다. 빛은 물체에 가로막혀 막힌 결과물을 우리는 그림자로 확인할 수 있습니다. 빛이 물체에 들어가 모든 단어를 받아들이 아무러지는 것도 바로 이러한 이유 때문입니다.

대낮에도 창이 없는 방에 빛이 들어가는 것은 빛이 앞을 막는 물체가 있으면 빛은 튕겨 나가거나 흡수되는 방향을 지으면서 입니다.

빛은 모든 물체를 통고 계속 직진할 수 있어. ( ) 민영

빛의 앞을 막는 물체를 투명한 필름이 막고 있으면 빛은 튕겨 나가. ( ) 성환

빛이 통과하지 못 하는 물체에는 그림자가 생겨. (√) 현수

창이 없는 방이라도 밝은 대낮에는 한 할 수 있어. ( ) 대현

빛이 앞을 막는 물체가 있으면 빛은 튕겨 나가거나 흡수됩니다. 빛이 통과할 수 없는 물체가 가로막고 있으면 빛은 튕겨 나가기 때문에 물체에는 그림자가 생기게 됩니다.

2 다음 글을 읽고 물음에 답하세요.

빛은 앞에 있는 물체가 놓였을 때에 그대로 통과할 수도 있고 통과하지 못할 수도 있습니다. 물체에 따라 빛을 통과시키는 정도는 다릅니다. 빛을 통과시키지 않고 차단하려 할 때에는 불투명한 물체를 사용합니다. 두꺼운 종이처럼 빛을 통과시키지 못하는 물체를 가리켜 불투명하다고 합니다. 그리고 색이 없는 유리처럼 빛을 대부분 통과시키는 물체를 가리켜 투명하다고 합니다. 투명한 물체를 앞에 두고 보면 건너편에 있는 물체를 뚜렷하게 볼 수 있습니다.

그런데 모든 물체를 투명한 것과 불투명한 것 두 가지로 나눌 수 있는 것은 아닙니다. 우뭇빛 유리나 한지는 빛을 조금만 통과시킬 수 있습니다. 이 물체들을 앞에 두고 보면 건너편에 있는 물체의 모양이 자세하지 않고 어렴풋하게 보입니다. 이러한 물체들을 가리켜 반투명하다고 합니다.

(1) 이 글을 통해 알 수 있는 내용이 아닌 것은 무엇인가요? (③)

① 빛을 차단하려면 불투명한 물체를 사용하는 것이 좋다.
② 투명한 물체를 앞에 두고 보면 건너편에 있는 물체를 뚜렷하게 볼 수 있다.
③ 모든 물체는 빛을 거의 통과시키는 물체와 통과시키지 못하는 물체 두 가지로 나뉜다.
④ 건너편에 있는 물체의 모양을 흐릿하게 보고 싶으면 빛을 일부만 통과시키는 것이 좋다.
⑤ 빛이 물체를 어느 정도 통과하는지에 따라 물체의 모양을 투명하게 볼 수 있는 정도가 다르다.

빛을 대부분 통과시키는 물체를 투명하다고 하고, 빛을 통과시키지 못하는 물체를 불투명하다고 합니다. 모든 물체가 이 두 가지로 나눌 수 있는 것은 아니라고 하였습니다. 물체는 빛을 통과시키는 정도에 따라 불투명, 반투명, 투명으로 나눌 수 있습니다.

(2) 〈보기〉의 물체들을 투명한 정도에 따라 빈칸에 순서대로 쓰세요.

> 보기
> 한지   두꺼운 종이   색이 없는 유리

불투명하다			투명하다
두꺼운 종이	→ 한지	→ 색이 없는 유리	

'두꺼운 종이'는 불투명한 물체이고, '색이 없는 유리는 유리'는 투명한 물체입니다. 그리고 '한지'는 반투명한 물체입니다.

2 표현의 적절성 평가하기

글을 읽을 때에는 글의 내용을 나타내는 표현에 주의를 기울여야 합니다. 글의 내용을 나타내기에 알맞은 표현을 사용하였는지, 여러 가지 의미로 해석될 수 있는 표현은 없는지, 의미가 불분명한 표현은 없는지 등을 살펴봐야 합니다. 그래야 글에 사용된 표현이 적절한지 평가할 수 있습니다.

★ 표현의 적절성을 평가하려면,
(1) 글의 내용에 알맞은 표현인지 확인해 봅니다. 예를 들어, 사실을 나타낼 때에는 사실에 알맞은 정확한 표현을 사용하였는지, 의견을 나타낼 때에는 자신의 생각을 분명하게 드러내고 있는지 살펴봅니다.
(2) 글의 내용을 정확하게 표현하고 있는지 점검해 봅니다. 문장이 말하고자 하는 바가 무엇인지, 한 문장이 하나의 의미로만 해석되는지 등을 따져 봅니다.

1 다음 글을 읽고 서연이의 질문에 대한 상현이의 대답을 완성해 보세요.

현재까지 이번 지진으로 인한 교민들의 피해는 없는 것 같습니다. 그러나 인제 언제 다시 지진이 발생할지 모르는다는 공포가 교민 사회 전반에 확산되고 있습니다. 외교부는 인도네시아 교민들에게 인도네시아 지진에 대한 주의를 부탁하였습니다. 특히 지진으로 인한 피해가 발생했을 경우 외교부로 직접 연락하거나 혹은 대사관을 통해 신속하게 연락을 줄 것을 요청하였습니다. 아울러 지진이 발생했을 시 인도네시아에 있는 우리 국민들에게 재난 문자를 보내는 등 피해를 최소화하기 위한 노력을 기울일 것이라고 진행했습니다. 인도네시아에서 김○○ 기자였습니다.

'나는 이 글에서 '없는 것 같습니다.', '모르는다'는 표현이 어색하다고 생각해. 왜 그럴까?

서연

사실을 나타내야 하는 글에 '~한 것 같다.', '모르는다'는 나타내는 표현을 사용해서 그래.

주
측
음

상현

➡ 서연이가 이 글에서 '없는 것 같습니다.', '모르는다'는 표현이 어색했기 때문입니다. '모르는다'는 표현이 어색하다고 생각한 이유는 사실이 어색하다고 생각한 이유는 '~한다'고 생각한 것 같다.는 표현을 사용했기 때문입니다.

화산은 땅속 깊은 곳에서 암석이 높은 열에 의해 녹아서 만들어진 마그마가 분출하여 생긴 지형입니다.

㉠화산은 꼭대기가 뾰족하기도 하고 움푹하기도 합니다. 꼭대기의 모양도 제각각입니다. 꼭대기에 분화구가 있는 화산도 있습니다. 이 분화구에 물이 고여 호수나 물웅덩이가 생기기도 합니다. 화산이 분출할 때 나오는 물질을 '화산 분출물'이라고 합니다. 화산 분출물은 기체, 액체, 고체의 상태로 나옵니다. 화산이 분출할 때 나오는 기체 상태의 물질을 '화산 가스'라고 합니다. ㉡화산 가스는 수증기로 이루어져 있습니다. 액체 상태의 분출물에는 용암이 있습니다. 고체 상태의 분출물에는 화산재, 화산 암석 조각 등이 있습니다.

마그마가 지표면을 뚫고 나온 것일 것입니다. 고체 상태의 분출물에는 화산재, 화산 암석 조각 등이 있습니다.

(1) 다음 선생님의 말씀에 따라 ㉠을 고쳐 쓴 것으로 알맞은 것은 무엇인가요? (①)

선생님: 문장이 내용을 간단하고 명확하게 표현하면 좋겠구나.

① 화산은 꼭대기의 생김새가 다양합니다.
② 화산은 대부분 꼭대기에 물웅덩이가 있습니다.
③ 화산은 높은 열이 분출하여 만들어진 지형입니다.
④ 화산은 기체, 액체, 고체로 된 분출물을 내뿜습니다.
⑤ 화산은 꼭대기가 뾰족하기도 하고 무득하기도 합니다.

➡ ㉠은 화산 꼭대기의 다양한 생김새를 이야기하고 있습니다. ⑤에 나타난 내용을 간단하고 명확하게 표현한 문장은 '화산은 꼭대기의 생김새가 다양합니다.'입니다.

(2) 다음 자료를 참고하여 ㉡을 고쳐 쓴 것으로 가장 알맞은 것은 무엇인가요? (⑤)

화산이 활동할 때에는 화산 가스를 뿜어낸다. 화산 가스는 60~90%가 수증기이고, 그 밖에 이산화 탄소, 이산화 황, 수소, 질소, 황화 수소 등으로 이루어져 있다.

① 화산 가스는 화산이 활동할 때에 뿜는 가스입니다.
② 화산 가스는 90% 이상이 수증기로 이루어져 있습니다.
③ 화산 가스에는 이산화 탄소, 이산화 황이 많이 포함되어 있습니다.
④ 화산 가스는 매우 위험한 물질로 이루어져 있으며 냄새가 좋지 않습니다.
⑤ 화산 가스는 대부분 수증기이며 여러 가지 기체가 포함되어 있습니다.

➡ 제시된 자료에서 화산 가스는 60~90%가 수증기이고, 그 밖에 여러 가지 기체로 이루어져 있으며 그 가운데 수증기가 가장 많은 부분을 차지한다고 설명하고 있습니다. 자료를 참고하여 ㉡을 고쳐 쓴 문장에는 이러한 여러 가지 기체가 약간 포함되어 있다고 써야 합니다.

빛이 탄생시킨 명작

이 글의 중심 화제는 **빛**입니다. 빛과 관련된 **과학, 미술, 사회**를 공부해요.
빛으로 인해 화가가 많았던 것들은 무엇을 알아보고 자료를 더 잘 이해해 보세요.

▲ 클로드 모네(1840~1926)

프랑스의 대표적인 인상파 화가인 클로드 모네는 철저하게 야외에서 그림을 그렸습니다. '빛의 화가'라고도 불리는 모네는 자연이야말로 빛과 색채의 변화를 표현하는 최상의 소재라고 생각했습니다. 수시로 변화하는 빛을 화폭에 담기 위해 매우 빠르게 붓놀림으로 그림을 그렸다고 합니다.

또 모네는 동일한 장소나 소재를 다양한 시간대, 계절에 따라 다르게 표현하여 여러 장의 그림을 그리는 연작을 많이 남겼습니다. 특히 「수련*」은 1899년에서 1926년 그가 세상을 떠날 때까지 끊임없이 그렸던 가장 유명한 작품 주제입니다. 모네는 시간의 흐름과 함께 변화하는 빛과 색채를 그대로 그리고 싶었습니다. 그의 집에 있는 정원을 가꾸어 오랜 시간 수련을 관찰하며 연작을 그렸습니다.

다양한 시간대에 따라 사물을 관찰하며 그린 모네의 작품들은 당시 유럽인들에게 큰 인기를 얻었습니다. 모네는 살아 있는 동안에도 큰 명성을 얻은 화가로서, 높은 가격으로 판매되는 작품들로 인해 풍족한 삶을 살 수 있었습니다. 하지만 좋은 빛을 보며 그림을 그리는 그의 작업 방식은 그의 눈에 지속적으로 무리를 주었습니다. 오랜 시간 빛에 노출된 그의 시력은 점점 나빠졌습니다. 사실 모네는 젊을 때부터 이미 앞이 뿌옇게 보이는 증상이 나타났습니다. 이후 60대가 되자 본격적으로 백내장* 증세가 나타났습니다. 백내장은 환자는 정상인에 비해 붉은빛을 강렬하게 인식하는 특징이 있습니다.

모네도 자신의 눈이 정상이 아님을 알 수 있었습니다.

▲ 「수련」(1907)

그림에도 불구하고 교정 난 자신의 눈에 비친 세상을 보이는 대로 정직하게 그렸습니다. 안타깝게도 시간이 지남수록 병은 심해졌습니다. 오른쪽 눈은 실명 상태에 가까웠고, 왼쪽 눈으로도 제대로 세상을 바라볼 수 없었습니다.

우리는 「수련」을 통해 모네의 그림 기법*을 엿볼 수 있음과 동시에 그가 앉았던 병이 진행 정도를 알 수 있습니다. 백내장을 앓은 모네가 그린 「수련」은 붉은색으로 가득합니다. 심지어 그림 소재의 형체는 알아보기 어려울 정도입니다. 그림만 놓고 보면 같은 연못과 수련을 그렸다고 추측하기 어려울 정도입니다. 이와 같은 현상은 모네에게도 큰 절망이었지만, 포기하지 않았기에 우리는 그의 작품을 만나고 있습니다.

▲ 모네가 같은 풍경을 백내장을 앓기 전(왼쪽)과 앓을 때(오른쪽) 그린 그림

→ 교정 난 자신의 눈에 비친 세상을 보이는 대로 그린 모네
→ 모네가 앓았던 병이 진행 정도를 알 수 있는 「수련」 그림

* 화폭: 그림을 그려 놓은 천이나 종이의 조각.
* 수련: 여러해살이 수초. 주로 연못 조경용으로 심음.
* 근교: 도시의 가까운 변두리에 있는 마을이나 들.
* 백내장: 수정체가 회백색으로 흐려져서 시력이 떨어지는 질병.
* 기법: 기교와 방법을 이울러 이르는 말.

1 다음 빈칸에 들어갈 말을 이 글에서 찾아 쓰세요.

> 클로드 모네는 프랑스를 대표하는 인상파 화가로, [빛]의 화가'라고도 불립니다.

> 모네는 시간의 흐름에 따라 변화하는 빛과 색채를 화폭에 담은 '빛의 화가'입니다.

2 이 글의 내용으로 알맞지 않은 것은 무엇인가요? (④)

① 모네는 배내장을 앓았다.
② 모네는 프랑스에서 태어나고 활동하였다.
③ 모네는 지베르니에서 수련 연작을 그렸다.
④ 모네의 작품은 죽은 뒤에야 가치를 인정받았다.
⑤ 모네는 같은 소재를 여러 장 그리는 연작 활동을 하였다.

➡ 모네의 작품은 살아 있는 동안에도 큰 인기를 얻었다고 하셨습니다.

3 다음 글의 내용으로 알맞지 않은 것은 무엇인가요? (①)

태양 광선 중 눈으로 볼 수 있는 광선은 가시광선이다. 가시광선은 무지개색으로 구성되어 있어서 빨주노초파남보의 색깔로 대표된다. 빨간색 쪽이 파장이 길고, 보라색 쪽이 파장이 짧다. 적외선보다 파장이 긴 광선이 적외선이고, 보라색보다 파장이 짧은 광선이 자외선이다. 적외선과 자외선은 눈에 보이지 않는다. 자외선은 일기 예보의 자외선 지수, 화장품의 자외선 차단 등에 용어에서 쓰이고 있기 때문에 잘 알려져 있다. 자외선은 높은 에너지를 가지고 있어서 강한 자외선을 입으로 수 있고 눈에는 노화를 촉진시켜 백내장 등의 질병을 입으킬 수 있다.

① 자외선은 눈으로 볼 수 있다.
② 눈에 보이는 빛은 가시광선이다.
③ 무지개의 일곱 색깔은 가시광선이다.
④ 자외선은 백내장의 원인이 될 수 있다.
⑤ 적외선은 빨간색보다 파장이 긴 광선이다.

➡ 자외선과 적외선은 눈에 보이지 않는다고 하셨습니다.

4 다음 글을 읽고 아래의 그림을 색칠하여 완성해 보세요.

빈센트 반 고흐는 자신의 작품에 강렬한 노란색을 자주 사용하였다. 사람들은 그 이유를 고흐가 앓았던 병이 황시증 때문으로 본다. 황시증은 두한 술에 중독될 때 나타날 수 있는 병으로, 사물이 노랗게 보이는 증상이다. 황시증을 앓았던 고흐가 그린 「해바라기」에도 온통 노란색이 칠해 있다.

➡ 고흐가 그린 「해바라기」처럼 노란색을 주로 사용해도 좋고, 다른 색을 사용해도 좋습니다. 자신의 느낌과 개성을 담아 그림을 자유롭게 완성해 봅니다.

5 자외선은 우리 몸에 안 좋은 영향을 많이 끼칩니다. 평소 자외선으로부터 우리 몸을 보호할 수 있는 방법에는 어떤 것들이 있는지 조사하여 써 보세요.

예 어릴 때 자외선 차단제를 바르고, 모자나 선글라스 등을 쓴다.

➡ 해로운 자외선을 피하기 위해서는 자외선이 강한 시간에는 외출을 자제하는 것이 좋습니다. 외출이 불가피한 경우에는 자외선 차단제를 꼭 바르고 챙이 넓은 모자, 자외선 차단 기능이 있는 선글라스 등을 착용하여 피부와 눈을 보호하도록 합니다.

감마선 | X선 | 자외선 | 적외선 | 초단파 | 라디오파
가시광선 (인간의 눈으로 볼 수 있는 빛의 영역)

ERI 지수 **452** 예술 | 음악

우리나라의 전통 노래인 민요는 어떻게 만들어졌을까요? 민요는 한 사람이 만든 노래가 아닙니다. 민요는 ㉠사람들 사이에서 자연스럽게 만들어진 후에 여러 사람의 입에서 입으로 전해졌습니다. 이렇게 여러 사람이 함께 만들고 부르면서 민요에는 사람들의 삶의 모습과 생각이 담기게 되었습니다.

→ 사람들의 삶의 모습과 생각이 담겨 있는 민요

남녀노소를 가리지 않고 사랑받아 온 민요로는 아리랑이 있습니다. 아리랑은 지역에 따라 가사나 곡조가 다양합니다. 그 수가 3천 개가 넘을 정도입니다. 그렇다면 가장 유명한 아리랑은 무엇일까요? 강원도의 「정선 아리랑」, 전라도의 「진도 아리랑」, 경상도의 「밀양 아리랑」 등이 유명합니다. 한 예로 「진도 아리랑」을 살펴볼까요?

→ 지역에 따라 가사나 곡조가 다양한 아리랑

서산에 지는 해는 지고 싶어 지느냐 / 날 두고 가신 임은 가고 싶어 가느냐. / 아리아리랑 스리스리랑 아라리가 났네. / 아리랑 응응응 아라리가 났네.

서쪽 산으로 해가 집니다. 지는 해를 바라보며 자신을 버리고 떠난 자신을 버리고 떠난 사람이 있습니다. 노랫말 전체가 슬픔 느낌입니다. 이렇게 노랫말이 슬픔과 같은 이야기가 함께 전해집니다. 「진도 아리랑」에는 다음과 같은 이야기가 함께 전해집니다.

서로를 매우 아끼고 사랑하는 한 남자와 여자가 있어서 둥은 멀리 떨어져 살고 있어서 자주 만날 수가 없었습니다. 그래도 두 사람은 서로를 믿으며 예쁜 사랑을 키워 나갔습니다.

그러나 행복은 오래 가지 못했습니다. 만나기로 약속한 날에 남자가 나타나지 않았기 때문입니다. 남자를 매우 사랑했던 여자는 1년을 기다렸습니다. 그러던 중 여자는 남자가 다른 사람과 결혼했다는 소식을 들었습니다. 충격을 받은 여자는 슬픔의 정도 들어가 머리를 깎고 스님이 되었습니다.

이런 이야기를 담고 있기 때문에 ㉡「진도 아리랑」의 곡조는 앞부분에서 신나다가 뒷부분에서

→ 「진도 아리랑」에 담긴 이야기 때문에 앞부분에서 신나다가 뒷부분에서 신나다가 뒷부분이

서 **구슬퍼집니다.**
「진도 아리랑」은 지금까지도 많이 불리고 있습니다. 많은 사람이 우리나라를 대표하는 노래로 아리랑을 선택하곤 합니다. 실제로 아리랑은 2000년 시드니 올림픽에서 남북한 선수단이 함께 입

장하는 첫 음 기념하는 노래로 쓰였습니다. 포한 우리나라 축구 대표 팀을 응원하는 노래로도 아리랑은 첫 음 기념하는 노래로 쓰였습니다. 이 외에도 아리랑은 영화, 드라마, 소설 등 많은 곳에서 계속 쓰이고 있습니다.

우리나라 사람들이 이렇게 아리랑을 사랑하는 이유는 무엇일까요? 아마 아리랑이 우리나라를 대표하는 불렸던 사람들의 삶과 감정을 ㉢담고 있기 때문일 것입니다. 아리랑은 우리나라를 대표하는

문화유산입니다. 우리의 아리랑을 소중히 지켜 나가야 할 것입니다.

→ 우리나라를 대표하는 소중한 문화유산인 아리랑

내용 파악하기

1. 이 글의 내용으로 알맞지 않은 것은 무엇인가요? (⑤)
① 아리랑은 우리나라의 민요이다.
② 민요는 오래전부터 불리던 노래이다.
③ 아리랑은 우리나라를 대표하는 노래로 알려져 있다.
④ 아리랑에는 우리나라 사람들의 생각과 감정이 담겨 있다.
⑤ 아리랑은 그 수가 3천 개가 넘지만 노랫말은 모두 비슷하다.

→ 2문단에서 아리랑은 지역에 따라 가사나 곡조가 다양하다고 했습니다. 그러므로 노랫말이 모두 비슷하다는 것은 알맞지 않습니다.

세부 내용 추론하기

2. ㉠에서 짐작할 수 있는 사실이 아닌 것은 무엇인가요? (⑤)
① 민요는 말로 전해지던 노래이다.
② 민요는 여러 세대를 거치며 이어져 내려왔다.
③ 민요를 만드는 데에는 여러 사람이 참여하였다.
④ 민요를 누가 언제 만들었는지는 정확하게 알기 어렵다.
⑤ 민요는 신분에 상관없이 모든 사람이 좋아했던 노래이다.

→ 민요가 여러 사람의 입에서 입으로 전해졌다는 점에서 오랜 시간 많은 사람의 사랑을 받았던 것이라고 추측할 수 있습니다. 그러나 ㉠에서 신분에 상관없이 모든 사람이 민요를 좋아했다고 추론할 만한 단서는 나타나 있지 않습니다.

이유나 근거 추론하기

3. ㉡의 이유를 「진도 아리랑」에 담긴 이야기를 바탕으로 설명해 보세요.

> 「진도 아리랑」의 곡조가 앞부분에서 신나다가 뒷부분에서 구슬퍼지는 이유
>
> 남자와 여자가 ___[예] 예쁜 사랑을 키워 나가면서 행복했을___ 때에는 신나는
> 곡조가 어울리지만, ___[예] 자신이 기다리던 남자가 다른 사람과 결혼했는___
> 소식을 듣고 슬픔에 빠졌을 ___ 때에는 구슬픈 곡조가 어울리기 때문이다.

→ 「진도 아리랑」에 담긴 이야기를 떠올리며 구슬픈 곡조가 쓰인 이유를 생각해 보면, 두 사람이 서로의 사랑을 키워 나가는 것은 신나는 곡조로 표현되고, 여자가 이별을 겪으면서 구슬픈 느낌을 받게 된 것은 구슬픈 곡조로 표현할 수 있습니다.

1 낱말 뜻 알기

다음 빈칸에 알맞은 낱말을 〈보기〉에서 찾아 쓰세요.

〈보기〉
남녀노소   곡조   서산   구슬퍼집니다

1. 이미 (서산)에는 해가 지고 있었다.
   뜻 서쪽에 있는 산.

2. 행사장은 흥겨운 (곡조)의 노래로 가득 찼다.
   뜻 곡에서 느껴지는 분위기나 느낌.

3. 그는 (남녀노소) 할 것 없이 모두가 사랑하는 가수이다.
   뜻 남자와 여자, 늙은 사람과 젊은 사람. 곧 모든 사람.

4. 신랑신부 어느 듯한 피리 소리에 사람들의 마음은 (구슬퍼집니다).
   뜻 처량하고 슬퍼집니다.

2 관용 표현 알기

다음 빈칸에 알맞은 말을 쓰세요.

"애 간 장 태우다"

이 말은 몹시 초조하고 안타까워서 속을 많이 태운다는 뜻으로, 비슷한 말로는 '애간장이 녹다', '애간장이 쏟다' 등이 있어요. '진도 아리랑에 담긴 이야기에서, 만나기로 약속한 날 나타나지 않은 남자를 일 녀네 기다리는 여자의 마음이 이랬겠지요?

3 한자어 익히기

다음 한자어를 소리 내어 읽고 빈칸에 따라 써 보세요.

老 늙을 노   小 작을 소

노소(老少): 늙은 사람과 젊은 사람.
・인사를 할 때에는 노소를 구분하는 것이 중요하다.
・윷놀이는 남녀노소 모든 사람이 즐기는 것 놀이이다.
・이 운동은 노소에 관계없이 기볍게 할 수 있는 운동이다.

낱말 뜻 짐작하기

4. ㉠의 '담다'와 같은 뜻으로 사용된 낱말은 무엇인가요? (⑤)
① 쌀통에 쌀을 담다.
② 화분에 흙을 담다.
③ 물병에 물을 담다.
④ 바구니에 과일을 담다.
⑤ 선물에 나의 마음을 담다.

'담다'는 '어떤 물건을 그릇 따위에 넣다'라는 뜻과 '어떤 내용이나 생각을 그림, 글, 글. 표정 따위에 포함하거나 반영하다'라는 뜻을 가지고 있습니다. ㉠의 '담다'는 아리랑이 사람들의 삶과 감정을 반영하고 있다는 의미이므로 두 번째 뜻으로 사용되었어. ⑤의 '담다'도 선물에 자신의 마음을 반영한다는 의미이므로 두 번째 뜻으로 사용되었습니다. ①~④의 '담다'는 모두 첫 번째 뜻으로 사용되었습니다.

중심 생각 파악하기

5. 이 글의 내용을 바탕으로 다른 나라 사람들에게 아리랑을 소개하는 문구를 만들 때, 가장 알맞은 것은 무엇인가요? (④)
① 세계가 바라보는 한국인의 삶, 아리랑
② 한국의 예술 보여줌을 소개하는 노래, 아리랑
③ 한국을 대표하는 공식 행사용 노래, 아리랑
④ 한국인의 삶과 감정을 보여 주는 노래, 아리랑
⑤ 예로부터 전해 내려오는 한국 최고의 사랑 이야기, 아리랑

이 글에서는 아리랑이 한국인의 삶의 모습과 생각, 기쁨과 슬픔 등의 감정까지 모두 담아내고 있음을 설명하고 있습니다. 따라서 아리랑의 가치를 가장 잘 드러낸 제목은 ④입니다.

질문하며 읽고 답 찾아내기

6. 이 글을 읽은 후 더 알고 싶은 내용을 알맞게 말한 친구를 모두 골라 V표 하세요.

「정선 아리랑과 밀양 아리랑의 곡조나 노랫말은 어떠할까?
상현 (V)

「진도 아리랑의 여자 주인공은 왜 머리를 깎고 스님이 된 것일까?
민영 ( )

다른 나라 사람들은 아리랑에 대해 어떤 생각을 가지고 있을까?
서연 (V)

이 글의 내용과 관련되어 있지만, 질문에 대한 답이 글에 제시되어 있지 않은 질문들을 찾아야 합니다. '진도 아리랑도 아리랑의 주인공이 스님이 된 이유는 이 글에 나타나 있으므로 더 알고 싶은 내용으로 알맞지 않습니다.

ERI 지수 **507** 예술 | 수학

1보다 작은 부분도 수로 나타낼 수 있을까요? 이를 위해 만들어진 수가 '소수'입니다. 소수는 한 일의 자리보다 작은 자릿값을 가진 수를 말합니다. 0.7, 0.9 등이 소수의 예입니다. 소수는 16세기에 네덜란드의 수학자 스테빈이 만들어 냈습니다. 소수는 1보다 작은 부분을 나타낼 수 있는 수가 분수밖에 없었습니다. 분수는 전체를 부분으로 나눈 값을 나타내는 수로, 16세기보다 훨씬 앞선 고대 이집트에서 이집트 만들어졌습니다. ← 소수의 등장 유래

분수가 있는데 왜 소수를 만든 것일까요? 분수로 1보다 작은 부분을 나타낼 수는 있지만 계산하기 어려운 경우가 많았기 때문입니다. 예를 들어 1/10 을 계산하기 쉽습니다. 그러나 1/11, 1/125 은 계산하기도 어렵습니다. 왜일까요? 분모가 10, 100, 1000이어야 계산이 쉬워지기 때문입니다. 이 점을 이용해 스테빈은 1보다 작은 부분을 나타낼 수 있는 방법을 만들어 냈습니다.

일단 스테빈은 모든 분모를 10, 100, 1000으로 만들었습니다.

'1②'로, 1/1000 을 '1③'으로 바꾸어 나타냈습니다. 그럼 분모가 10이나 100이 아닌 1/4 은 어떻게 나타낼 수 있을까요? 1/4 은 분모를 100으로 만들면 25/100 입니다. 스테빈의 방법대로 하면,

1/4 을 '2①+5②'로 나타낼 수 있습니다.

그런데 영국의 수학자 네이피어는 점을 찍어 자연수 부분과 소수 부분을 나누자고 제안했습니다. 간편하지 않다고 느꼈기 때문입니다. ← 스테빈이 소수를 나타낸 방법

그래서 영국에서 이것을 받아들이면서 지금의 소수점이 만들어졌습니다. 오늘날 거의 모든 나라가 소수점으로 온점(.)을 사용하고 있지만, 독일 같은 몇몇 나라는 소수점으로 반점(,)을 사용하기도 합니다. ← 점을 찍어 소수를 나타낸 네이피어

소수는 분수와 표현 방법이 다를 뿐만 아니라 같은 수를 분수로도 나타낼 수 있습니다. (㉠)

소수와 분수는 서로 바꿔 쓸 수 있습니다. 소수는 수의 크기를 정확하게 비교하기에 좋습니다. 소수는 정확하게 나타낼 수 있기 때문입니다. 또 소수는 1보다 작은 수를 나타낼 수 있기 때문입니다. 이와 달리, 분수는 나누어떨어지지 않는 수를 간단하게 나타낼 수 있습니다. 예를 들어 1을 3으로 나누면 0.33333…으로 끝이 나지 않습니다. 그러나 분수를 사용하면 1/3 로 간단하게 나타낼 수 있습니다.

나다. 정리하자면, 분수는 전체에서 부분을 수로 나타내기에 편리합니다. 소수는 길이나 양을 정확하게 잴 때 편리합니다. 그러므로 상황에 맞게 편리한 수를 사용하면 됩니다. ← 나누기를 할 때 편리한 분수와 측정값을 잴 때 편리한 소수

🏆 **정답과 해설**

40

내용 파악하기

1. 이 글에 나타난 '소수'에 대한 설명으로 알맞지 <u>않은</u> 것은 무엇인가요? (②)

① 네덜란드의 수학자가 만들었다.
② 분수와 비슷한 시기에 만들어졌다.
③ 자연수 부분과 소수 부분을 찍어 구분한다.
④ 소수의 발명으로 복잡한 계산을 쉽게 처리할 수 있게 되었다.
⑤ 현재 소수점을 표기하는 방식이 완벽하게 통일된 것은 아니다.

▸ 1문단에서 분수는 16세기보다 훨씬 앞선 고대 이집트에서 만들어졌다고 하였으므로 소수는 16세기에 만들어졌으므로 분수와 비슷한 시기에 만들어졌다고 볼 수 없다.

세부 내용 추론하기

2. 다음은 스테빈이 분수를 소수로 나타내는 과정을 정리한 것입니다. □, ■, ▣에 들어갈 숫자를 각각 쓰세요.

$\dfrac{3}{8}$ 을 스테빈의 소수로 나타내기

1. 분수를 분모가 10, 100, 1000인 분수로 바꾸기

$$\dfrac{□}{10} + \dfrac{■}{100} + \dfrac{▣}{1000}$$

2. 각 분수를 소수의 각 자릿수를 나타내는 원문자로 나타내기

①+②+③

▸ 2문단에 따르면 스테빈은 모든 분모를 10, 100, 1000으로 만든 후, 이것이나 방법을 내놓습니다. $\dfrac{3}{8} = \dfrac{375}{1000}$ 이므로, $\dfrac{3}{10} + \dfrac{7}{100} + \dfrac{5}{1000}$ 로 바꿀 수 있고, 소수로도 '3①+7②+5③'으로 나타낼 수 있습니다.

• □ : (3)
• ▣ : (7)
• ■ : (5)

이어 주는 말 파악하기

3. ㉠에 들어갈 알맞은 말을 〈보기〉에서 찾아 쓰세요.

보기
한편   그러나   그러므로

(그러므로)

▸ ㉠의 앞 문장은 소수는 분수와 표현 방법이 다를 뿐만 아니라 같은 수를 분수로도 나타낼 수 있음을, 뒤 문장은 소수와 분수는 서로 바꿔 쓸 수 있음을 설명하고 있습니다. 소수와 분수를 서로 바꿔 쓸 수 있는 것은 두 수가 같은 수를 나타내기 때문이다. 소수와 앞 문장이 뒤 문장의 원인과 결과의 관계로 연결됨을 알 수 있습니다. 이러한 관계를 나타내는 이어 주는 말은 '그러므로'입니다.

어휘 익히기

1 낱말 뜻 알기

다음 빈칸에 알맞은 낱말을 〈보기〉에서 찾아 쓰세요.

• 보기 •
당시 · 제안 · 비교 · 정밀하게

1. 그는 새로운 문제 해결 방안을 (제안)했다.
   뜻 의견이나 방법을 내놓음.

2. 사건을 조사할 때에는 (정밀하게) 분석하고 정확하게 판단해야 한다.
   뜻 자세하고 꼼꼼하게.

3. 1960년대 (당시)에 전화는 아무 집에서나 볼 수 있는 흔한 물건이 아니었다.
   뜻 일이 있었던 바로 그때. 또는 이야기하고 있는 그 시기.

4. 가전제품을 살 때에는 여러 제품의 성능과 가격 등을 (비교)해 보는 것이 좋다.
   뜻 둘 이상의 물건을 서로 견주어 서로 간의 유사점이나 차이점 등을 따져 봄.

2 관용 표현 알기

다음 빈칸에 알맞은 말을 쓰세요.

"목 마른 자가 우물 판다"

네덜란드의 수학자 스테빈은 분수로 이자를 계산하는 것이 어렵고 복잡해서 소수를 만들어 냈다고 합니다. 이 속담은 제일 급하고 필요를 느끼는 사람이 그 일을 서둘러 하게 되어 있다는 말이에요.

3 한자어 익히기

다음 한자어를 소리 내어 읽고 빈칸에 따라 써 보세요.

小	數
작을 소	셈 수

소수(小數): 일의 자리보다 작은 자리의 값을 가진 수.
• 1보다 작은 수를 나타낼 때에는 분수와 소수를 사용한다.
• 분수를 소수로 표현하려면 분자를 분모로 나누어야 한다.
• 수의 크기를 정확하게 비교할 때 소수를 활용하면 편리하다.

주요 개념 파악하기

4. 이 글의 내용을 바탕으로 다음 표의 빈칸을 채워 분수와 소수의 차이점을 정리해 보세요.

	분수	소수
만들어진 시기	고대 이집트	16세기
개념	전체를 부분으로 나눈 값을 나타내는 수	일의 자리보다 작은 자릿값을 가진 수
예시	$\frac{1}{10}$	0.1
장점	나누어떨어지지 않는 수를 간단하게 나타낼 수 있다.	수의 크기를 정밀하게 비교할 수 있다.

➡ 1문단과 4문단에서 분수와 소수에 대해 설명한 내용을 바탕으로 표의 빈칸을 채우며 차이점을 정리해 봅니다.

글의 내용 적용하기

5. '소수'를 활용하면 편리한 상황을 모두 골라 ∨표 하세요.

(1) 100m 달리기 기록을 잴 때
(∨)

(2) 시력을 측정할 때
( )

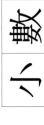

(3) 사람 수에 따라 나눈 케이크 조각을 나타낼 때
( )

(4) 상체와 하체의 비율을 나타낼 때
(∨)

➡ 4문단에서 분수는 전체에서 부분을 수로 나타내기에 편리하고, 소수는 길이나 양을 정확하게 잴 때 편리하다고 편리하다고 하였습니다. '사람 수에 따라 나눈 케이크 조각을 나타낼 때'는 분수를 활용하는 것이 편리합니다.

ERI 지수 480   예술 | 체육

1 스포츠 경기를 관람하거나 스포츠에 참여하다 보면 쉽게 흥분하거나 화를 내곤 합니다. 왜 그럴까요? 이기고 싶은 마음에 상대방을 경쟁자로 보게 하고 과한 공격적 태도를 갖게 하기 때문입니다. 경쟁에 집중하다 보면 상대방을 공격적으로 대하게 되고, 이로 인해 상대방에 대한 나쁜 감정이 ㉠생깁니다. 이렇게 보면 스포츠에서 경쟁은 불필요하고 나쁜 것처럼 보입니다. 그러나 스포츠에서 경쟁이 꼭 나쁜 것은 아닙니다. 오히려 경쟁은 스포츠를 즐기게 하는 힘이 되기도 합니다. 그렇다면 무엇이 문제일까요? ㉡스포츠 의 목적과 경쟁의 의미를 잘못 생각하는 것이 문제입니다. ㉢이제부터 스포츠와 경쟁의 올바른 의미가 무엇인지를 알아보겠습니다.

2 ㉣우선, 사람들은 스포츠의 목적이 오로지 승리하는 것이라고 생각을 가지고 있습니다. 이 경우, 이기면 성공하는 것이고 지면 실패하는 것이라 생각하기 쉽습니다. 이러한 ㉤ 분별적인 사고는 스포츠를 즐기는 것을 방해하고, 상대방을 위하는 마음도 잊게 합니다.

3 그러나 스포츠에서 누가 이기고 지느냐가 진짜 중요한 것이 아닙니다. 그리고 스포츠를 즐기는 것이 더 중요합니다. 그러므로 스포츠를 즐기면서 신체와 정신을 단련 할 수 있기 때문입니다. 그리고 스포츠를 즐기는 것이 다음 문제입니다. 이기고 지는 것은 그다음 문제입니다.

4 ㉥다음으로, 경쟁에 대해서도 다시 생각해 볼 필요가 있습니다. 많은 사람이 경쟁이란 상 대방을 이기는 것이라고 생각합니다. 그러나 스포츠와 경쟁은 상대방을 이기거나 승리 차체가 중 요한 것은 아닙니다. 즉 경쟁의 목적은 모든 방법을 사용해서 상대방보다 승리하는 것에 있는 것은 아닙니다. 스포츠는 신체와 정신의 단련을 '함께' 활동함으 로써 이루어 내는 것이므로, 스포츠에서 경쟁의 진짜 목표는 정정당당하게 겨루는 데 있습니다. 그러므로 규칙을 지키고 상대방을 존중하는 것이 중요합니다.

5 ㉦정리하자면, 스포츠를 즐기기 위해서는 스포츠의 목적과 경쟁의 의미를 올바르게 이해 해야 합니다. 결국 스포츠에서 제대로 경쟁을 하기 위해서는 경기를 즐기는 마음을 가져야 합니다. 그래야만 좋은 경쟁을 할 수 있습니다. 이해하고 돕는 마음을 가져야 합니다. 이 스포츠를 즐기는 올바른 방법임을 기억합시다.

중심 생각 파악하기

1. 이 글의 중심 생각으로 가장 알맞은 것은 무엇인가요? (③)

① 지나친 경쟁심은 스포츠에서 승리하는 데 방해가 된다.
② 스포츠를 진정으로 즐기는 방법은 상대방을 돕는 것이다.
③ 스포츠의 목적과 경쟁의 의미를 올바르게 이해하여 스포츠를 즐겨야 한다.
④ 스포츠에서 승리하려면 상대방을 배려하고 도움을 주어야 한다.
⑤ 신체 기능과 정신을 발전시켜 경쟁에 집중하는 것이 진정한 스포츠라 할 수 있다.

▶ 이 글은 진정한 스포츠의 목적과 바람직한 경쟁의 의미에 대해 설명하고, 이를 올바르게 이해함으로써 스포츠를 가장 잘 즐길 수 있다는 것을 말하고 있습니다. 중심 생각은 글 전체의 내용을 아울러야 하므로 ③이 가장 알맞다고 할 수 있습니다.

낱말 뜻 짐작하기

2. ㉠과 같은 뜻으로 사용된 낱말은 무엇인가요? (⑤)

① 그녀는 매우 아구적으로 생겼다.
② 횡단보도에서 큰 사고가 생겼다.
③ 갑작스럽게 계획에 차질이 생겼다.
④ 건조한 날씨 때문에 산불이 생겼다.
⑤ 아파트 단지에 새로운 가게들이 생겼다.

▶ ㉠의 '생기다'는 '없던 것이 새로 있게 되다.'라는 뜻으로 사용되었습니다. 이와 같은 뜻으로 쓰인 것은 ⑤의 '생 기다'입니다. ③의 '생기다'는 '사람이나 사물의 생김새가 어떠한 모양으로 되다.', ②, ③, ④의 '생기다'는 '어떤 일이 일어 나다.'라는 뜻으로 사용되었습니다.

표현의 적절성 평가하기

3. ㉡을 다음과 같이 고쳤을 때, 그 이유로 알맞은 것은 무엇인가요? (①)

> 사람들이 스포츠의 목적과 경쟁의 의미를 잘못 생각하는 것이 문제라고 생각합니다.

① 의견을 제시할 때에는 사실인 것처럼 표현해서는 안 되기 때문에
② 자신을 전달할 때에는 혹시 모를 반대 사례를 예상해야 하기 때문에
③ 의견을 제시할 때에는 뒷받침하는 근거를 다양하게 제시해야 하기 때문에
④ 사실을 전달할 때에는 정확한 단어를 사용해서 표현해야 하기 때문에
⑤ 사실과 의견을 함께 나타낼 때에는 의견을 더 강조해서 제시해야 하기 때문에

▶ ㉡은 글쓴이가 스포츠 활동에서 문제라고 생각하는 점을 제시하는 부분으로 글쓴이의 의견이 나타나야 합니다. 개인적인 의견을 나타내기 위해서는 '~이 문제입니다.'처럼 사실인 것처럼 단언적인 문장을 사용해서는 안 됩니다. 개인적인 의견을 나타내는 ㉡은 '~이라고 생각합니다.'처럼 ⑤와 같이 객관적으로 근거에 해당하는 부분으로 글쓴이의 의견적 수정해야 합니다.

어휘 익히기

1 낱말 뜻 알기

다음 빈칸에 알맞은 낱말을 〈보기〉에서 찾아 쓰세요.

• 보기 •

원동력   이론법적   단련   겨루는

1. 오늘의 실패는 내일의 발전을 위한 (원동력)으로 삼았다.
   뜻 어떤 일을 이루는 데 바탕이 되는 힘.

2. (이론법적) 사고는 상황을 있는 그대로 파악하지 못하게 할 수 있다.
   뜻 서로 반대되는 두 가지로 구분하는. 또는 그런 것.

3. 리듬 체조는 공이나 리본 등을 이용하여 아름다움을 (겨루는) 경기이다.
   뜻 누가 더 나은지 가리려고 맞서 싸우는.

4. 건강한 신체에 건강한 정신이 깃들기 때문에, 신체를 (단련)하는 것은 중요하다.
   뜻 운동이나 훈련으로 몸과 마음을 튼튼히 함.

2 관용 표현 알기

다음 빈칸에 알맞은 사자성어를 쓰세요.

"과 유 불 급"

스포츠 경기를 할 때 이기고 싶은 마음이 지나치면 상대방을 공격적으로 대하거나 되거나 상대방에게 나쁜 감정을 가질 수도 있어요. 이 사자성어는 정도를 지나침은 미치지 못함과 같다는 뜻으로, 지나치거나 모자라지 않고 한쪽으로 치우치지 않는 상태가 중요하다는 것을 강조하는 말이에요.

한자	뜻	음
過	지날	과
猶	오히려	유
不	아닐	불
及	미칠	급

3 한자어 익히기

다음 한자어를 소리 내어 읽고 빈칸에 따라 써 보세요.

경쟁(競爭): 상대방을 배려하고 협력하고 정정당당하게 능력을 겨루는 것
• 우승을 향한 두 팀 간의 경쟁이 매우 치열했다.
• 세계 각국에서 바이러스 치료제 개발을 위한 경쟁이 시작됐다.
• 지나친 경쟁심은 정작 중요한 점을 놓치게 하므로 주의해야 한다.

競 다를 경	爭 다툴 쟁
競 다를 경	爭 다툴 쟁

구절의 의미 파악하기

4. ㉢의 의미로 가장 알맞은 것은 무엇인가요? (⑤)
   ① 경쟁의 의미를 깊게 생각해 볼 필요가 있습니다.
   ② 경쟁의 의미를 제속 생각해 볼 필요가 있습니다.
   ③ 경쟁의 의미를 여러 번 생각해 볼 필요가 있습니다.
   ④ 경쟁의 의미를 중요하게 생각해 볼 필요가 있습니다.
   ⑤ 경쟁의 의미를 기존과는 다르게 생각해 볼 필요가 있습니다.

글의 형식 파악하기

5. 다음 물음에 답하며 이 글의 형식을 파악해 보세요.

(1) 다음 설명에 해당하는 낱말을 ㉮~㉰ 중에서 골라 기호를 쓰세요.
   ① 글의 내용을 전개하려는 말: (㉮)
   ② 글의 내용 순서를 나타내는 말: (㉯, ㉰)
   ③ 글의 내용을 요약·정리하려는 말: (㉱)

(2) 각 문단의 중심 내용을 살펴보고, 각 문단이 글 전체에서 '처음', '중간', '끝' 중 어디에 해당하는지 알맞은 곳에 V표 하세요.

문단	중심 내용	처음	중간	끝
1	많은 사람이 스포츠의 목적과 경쟁의 의미를 오해하는 것이 문제이다.	V		
2	사람들은 스포츠의 목적이 오직 승리하는 것이라는 잘못된 생각을 가지고 있다.		V	
3	스포츠에서 중요한 것은 신체와 정신을 단련하고 스포츠를 즐기는 것이다.		V	
4	스포츠에서 경쟁이란 상대를 배려하고 도우면서 정정당당하게 겨루는 것이다.		V	
5	스포츠의 목적과 경쟁의 의미를 올바르게 이해하는 것이 중요하다.			V

ERI 지수 450 예술 | 미술

1 미술은 색과 모양을 통해 아름다움을 표현하는 예술 활동을 뜻합니다. 구체적으로 미술 작가는 미술을 통해 아름다운 사물이나 물체 등을 나타냅니다. 또한 아름다운 생각이나 감정, 느낌을 나타내기도 합니다. 그러므로 미술 작품을 감상할 때에는 화가가 나타내려 한 아름다움을 음미하는 것이 중요합니다.

2 미술 작품에서 감상해야 할 것은 매우 많습니다. 작품의 아름다움은 형식과 내용 모두에서 나타나기 때문입니다. 형식이란 작품의 색이나 모양을 말하고, 내용은 요소란 작품에 담긴 화가의 생각이나 감정을 말합니다. 형식 요소나 내용 요소가 서로 어우러져 이런 아름다움을 나타내는지를 알면 작품의 의미를 알 수 있습니다. 이런 점에서 미술 감상이란 작품에서 형식과 내용의 아름다움, 그리고 작품의 의미를 발견하여 즐기는 활동을 말합니다.

3 아름다움을 감상하는 것은 우리에게 기쁨과 감동을 줍니다. 마음의 편안함을 느끼고 즐거운 삶을 살도록 돕습니다. (㉠) 감상을 통해 다른 사람을 이해하고 존중하는 마음을 배울 수 있습니다. (㉡) 감상은 작품의 의미를 발견하는 과정이기도 합니다. 사람마다 작품을 통해 느끼는 아름다움이 달라, 작품의 의미도 다양하게 발견합니다. 이런 점에서 감상은 작품을 더욱 가치 있게 만드는 행동이라 할 수 있습니다. 화가들이 자신의 작품이 다양하게 감상되길 원하는 것은 바로 이런 이유 때문입니다.

4 이러한 화가의 대표적인 예로도는 누가 있을까요? 스페인 사람들이 가장 사랑하는 화가 중 안 미로가 대표적이 예입니다. 미로는 화려한 색과 다양한 상징을 사용하여 자신만의 그림 세계를 구축했다고 평가받는 화가입니다. ㉢미로의 작품의 특징은 제목이 '무제'인 작품이 많다는 것입니다. 미로는 왜 자신의 작품에 제목을 붙이지 않았을까요? 작품의 제목이 사람들이 자유롭게 감상을 방해한다고 생각했기 때문입니다. 사람들이 주어진 제목에 맞게끔 작품의 의미를 찾으려 한다는 것을 알게 될 것이지요. 미로는 제목이 없다면 사람들이 작품에 대해 자유롭게 상상하기 시작할 것이라 생각한 것이지 미로가 작품의 제목을 '무제'로 비워 둔 이유입니다. 제목을 비워 둠으로써 사람들이 미술 작품에 자신만의 제목을 붙이도록 한 것이지요. 그래야 자유롭게 감상하고 작품의 의미를 찾아낼 테니까요. 이제 어떠한 자세로 미술 작품을 감상해야 하는지 알겠지요?

1. 이 글의 내용으로 알맞지 않은 것은 무엇인가요? (⑤)
① 미술 감상은 삶을 즐겁게 할 수 있다.
② 미술 감상이란 작품을 즐기는 활동이다.
③ 미로는 자신만의 그림 세계를 구축한 화가이다.
④ 미술 작품의 제목은 작품 감상에 상당한 영향을 미친다.
⑤ 화가들은 자신의 작품에 담은 의미를 감상자들이 찾아내 주길 기대한다.

→ 3문단과 4문단을 통해 화가들이 감상자들이 감상을 스스로 작품의 의미를 발견하고 즐기는 감상 활동을 적극적으로 해 줄 것을 기대하고 있음을 확인할 수 있습니다.

2. ㉠, ㉡에 들어갈 알맞은 말을 <보기>에서 찾아 쓰세요.

보기
또한 한편 그러나

• ㉠ : ( )
• ㉡ : ( )

→ ㉠의 앞뒤 문장은 모두 미술 감상 활동이 긍정적 효과를 제시하고 있으므로, ㉠에는 내용을 추가함을 나타내는 말인 '또한'이 들어가는 것이 알맞습니다. ㉡에 이어지는 내용에서는 미술 감상 활동이 미치는 영향을 다른 측면에서 다루는 내용이 이어지는 것이 알맞습니다. 미술 감상 활동이 사람에게 미치는 영향을 다른 측면에서 다루는 내용이 이어지는 것이 알맞습니다.

3. 다음은 ㉢의 이유를 정리한 것입니다. 빈칸에 알맞은 말을 쓰세요.

미로는 예 사람들이 작품에 자신만의 제목을 붙이며 자유롭게 감상하고 자품
의 이미를 찾도록

하기 위해 자신의 작품에 제목을 붙이지 않았다.

→ ㉢에 이어지는 문장들에서 미로가 자신의 작품에 제목을 붙이지 않은 이유를 구체적으로 제시하고 있습니다. 미로는 작품이 제목에 얽매이지 않고 감상되는 것을 원하지 않았고, 사람들이 작품에 자신만의 제목을 붙이며 작품을 자유롭게 감상하고 작품의 의미를 발견하기를 바랐습니다.

단계 독해가 문해력이다

어휘 익히기

1 낱말 뜻 알기
다음 빈칸에 알맞은 낱말을 〈보기〉에서 찾아 쓰세요.

보기: 음미 / 형식 / 존중 / 구축

1. 모든 사람의 개성을 (존중)하는 것이 배려의 시작이다.
   뜻 높이 받들고 소중하게 여김.
2. 김 장군은 많은 병사를 모아 독자적인 세력을 (구축)하였다.
   뜻 건물, 시설, 조직, 관계 등을 쌓아 다져서 만듦.
3. 겉으로 드러나는 (형식)을/를 통해서도 작품의 의미를 전달할 수 있다.
   뜻 사물이 외부로 나타나 보이는 모양.
4. 노랫말과 리듬이 만들어 내는 아름다움을 다시 한번 (음미)해 볼 필요가 있다.
   뜻 예술 작품을 즐기며 그 의미를 느끼거나 생각함.

2 관용 표현 알기
다음 빈칸에 알맞은 말을 쓰세요.

"솔 선 수 범"

종종 미로는 작품에 '제목 붙이기' 활동을 제안하는 등 사람들이 작품을 적극적이고 자유롭게 감상할 수 있는 문화를 만드는 데 앞장섰습니다. 이 시각장애는 어떤 음을 앞장서서 해서 남의 본보기가 되는 것을 뜻하는 말이에요.

한자	뜻	음
率	거느릴	솔
先	먼저	선
垂	드리울	수
範	법	범

3 한자어 익히기
다음 한자어를 소리 내어 읽고 빈칸에 따라 써 보세요.

作品 지을 작 / 물건 품

作品(작품): 그림, 조각, 소설처럼 예술 활동으로 만든 것
- 우리 학교 복도에는 미술 작품이 전시되어 있다.
- 노벨 문학상은 문학 작품을 쓴 작가에게 주는 상이다.

作	品
지을 작	물건 품

作	品
지을 작	물건 품

문단별 중심 내용 파악하기

4. 다음 문단의 중심 내용으로 알맞은 것에 V표 하세요.

문단	중심 내용
2	(1) 우리는 미술 작품을 감상할 때, 형식 요소와 내용 요소를 모두 고려하여 감상해야 한다. ( )
	(2) 미술 감상이란 작품의 형식과 내용의 아름다움, 그리고 작품의 의미를 발견하여 즐기는 활동을 말한다. (V)
4	(1) 미로는 자신의 작품에 제목을 붙이지 않음으로써 사람들이 자유롭게 감상 활동을 하도록 하였다. (V)
	(2) 미로는 스페인 사람들이 가장 사랑하는 화가로, 화려한 색과 다양한 상징을 사용하여 자신만의 그림 세계를 구축하였다. ( )

중심 생각 파악하기

5. 이 글의 중심 생각으로 가장 알맞은 것은 무엇인가요? (③)
① 미술 감상의 개념
② 미술 감상의 여러 가지 대상
③ 미술 감상 활동의 의미와 가치
④ 미로가 제시한 미술 감상 방법
⑤ 미로가 미술 작품에 제목을 붙이지 않은 이유

글의 내용 적용하기

6. 이 글의 내용으로 볼 때, 미술 작품을 감상하는 자세로 알맞지 않은 것은 무엇인가요? (④)
① 미술 작품의 주제를 스스로 생각해 보기
② 미술 작품의 색상 조화에 대하여 평가해 보기
③ 미술 작품에 대하여 나만의 가치를 부여해 보기
④ 미술 작품의 의미를 알기 위해 전문가의 해설을 검색해 보기
⑤ 미술 작품이 우리 삶에 어떤 영향이나 교훈을 주는지 생각해 보기

05회 읽기 방법 익히기

1 글의 형식 파악하기

전체 글의 내용을 종합적으로 이해하기 위해서는 글의 형식을 파악하는 것이 중요합니다. 글의 형식이란 글을 구성하는 내용들 간의 긴밀한 연관과 짜임을 말합니다.

★ 글의 형식을 파악하려면,

(1) 각 문단의 내용을 파악하여 전체 글의 흐름을 이해합니다.

(2) 각 문단을 이어 주거나 글의 흐름을 알려 주는 말들에 주목하여 문단 간 관계를 파악합니다.

(3) 각 문단의 관계를 종합하여 전체 글의 짜임을 파악합니다.

1 다음 글에서 문단의 관계나 글의 흐름을 알려 주는 말들을 찾아 그 의미를 바르게 해석한 친구에게 V표 하세요.

1 감상은 작품을 더욱 가치 있게 만드는 행동이라 할 수 있습니다. 화가들이 자신의 작품이 다양하게 감상되길 원하는 것은 바로 이런 이유 때문입니다.

2 이러한 화가의 대표적인 예로는 누가 있을까요? 스페인 사람들이 가장 사랑하는 화가 호안 미로가 대표적인 예입니다. 미로는 독특한 색채와 다양한 특징을 사용해 자신만의 그림 세계를 구축했다고 평가받는 화가입니다. 미로의 작품의 특징은 '무제'인 작품이 많다는 점입니다. '무제'는 제목이 없다는 뜻입니다. 미로는 왜 자신의 작품에 제목을 붙이지 않았을까요? 작품의 제목이 사람들의 자유로운 감상을 막는다고 생각했기 때문입니다. 사람들이 주어진 제목에 맞게끔 작품의 의미를 찾으려 한다는 것을 알게 될 것이지요. 미로는 제목을 비워 둠으로써 사람들이 미술 작품에 자신만의 제목을 붙이도록 한 것이지요. 그래야 자유롭게 감상하고 작품의 의미를 찾아낼 테니까요.

상현
1문단과 2문단의 관계를 알려 주는 말은 '대표적인 예'야. 이 말을 통해 두 문단이 설명과 예시의 관계임을 알 수 있어.

(✔)

대권
2문단의 '이러한'을 통해 뒤에 이어질 내용이 앞의 내용과는 전혀 다른 새로운 내용이라는 것을 예측할 수 있어.

( )

---

2 다음 글을 읽고 물음에 답하세요.

한글은 전 세계 언어학자들이 칭찬할 정도로 매우 우수한 문자이다. 이제부터 한글이 다른 문자에 비해 우수한 이유를 구체적으로 살펴보겠다. 첫째, 한글은 독창적이고 과학적이고 제자 원리를 바탕으로 만들어졌다. 한글의 모음자는 하늘, 땅, 사람의 모양을 본떠 기본 모음자를 만들고, 이 기본 모음자를 서로 합성하여 나머지 모음자를 만들었다. 자음자는 발음 기관의 모양을 본떠 기본 자음자를 만들고, 여기에 획을 더해 나머지 자음자를 만들었다. 둘째, 한글은 적은 수의 글자를 활용하여 매우 많은 소리를 적을 수 있다. 한글은 자음자와 모음자를 결합하여 소리를 적는 방식이기 때문에 적은 수의 글자로도 다양한 소리를 표현할 수 있다. 셋째, 한글은 쉽고 빠르게 배울 수 있다. 한글은 기본 모음자와 자음자의 일부 나머지 자음자와 모음자가 체계적인 원리에 따라 만들어졌기 때문에 기본 모음자와 자음자만 알면 나머지 자음과 모음은 쉽게 익힐 수 있다. 이러한 세 가지 특성은 한글의 우수성과 과학성을 분명하게 보여 준다. 이처럼 위대한 문자인 한글이 우리의 문자라는 것에 자부심을 가지고 한글의 우수성과 과학성을 널리 알리기 위해 노력해야 할 것이다.

(1) 이 글은 몇 개의 문단으로 나눌 수 있는지 생각해 보고, 다음 빈칸을 채워 보세요.

문단	문단의 중심 내용	글의 흐름을 알려 주는 말
1	한글은 매우 우수한 문자이다.	이제부터
2	한글은 독창적이고 과학적인 제자 원리를 바탕으로 만들어졌다.	첫째
3	한글은 적은 수의 글자를 활용하여 대부분의 소리를 적을 수 있다.	둘째
4	한글은 쉽고 빠르게 배울 수 있다.	셋째
5	한글에 대한 자부심을 가지고 한글을 널리 알리기 위해 노력해야 한다.	이러한

▶ 이 글은 '첫째, 둘째, 셋째'와 같은 말을 중심으로 3개의 문단이 '중간' 부분을 구성하고 있고, 그 앞뒤로 '처음'과 '끝' 부분이 제시되어 있으므로 총 5개의 문단으로 나눌 수 있습니다.

(2) (1)의 결과를 바탕으로 '처음-중간-끝'에 해당하는 문단의 번호를 쓰세요.

처음	중간	끝
1	2, 3, 4	5

▶ 1문단은 이 글이 한글의 우수성에 대해 설명하는 글임을 밝히고 있고, 2~4문단은 한글이 우수한 이유를 제시하고 있습니다. 5문단은 앞의 내용을 종합하고 앞으로의 당부를 제시하고 있습니다. 이로 보아 1문단이 '처음' 부분이고, 2~4문단이 '중간' 부분이며, 5문단이 '끝' 부분에 해당한다고 볼 수 있습니다.

■ 1문단에서는 화가들이 자신의 작품이 다양하게 감상되길 원한다는 점을 설명하고 있습니다. 그리고 2문단에서는 그 예로 대표적인 화가 호안 미로를 제시하고 있습니다.

2 중심 생각 파악하기

글을 제대로 이해하기 위해서는 글의 중심 생각을 파악하는 것이 매우 중요합니다. 그러나 글의 중심 생각은 겉으로 분명하게 드러나지 않는 경우도 있습니다.

★ 글의 중심 생각을 파악하려면,

(1) 글에서 반복적으로 제시되는 말이 무엇인지 찾아봅니다.

(2) 글에서 중요한 내용을 담고 있는 문장을 찾아보고, 그중 가장 중요한 문장을 한두 개 선택하여 간단하게 정리해 봅니다.

(3) 반복되는 말과 중요한 문장의 내용을 종합하여 글쓴이가 글을 통해 꼭 전하고자 하는 내용이 무엇인지 파악해 봅니다.

---

1 다음 글의 중심 생각을 파악하는 방법을 바르게 설명한 친구에게 √표 하세요.

아리랑은 지금까지도 많이 불리고 있습니다. 많은 사람이 우리나라를 대표하는 노래로 아리랑을 선택하곤 합니다. 실제로 아리랑은 2000년 시드니 올림픽에서 남북한 선수단이 함께 입장하는 것을 기념하는 노래로 쓰였습니다. 또한 우리나라 축구 대표 팀을 응원하는 노래로도 쓰였습니다.

이 외에도 아리랑은 영화, 드라마, 소설 등 많은 곳에서 계속 쓰이고 있습니다. 우리나라 사람들은 이 이렇게 아리랑을 사랑하는 이유는 무엇일까요? 아마 아리랑이 이 노래를 불렀던 사람들의 삶과 감정을 담고 있기 때문일 것입니다. 아리랑은 우리나라를 대표하는 문화유산입니다. 우리의 아리랑을 소중히 지켜 나가야 할 것입니다.

서연 (√)
이 글에서 반복적으로 제시되는 말이 무엇인지 확인해 볼 필요가 있어. 반복되는 말은 '아리랑'과 '대표하다'야.

대현 ( )
글 전체를 읽어 봤을 때, 가장 중요한 문장은 첫 문장과 마지막 문장인 것 같아.

민영 ( )
반복되는 말과 중요 문장 을 종합했을 때, 이 글의 중심 생각은 '아리랑은 다양한 한 분야에서 활용되고 있다.' 라고 정리할 수 있어.

---

2 다음 글을 읽고 물음에 답하세요.

지현이는 다음 주에 있을 음악 마라톤 대회가 걱정이다. 원주를 하게 못할 경우 친구들의 놀림을 받을 것이 걱정되었기 때문이다. 그래서 지현이는 일주일 동안 공원에서 오래달리기 연습을 했다. 마라톤 대회 당일, 출발선 앞에 선 지현이는 끝까지 포기하지 말자고 다짐했다. 한 30분쯤 달렸을까. 갑자기 숨이 가빠 오고 다리가 천근만근 무겁게 느껴졌다. 점점 속도가 느려지자 선두 그룹에 있던 조반이는 달리, 어느덧 지현이는 꼴찌 그룹에 속해 있었다. 달리기를 포기하려고 점점 속도를 늦게 뛰지 않고 걷기 시작한 그때, 저 멀리 자신을 바라보고 있는 부모님의 얼굴이 보였다. 부모님은 지현이를 향해 "꼴찌여도 괜찮아. 우리 딸! 포기하지 마!"라고 외치는 것 같았다. 지현이는 끝까지 달려야겠다고 다시 마음을 보여 주었다. 그래도 부모님의 모습을 보자 절대로 포기하지 않겠다는 지현이는 끝까지 달려 결승선을 통과했다. 꼴찌는 꼴찌였다. 꼴찌로 지현이의 모습은 무엇보다도 아름다웠다.

(1) 이 글에서 반복적으로 제시되는 말을 찾아 쓰세요.

달	리	기	.	포	기	하	지	않	기

➡ 이 글에서 가장 많이 반복되는 말은 '달리기'와 '포기하지 않기'입니다.

(2) 이 글에서 중요한 내용을 담은 문장을 두 개 고르세요. (③, ⑤)

① 지현이는 다음 주에 있을 음악 마라톤 대회가 걱정이다.
② 지현이는 일주일 동안 공원에서 오래달리기 연습을 했다.
③ 속도를 내서 달리기를 시작하자 다시 고통이 찾아왔다.
④ 결승선에서 지현이를 기다리던 부모님은 지현이를 자랑스러워 했다.
⑤ 꼴찌 지현이의 모습은 무엇보다도 아름다웠다.

(3) 글쓴이가 이 글을 통해 전하고자 하는 생각을 한 문장으로 쓰세요.

> 글쓴이는 지현이의 이야기를 통해 (예 포기하지 않고 끝까지 노력하는 모습이 아름답다.) 라는 생각을 전달하고 있습니다.

MEMO

정답과 해설

★ 주차별 읽기 방법을 생각하며 읽으면 더 큰 학습 효과를 얻을 수 있습니다.

4단계 심화   — ❸ **주차** 학습 중 —

이유나 근거 추론하기

표현의 적절성 평가하기

4단계 심화   — ❹ **주차** 학습 중 —

글의 형식 파악하기

중심 생각 파악하기

글의 형식 파악하기

전체 글의 내용을 종합적으로 이해하기 위해서는 글의 형식을 파악하는 것이 중요합니다. 글의 형식이란 글을 구성하는 내용들 간의 긴밀한 연결과 짜임을 말합니다.

★ 글의 형식을 파악하려면,

❶ 각 문단의 내용을 파악하여 전체 글의 흐름을 이해합니다.

❷ 각 문단을 이어 주거나 글의 흐름을 알려 주는 말들에 주목하여 문단 간 관계를 파악합니다.

❸ 각 문단의 관계를 종합하여 전체 글의 짜임을 파악합니다.

이유나 근거 추론하기

글이 모든 내용을 다 보여 주는 것은 아닙니다. 읽는 이가 이미 알고 있는 내용, 글을 읽으면서 파악할 수 있는 내용은 글에 분명하게 드러나지 않기도 합니다. 글에 드러나지 않은 이유나 근거를 추론하려면 우선 글에 드러난 정보가 무엇인지 생각해야 합니다. 그리고 글에 드러난 정보 속에 숨겨진 정보는 무엇이 있을지 생각해야 합니다.

★ 글에 드러나지 않은 이유나 근거를 추론하려면,

❶ 글에 드러난 정보를 통해 알 수 있는 것이 무엇인지 확인해 봅니다.

❷ 글에 드러난 정보를 단서로 활용하여 숨겨진 정보는 무엇이 있을지 생각해 봅니다.

❸ 글에 드러난 정보와 드러나지 않은 정보를 활용하여 글 전체의 내용을 이해해 봅니다.

중심 생각 파악하기

글을 제대로 이해하기 위해서 글의 중심 생각을 파악하는 것은 매우 중요합니다. 그러나 글의 중심 생각은 겉으로 분명하게 드러나지 않은 경우도 있습니다.

★ 글의 중심 생각을 파악하려면,

❶ 글에서 반복적으로 제시되는 말이 무엇인지 찾아봅니다.

❷ 글에서 중요한 내용을 담고 있는 문장을 찾아보고, 그중 가장 중요한 문장을 한두 개 선택하여 간단하게 정리해 봅니다.

❸ 반복되는 말과 중요한 문장의 내용을 종합하여 글쓴이가 글을 통해 꼭 전하고자 하는 내용이 무엇인지 파악해 봅니다.

표현의 적절성 평가하기

글을 읽을 때에는 글의 내용을 나타내는 표현에 주의를 기울여야 합니다. 글의 내용을 나타내기에 알맞은 표현을 사용하였는지, 여러 가지 의미로 해석될 수 있는 표현은 없는지, 의미가 불분명한 표현은 없는지를 생각해야 합니다. 그래야 글에 사용된 표현이 적절한지 평가할 수 있습니다.

★ 표현의 적절성을 평가하려면,

❶ 글의 내용에 알맞은 표현인지 확인해 봅니다. 예를 들어, 사실을 나타낼 때에는 사실에 알맞은 정확한 표현을 사용하였는지, 의견을 나타낼 때에는 자신의 생각을 분명하게 드러내고 있는지 살펴봅니다.

❷ 글의 내용을 정확하게 표현하고 있는지 점검해 봅니다. 문장이 말하고자 하는 바가 무엇인지, 한 문장이 하나의 의미로 해석되는지 등을 따져 봅니다.